D1724181

Theo R. Payk – Robert Schumann

Theo R. Payk

Robert Schumann

Lebenslust und Leidenszeit

2006

BOUVIER

Umschlaggestaltung: Sanna Nübold, Köln
Alle Abbildungen mit freundlicher Genehmigung des
Robert-Schumann-Hauses in Zwickau

ISBN 3-416-03091-5

Inhalt

Vorwort

„Alles Vergängliche ist nur ein Gleichnis" *(Schlußchor aus den „Faust-Szenen")*

Über Robert Schumann, dem wohl größten Komponisten der Romantik, existiert ein umfangreiches Schrifttum, das aus einem ungewöhnlich reichhaltigen Fundus an Aufzeichnungen schöpft. Immer wieder wurden sein musikalisches Schaffen und sein tragischer Lebenslauf Gegenstand musikhistorischer Bewertungen wie auch psychologischer Interpretationen, soweit sie sich – je nach Blickwinkel – aus den Tagebüchern, Reisenotizen, Briefen und Mitteilungen ableiten lassen. Schumann selbst plante 1846 die Abfassung einer kompletten Autobiographie, für die er jahrelang Material gesammelt hatte. Sie kam jedoch nicht mehr zustande; die erste Niederschrift seines Lebenslaufes stammt von Wilhelm Joseph von Wasielewski, einem seiner Schüler und treuen Freunde, ehemals Chordirektor in Bonn.

Schumann fürchtete sich sein Leben lang vor geistigem Verfall, Krankheit und Tod; er wurde beunruhigt durch den Anblick von Irrenanstalten, mied den Umgang mit kranken Personen und entzog sich der Teilnahme an Beerdigungen. Geradezu paradox mutet es daher auf den ersten Blick an, dass gerade er einem Schicksal ausgeliefert sein würde, das ihn am meisten ängstigte. Schon früh befielen ihn düstere Ahnungen und melancholische Anwandlungen. Gleich zu Beginn seiner Tagebucheintragungen ab Anfang 1827 machte er – beinahe prophetisch – eine Andeutung, die sich im Laufe seines späteren Lebens vollauf bewahrheiten sollte: *„..Und so will ich in den Minuten meiner nächtlichen Muße mein Leben aufzeichnen,*

7

um einst in späteren Jahren, mag ich glüklich oder unglüklich seyn - u.
leider sagt mir das letztere eine bange Ahndung vor - meine Ansichten u.
meine Gefühle, mit den vergangenen u. sonstigen zu vergleichen u. zu
sehn, ob ich mir, meinem Gefühle u. meinem Charakter treu geblieben
bin....". Wenige Monate später fügte er hinzu: *„Eine unaufgelößte*
Dissonanz kann es nicht geben; vielleicht ist das Leben eine, welche erst
der Tod auflöst".

Diese knappe Äußerung blieb keine bloße Metapher, sondern
wurde zu einem Menetekel für Schumanns Leben. Sie fokus-
siert wie in einem Hohlspiegel ebenso die Kontraste und
Widersprüche seiner Persönlichkeit wie die Höhen und Tiefen
seines vielgestaltigen Erlebens und Schaffens. Ahnte Schumann gar, dass er am Ende selbst den Preis einer Auflösung
seiner geistigen und seelischen Existenz für seine hohen Ansprüche an Wandlung und Innovation, sein vehementes Ein-
treten für eine neue, entrümpelte Musik zu zahlen hatte?

Im Kontrast zu den zahlreichen Würdigungen seines musikalischen Schaffens fand Schumanns Lebensbewältigung vor
dem Hintergrund seiner quälenden gesundheitlichen Beeinträchtigungen bisher weniger Aufmerksamkeit. Gerade hier
zeigt sich allerdings besonders deutlich, dass sein gewaltiges
kompositorisches Instrumental- und Vokalmusikwerk eng mit
seiner Krankheitsgeschichte verbunden ist. Das schwere Leiden, das ihn zunehmend über ein Jahrzehnt begleitete, be-
einträchtigte schon Jahre vor dem Tod nicht nur seine künst-
erische Leistungsfähigkeit, sondern destabilisierte auch seine
gesamte Persönlichkeit. Sein letztes Opus, das *Requiem für Soli,*
Chor und Orchester" (op. 148) wurde 1852 fertiggestellt, die noch
folgenden Kompositionen blieben mängelbehaftete Fragmente.

Höchst bewundernswert ist, wie Schumann trotzdem sein
Leben und Schaffen meisterte. Er war er ein äußerst kreativer
Mensch, der seine künstlerische Produktivität trotz seiner

Stimmungsschwankungen und Neigungen zu Alkoholexzessen beharrlich umzusetzen vermochte. Mit erstaunlicher Inspiration, Phantasie, Tatkraft und Zielstrebigkeit widmete er sich als Virtuose, Komponist und Schriftsteller zeitlebens der breiten musikalischen Vielfalt vom Lied bis zur Oper.

Nicht sein unkonventionelles Leben, immer wieder beschwert durch Phasen von Ängsten, Schwermut und Schmerzen, sondern eine Erkrankung an progressiver Paralyse als Spätfolge der Syphilisinfektion, die er sich 1831 als Student in Leipzig zugezogen hatte, lähmte zunehmend seine Schaffenskraft. Sie bereitete ihm zudem ein qualvolles Siechtum, dem er schließlich – erst 46-jährig – am 29. Juli 1856 in der Endenicher Heilanstalt bei Bonn nach fast zweieinhalbjährigem Aufenthalt im Zustand völliger körperlicher und geistiger Zerrüttung erlag. Seine Frau Clara, selbst berühmte Pianistin und Komponistin, überlebte ihn um fast 40 Jahre.

Mit dem Auftauchen der lange verschollenen Originalkrankengeschichte wurden bis dahin unbekannte Einzelheiten über den – nach damaligem Stand medizischer Kenntnisse unaufhaltsamen – Verfall der Persönlichkeit Schumanns bekannt. Angesichts der eindeutigen Krankheitssymptome und der hoffnungslosen Prognose widerlegen sie alle Mutmaßungen über anderweitige relevante Ursachen für sein Siechtum und seine Hospitalisierung. Vermutet wurden beispielsweise frühe Traumatisierungen, unausgesetzte Überarbeitung, chronische Vergiftung, berufliche Intrigen oder partnerschaftliche Konflikte; und Clara selbst wurde in Verkennung der unspektakulären Wirklichkeit die Schuld für Schumanns Unterbringung in der Psychiatrie zugeschoben. Die Endenicher Tragödie eignet sich indes nicht als Lehrstück für eine ideologisch verengte Inszenierung. Schumann ereilte ein Schicksal wie unzählige Menschen vor und nach ihm, bei dem die nächsten

9

Angehörigen und engsten Freunde ebenso betroffene wie ohnmächtige Zuschauer blieben.

Die folgenden Ausführungen sollen – ohne musikwissenschaftliche Ambitionen – Schumann von seiner menschlichen Seite zeigen, als homo patiens, der sich trotz aller Beschwerden immer wieder aufraffte, um seiner Berufung zu folgen. Solange sich Glück und Schmerz, Erfolg und Niederlage, Kraft und Ermattung die Waage hielten, gelang ihm dies in einzigartiger Weise.

Wie weit dies plausibel vermittelt werden konnte, mag der aufmerksame Leser beurteilen; Anmerkungen, Ergänzungen und Korrekturen sind stets willkommen. Für Anregungen und Unterstützung sei Dr. Gerd Nauhaus in Zwickau, dem Nestor der Schumann-Forschung, Frau Katrin Reinhold vom Schumannhaus Bonn und dem Verleger Thomas Grundmann herzlich gedankt.

Herkunft. Prägung. Persönlichkeit

Robert Schumann wurde am 8. Juni 1810 in ein konventionelles, nichtsdestoweniger instabiles familiäres Flechtwerk bürgerlichen Wohlstands aus Fleiß, Beharrlichkeit, Bildungsansprüchen und musischen Ambitionen hineingeboren. Er kam als fünftes Kind des Zwickauer Buchhändlers, Verlegers und Schriftstellers August Schumann und seiner Frau Christiane zur Welt und ging – gemäß seinen Begabungen und Passionen – den ungewöhnlichen Lebensweg eines künstlerisch hochbegabten Menschen.

Der Vater, mit vollem Namen Friedrich August Gottlob Schumann, geboren im März 1773, war der älteste Sohn eines Pfarrers, der mit seiner Familie zuletzt im Thüringischen Weida ansässig war. Friedrich August sollte – entgegen seinen eigenen Wünschen – Kaufmann werden und trat deshalb mit 15 Jahren nach Besuch der Eisenberger Stadtschule in Ronneburg eine Lehrstelle im Materialwarenhandel an, ging jedoch soweit wie möglich seinen eigentlichen literarischen und geisteswissenschaftlichen Neigungen nach. Nachdem er sich eine Zeit lang im ungeliebten Kaufmannsberuf betätigt hatte, gab er knapp 20-jährig diese Tätigkeit schließlich auf, schrieb sich 1792 an der Universität Leipzig als Student der Geisteswissenschaften ein und versuchte sich zudem als Autor und Übersetzer. Sein Erstlingswerk „Die Landfamilie Thalheim" fand jedoch wie andere literarische Arbeiten, etwa der folgende Roman „Ritterszenen und Mönchsmärchen" und andere Ritterromane von Seiten der Literaturkritik keine sonderliche Resonanz, so dass er seine schriftstellerischen Bemühungen zurückstellte und in der Zeitzer Buchhandlung Heinse eine feste Stelle als Gehilfe annahm.

In Zeitz bemühte sich August Schumann um Johanna Christiane Schnabel, bei deren Familie er als Untermieter wohnte.

Sie war die älteste Tochter des Chirurgen und Amtsarztes Abraham Gottlob Schnabel, der – hauptsächlich wegen Schumanns dürftiger finanzieller Ausstattung – einer ehelichen Verbindung beider zunächst ablehnend gegenüber stand.

Friedrich August kehrte in das Elternhaus zurück, wo er aus dem Erlös des von ihm verfassten, gut verkauften vierbändigen Lehrbuches „Compendiöses Handbuch für Kaufleute" 1795 zusammen mit einem Kaufmann in Ronneburg einen bald florierenden Handel eröffnete. Finanziell nun auf festen Beinen, konnte er im Oktober desselben Jahres die zwei Jahre ältere Johanna, eine Großnichte Lessings, mit deren elterlichem Segen heiraten. Vier Jahre später gab August das Kaufmannsgeschäft in Ronneburg auf und gründete einen Buchhandel in Zeitz. Daneben gab er weiterhin teils literarische, teils fachliche Werke über Handels- und Warenkunde heraus, die ebenfalls Gewinn einbrachten.

Im Jahr 1807 siedelte Familie Schumann nach Zwickau über, wo Friedrich August mit seinem Bruder Friedrich die „Verlagsbuchhandlung Gebrüder Schumann" eröffnete. August Schumann war ehrgeizig, fleißig und beruflich – auch als Übersetzer und Herausgeber literarischer Werke – ziemlich erfolgreich. Er besorgte beispielsweise eine preiswerte Taschenbuchausgabe der Klassiker und die deutsche Herausgabe der Werke von Lord Byron und dem schottischen Dichter Walter Scott, begründete das Wochenblatt „Der Erzgebirgische Bote" und gab 18 Bände eines „Vollständigen Staats-, Post- und Zeitungslexikons von Sachsen" heraus, von 1818 bis 1828 eine „Bildergallerie der berühmtesten Menschen aller Völker und Zeiten". Auch der damals 14-jährige Sohn Robert schrieb hierzu bereits einige Textbeiträge und beteiligte sich an den Korrekturarbeiten.

Friedrich August zählte bald als Verleger und Literat zu den bekanntesten Bürgern Zwickaus, damals einer immerhin 5000 Einwohner umfassenden Handwerkerstadt mit beginnender

12

Industrialisierung infolge des Steinkohlebergbaus. Die Familie Schumann war angesehen und respektiert. Der Vater brachte es zu einem gewissen Wohlstand und erwarb 1817 ein anderes Haus, in dem Robert seine Jugend verbrachte; es wurde während des 2. Weltkrieges zerstört. Bis zu seinem Tod 1826 sammelte er ein bedeutendes Vermögen von schätzungsweise 60000 Talern an, welches der Familie ein gutes Auskommen sicherte.

Indes war Friedrich August früh kränklich und schonungsbedürftig; er neigte zur Melancholie und starb im Alter von nur 53 Jahren an einem – nicht näher beschriebenen – „tief eingewurzelten Nervenübel", wahrscheinlich an Tuberkulose. Er litt an Bauchbeschwerden unklarer Ursache, zuletzt auch an Schwindelanfällen. Die älteren Söhne Eduard und Julius – 27 und 21 Jahre alt – übernahmen die Buchhandlung. Der dritte Sohn Carl kaufte von seinem Erbe eine Druckerei in der benachbarten Silberstadt Schneeberg. Robert war beim Tod seines Vaters erst 16 Jahre alt und erhielt daher einen Vormund namens Gottlob Rudel, der einen Tuch- und Eisenwarenhandel in Zwickau betrieb. Er kümmerte sich um die finanziellen Verhältnisse der Familie und überwachte auch Robert Schumanns weitere Ausbildung, da vermutlich die Mutter Schumann diesbezüglich pädagogischen und organisatorischen Beistand benötigte.

Eine Woche nach seiner Geburt wurde der jüngste Sohn in der Marienkirche auf den Namen Robert Alexander getauft. Er war und blieb der Liebling der Mutter – ihr *„lichter Punkt"*. Inspiriert und unterstützt wurde er jedoch weitaus mehr von seinem Vater, dessen Bild später in seinen Wohnungen einen Ehrenplatz einnahm. Der Vater erkannte bald die musische Begabung Roberts, förderte seine Talente und machte ihn frühzeitig mit der Musik und Literatur vertraut.

Im Gegensatz zum ihrem ernsten und grüblerischen Mann war Frau Schumann eine ebenso praktisch veranlagte Hausfrau wie auch repräsentative äußere Erscheinung, sie wurde aber auch als schonungsbedürftig, extravertiert und aufbrausend geschildert. Mit zunehmendem Alter wurde sie überspannt und schwärmerisch und neigte zur Melancholie. Zumindest war sie im 4. Lebensjahrzehnt wegen eines „Nervenfiebers" eine Zeit lang nicht in der Lage, die Kinder zu versorgen. Robert musste daher vom 3. bis zum 5. Lebensjahr von seiner Patin, der Bürgermeisterfrau Ruppius betreut werden und lebte zeitweilig in deren Familie. Als die Mutter nochmals – wahrscheinlich an Typhus – erkrankte, wurde er dort ganz untergebracht. Er liebte Frau Ruppius wie eine „zweite Mutter" und fühlte sich in deren Haus recht wohl; es fiel ihm schließlich schwer, wieder ganz zu seinen Eltern zurückzugehen.

Mit der Mutter gemeinsam hatte Robert Züge von Überschwänglichkeit und besonderer Gefühlsintensität bis hin zum Exaltierten. Zwischen beiden bestand ein inniges, aber ambivalentes Verhältnis, aus deren engen Fesseln Robert sich zeitlebens nur unzulänglich zu befreien vermochte. Immerhin setzte er sich als Student hinsichtlich seiner Berufswahl mit Diplomatie und Hartnäckigkeit gegen sie durch.

Der Vater war ein ruhiger, verständnisvoller Mann, der seinem Sohn einerseits die Entfaltung seiner literarischen Begabung ermöglichte. Er gewährte Robert das große Privileg, in seiner Privatbibliothek herumzustöbern, nachdem ihm dessen großes Interesse an Büchern aufgefallen war; für die bereits erwähnte "Bildergallerie" durfte Robert bereits eigene Beiträge liefern. Der Vater förderte anderseits auch nachhaltig das musikalische Potential seines Sohnes. Er kaufte einen Streicher-Flügel, schaffte Noten und Musikliteratur an und nahm an Roberts Klavierspiel lebhaften Anteil, während die Mutter sich – zumindest gegen Ende der Schulzeit – gegen eine musikalische Ausbildung, erst recht gegen eine Laufbahn ihres jüngsten Sohnes als Musiker aussprach. Gegenüber seiner späteren Frau Clara ließ Robert in einem Brief 1838 anklingen, dass der

Vater ihn frühzeitig *„als Musiker erkannt und bestimmt"* hätte, die Mutter dies jedoch *„nicht zugelassen"* habe. Dessen ungeachtet war sie mit der Aufnahme musikalischer Unterweisungen Roberts im Sinne damaliger gut bürgerlicher Gebräuche nicht nur einverstanden, sondern organisierte auch seinen Klavierunterricht und sang mit ihm.

Robert Schumann hatte fünf Geschwister. Der 1799 geborene Eduard starb im Alter von 40 Jahren. Der 1801 geborene Carl wurde 48 Jahre alt, während Julius, geboren 1805, nur ein Lebensalter von 28 Jahren erreichte. Ein Jahr vor der Geburt Roberts war die Schwester Laura tot zur Welt gekommen. Die ältere Schwester Emilie wurde 1796 geboren; sie nahm sich 1825 das Leben, nachdem sie bereits zuvor länger an psychischen Störungen gelitten hatte.

(Abb. 1: Geburtshaus Schumanns in Zwickau)

Im Alter von sechs Jahren kam Robert in die private Lateinschule des Predigers und späteren Schulrats Magister Gotthilf

Döhner, wo er neben den alten Sprachen auch Französisch lernte; eine städtische bzw. Bürgerschule gab es damals in Zwickau noch nicht. Im Übrigen zeigte Robert eher mäßige Leistungen und fiel durch Unachtsamkeit, Tagträumereien und auch Eigensinnigkeit auf.

Schon früh begeisterte der junge Schumann sich für Jean Paul, E.T.A. Hoffmann, Lord Byron und andere charismatische Schriftsteller. Nachbarssohn Emil Flechsig, sein zwei Jahre älterer, lebenslanger Freund, der später in Leipzig Theologie studierte und dort eine Weile mit Schumann zusammenwohnte, beschrieb eine gewisse Selbstgefälligkeit, sogar Arroganz seines ehemaligen Mitschülers, der „...unter allen Umständen ein berühmter Mann werden" wollte: „...Ich erinnere mich, wie ihn schon zu früher Jugend eine wahnsinnige Vorliebe für geniale Menschen erfüllte, die in ihrem Schaffen sich selbst zerstörten: Lord Byron war früher schon mit seinen Extravaganzen ihm ein hohes Ideal, und namentlich dessen wildes, sich zerwühlendes Leben erschien ihm als etwas unendlich Großes. Phantastisches Leben und Selbsttötung von dem Donatoa-Dichter Sonnenberg imponirte ihm gewaltig, von Hölderlins vierzigjährigem geistigen Nachtleben wußte er schon in den zwanziger Jahren und sprach davon in scheuer Ehrfurcht, Beethovens struppiges Haar über dem verdüsterten Antlitz war ihm das echte Künstlergesicht, das er fast nachzuahmen liebte."

Schumanns Empfinden von Faszination und Ehrfurcht angesichts der magischen Aura genialisch-abgehobener Persönlichkeiten lässt durchaus Rückschlüsse auf seine eigene Natur zu, in der auch mystische, imaginierte und sogar okkulte Existenzen Platz fanden. Überzeugt von der Wirksamkeit telepathischer Einflüsse folgte er beispielsweise dem Leipziger Magister Portius, der 1833 mit Hilfe des „Psychometers" Eigenschaften, Temperament und Charakterzüge eines Menschen festzustellen glaubte: „...An Windbeutelei und Betrügerei ist hier gar nicht zu denken" stellte er fest. Schumanns Hang zur Esoterik machte sich später in Form spiritistischer Sitzungen erneut bemerkbar. Geister, Engel und Dämonen waren nicht nur Figuren in seinen Werken, sondern wurden auch während der letzten Lebensjahre halluzinierte, bedrohliche Begleiter.

Robert war als Schüler kontaktfreudig und unternehmungslustig. Bei gemeinsamen Unternehmungen wollte er stets der „Erste seyn", trat gegenüber seinen Schulkameraden gern bestimmend und dirigierend auf, gab z. B. beim „Soldatenspiel" meist die Kommandos. Der Jugendfreund und spätere Militärmusiker Ernst August Pilzing – 1829 tödlich verunglückt – , mit dem Robert zusammen Musikunterricht hatte, schilderte ihn als verwöhnten, nichtsdestoweniger charmanten und übermütigen Jungen mit angenehmem hübschen Gesicht, oft zu Streichen aufgelegt, eigenwillig und dominant, aber auch eitel und geltungsbedürftig. Zu Schumann engstem Freundeskreis – von ihm „vierblättriges Kleeblatt" genannt – gehörten außer Flechsig der ein Jahr ältere Otto Hermann Walther, später Theologiestudent in Leipzig und der zwei Jahre ältere Eduard Hermann Röller, der ebenfalls in Leipzig Theologie studierte. Schumann charakterisierte seine Schulfreunde gleich zu Beginn seines Tagebuchs 1827 wie folgt:

„...Roeller ist ein großer Geist, weniger vielleicht dem Herzen, als dem Geiste nach: Er ist ein Liebling der Musen, hat bereits Dichtertalent und wird vielleicht einmal als Dichter hochglänzen: Er empfindet was er denkt und was er empfindet, denkt er: Flechsig scheint noch tiefer und richtiger logisch fort zu denken: Er dringt in Alles tief ein: Von Natur etwas kälter u. weniger exczentrisch.... Walther ist scharfsichtig, ohne scharfsinnig zu seyn: Seine Gedichte zeugen von Phantasie, seine Gedanken sind jedoch nicht ganz originell: Er ist mit einem Worte schwärmerisch, ohne exczentrisch zu seyn und Denker ohne Philosoph zu seyn...".

Ab dem 7. Lebensjahr erhielt Robert Klavierunterricht bei Baccalaureus Johann Gottfried Kuntsch, Organist an der

Zwickauer St. Marien-Kirche und Lehrer am dortigen Gymnasium. Kuntsch war ein ebenso strenger wie pedantischer Mann, der – wie er selbstkritisch einräumte – dem Talent Schumanns bald nicht mehr gewachsen war. Schumann, der Kuntsch zeitlebens in dankbarer Verehrung verbunden blieb, widmete ihm später die *Studien für den Pedalflügel*, zu seinem 50jährigen Amtsjubiläum im Juli 1852 gratulierte er ihm von Godesberg aus und schickte ihm einen Lorbeerkranz. Der Vater bemühte sich um einen neuen Lehrer und wandte sich dieserhalb an den Komponisten Carl Maria von Weber, damals Kapellmeister in Dresden; der Plan konnte jedoch nicht weiter verfolgt werden, da Weber im Juni 1826 in London an Tuberkulose starb.

Angeregt durch die väterlichen Interessen und Impulse, entwickelte der heranwachsende Robert vielfältige literarische, dann auch musikalische Aktivitäten. Er studierte die Opern Mozarts und Rossinis, improvisierte und phantasierte täglich am Klavier. 1818 begeisterte er sich an der Aufführung von Mozarts „Zauberflöte" in Leipzig. Besonders Eindruck auf ihn machte der böhmische Pianist und Komponist Ignaz Moscheles, damals einer der hervorragendsten Klaviervirtuosen Europas, anlässlich eines Konzertbesuches mit seinem Vater im August 1819 in Karlsbad. Moscheles, Lehrer und Freund von Felix Mendelssohn Bartholdy, übernahm später die Klavierklasse am Leipziger Konservatorium und wurde Musikprofessor; er widmete Schumann seine *Cello-Sonate* .

Zu Ostern 1820 wechselte Robert auf das Zwickauer Gymnasium mit damals 180 Schülern, wo er sich ebenfalls weiterhin kreativ auf literarischem und musikalischem Gebiet betätigte. Mit zwölf Jahren gründete er mit einigen Schulkameraden ein kleines Orchester und organisierte mit Einfallsreichtum und Umsicht einige Aufführungen. Er befasste sich mit Beethoven, Haydn, Weber und Cherubini und spielte ihre Werke auf Schulkonzerten. Auf das Deckblatt seiner Komposition *La psaume cent cinquantiéme* setzte er unter seinen Namen selbstbewußt als erträumten Verleger „Breitkopf und Härtel. 1822". Seinem Freund Flechsig zufolge soll er bereits mit dreizehn Jahren ein *„fertiger Pianist"* gewesen sein.

Robert Schumann war zu jener Zeit aber keineswegs ein exzentrischer Wunderknabe, sondern gesellig und kommunikativ. Im Sommer 1825 rief er am Gymnasium – inspiriert von seinem Lehrer Magister Carl Ernst Richter – eine „Schülerverbindung" nach burschenschaftlichem Muster ins Leben, was wegen ihrer Befürwortung des Fechtens nicht erlaubt war. Der von der französischen Revolution begeisterte Richter hatte das polit-satirische Journal „Die Biene" herausgegeben. Des Weiteren gründete Robert Ende 1825 mit zehn Mitschülern einen Verein zur „Einweihung in die deutsche Literatur". Es handelte sich dabei um einen literarischen Club mit einer Satzung, der zufolge ausgewählte Meisterstücke berühmter Dichter vorgelesen und diskutiert werden sollten. Die erste Sitzung fand im Dezember 1825 statt, die letzte der dreißig Zusammenkünfte im Februar 1828, fast am Ende der Schulzeit. Gelesen wurden beispielsweise – mit verteilten Rollen – sämtliche Dramen Schillers, Werke von Niemeyer, Meißner, Collin, Raupach und Schulze, erstaunlicherweise nicht solche von Goethe, mit dem Schumann sich erst später vertraut machte. Neben den bereits genannten Beiträgen zu der vom Vater herausgegebenen biographischen Sammlung arbeitete Schumann an der Neuausgabe eines lateinischen Wörterbuches von Aegidius Forcellini mit, worüber er dem zwei Jahre älteren Flechsig, der bereits in Leipzig studierte, schrieb: „*Am Forcellini muß ich tüchtig mitcorrigiren, excerpiren, aufschlagen .... Die Arbeit ist interessant: Man lernt viel neues daraus und mancher Pfennig fließt mir in die Tasche. Ich bekomme einen Taler von jedem Korrekturbogen daran, unser Rektor schwitzt Tag und Nacht darüber und ist der Arbeit kaum gewachsen".*

Er verfasste Stücke zu Familienfeiern und gereimte Verse; seinen eigenen Angaben zufolge fühlte sich Schumann selbst erstmals bei Niederschrift des Gedichtes „Abendwehmuth" als Poet. Als Dreizehnjähriger sammelte er Gedichtabschriften, Stammbuchverse und eigene Aufsätzen zu einem Bändchen mit dem Titel „Blätter und Blümchen aus der goldenen Aue. Gesammelt und zusammengebunden von Robert Skülander. 1823 (Nov. und Dez.)", gefolgt von „Allerley aus der Feder Roberts an der Mulde". Ihm seien „... *die bedeutendsten Dichter ziemlich aller Länder...geläufig"* gewesen, nahm er für sich selbstbewusst in Anspruch.

Ab dem Beginn des Jahres 1827 führte Robert regelmäßig Tagebuch unter dem Titel „Tage eines Jünglings-Lebens", zunächst bis zu seiner Heirat 1840, ab dann zusammen mit seiner Frau Clara in Form eines „Ehetagebuchs" mit wechselnden wöchentlichen Eintragungen von beiden Seiten; ab 1844 gab es wieder separate Aufzeichnungen. Außerdem notierte Robert – vielleicht geprägt duch die kaufmännische Soll-und-Haben-Buchführung des erfolgreichen Vaters – von Oktober 1837 bis 1856 in seinen Haushaltsbüchern (und nicht erhaltenen „Gelderbüchern") akribisch sämtliche Einnahmen und Ausgaben (z.B. für Miete, Konzertbesuche, Versicherungen, Kost und Logis, Haushälterin, Heizung, Friseur, Trinkgelder und Geschenke), daneben auch andere Ereignisse. Clara ließ er wissen: „...*Glaubst Du wohl, daß jeden Morgen früh das erste ist, mir aufzuschreiben was ich verbraucht Tags vorher und mir auf den Pfennig selbiges zu berechnen....".*
Als Ehefrau erhielt sie – neben häufigen Sonderzuwendungen („Extrageld") – anfangs 6 Taler Wirtschaftsgeld pro Woche, das mit Vergrößerung der Familie schrittweise auf 15 Taler erhöht wurde (Vergleichsweise kosteten das Brautkleid Claras 12 Taler, der Trauring 6 Taler, eine Flasche Champagner 2 Taler, jeweils ein Taler: eine Mütze, Notenpapier, eine Uhr-

reparatur, ein Essen im Restaurant, ein Theaterbesuch oder das Kindermädchen für einen Monat. Eine Monatsmiete betrug etwa zwischen 10 und 30 Taler).

Obgleich Schumann aus dem väterlichen Erbe bzw. einem Hypothekendarlehen an seinen Bruder Carl regelmäßig Zahlungen sowie Zinsen und Dividende aus Pfandbriefen und Aktien bezog, und ebenso wie Clara Honorare und Tantiemen erhielt, war das Ehepaar Schumann in den ersten Ehejahren gezwungen, Wertpapiere zu verkaufen oder Geld zu leihen; noch 1848 bat Schumann seinen Bruder Carl um Zuwendungen. Geldnöte – *„.....wir verbrauchen mehr, als wir verdienen....."* beklagte Schumann 1843 - dürften auch der Grund dafür gewesen sein, dass Schumann seinen Widerstand gegen Claras Konzertreisen aufgab, um *„...Kapital zu sammeln."* So erbrachte die Tournee durch Russland von Januar bis Mai 1844 einen Nettogewinn von 2300 Talern. Schumann selbst erzielte die höchsten Honorare, jeweils 110 bis 120 Taler, aus seinen *Liederzyklen*, der *Sinfonie B-Dur* und den Kammermusikwerken op. 41, 44 und 47. Am meisten brachten allerdings 1844 das Chorwerk *Das Paradies und die Peri* und 1850 die Oper *Genoveva* ein, nämlich jedesmal 550 Taler. Die „Neue Zeitschrift für Musik" warf halbjährlich seit 1837 rund 170 Taler ab. Schumanns Dirigentengehalt in Düsseldorf, das er bis Ende 1854 bezog, war auf 750 Taler jährlich festgesetzt.

Im ganzen hinterließ er am Lebensende ein beträchtliches Erbe, das Clara weiterhin mit Umsicht und Klugheit zu vermehren wusste; allerdings fielen bis zu seinem Tod im Juli 1856 laufend Unterbringungs- und Behandlungskosten für den Aufenthalt im Endenicher Sanatorium an.

Robert Schumann hielt mit großer Beharrlichkeit an seinen fortlaufenden Aufzeichnungen, die er „Lebensbücher" nannte, bis zu seiner Hospitalisierung in Endenich im Jahr 1854 fest. Die meist stichwortartigen Notizen geben persönliche, manchmal banale Alltäglichkeiten einschließlich der – am Rand mit Fähnchen gekennzeichneten Intimkontakte mit Clara – wider, aber auch Wünsche, Hoffnungen und Pläne. So finden sich Eintragungen über die Konzipierung und Entstehung der Musikstücke, auch Kommentare und Meinungen hierzu, ferner allgemeinere Reflexionen und Phantasien. Zum Auftakt hieß es: *„....Der 1. Januar war einförmig: ich eilte, meine ganzen Sachen in Ordnung zu bringen: durch die aeußere Ordnung wird die innere des Lebens wahrhaft erst bedingt....".*

Seinem Schulfreund Flechsig, *„..... dem alten Leidens- und Freudensgefährten",* widmete er im Mai 1827 aus seinem Tagebuch die „Hottentottiana". In deren zweitem Heft, d.h. im November 1828, kritisierte er ihn als *„....schwachen, erbärmlichen Menschen; voll Eigennutz u. Egoismus, Rechthaberey, wenig Phantasie und Unverstand u. viel Unsinn....".* Er nannte ihn gar voller Zorn einen *„....besoffenen Schweinehund u. Taugenichts.... ein unmusikalisches Vieh, ohne jeden Sinn, ohne Geist, ohne Seele, ohne Ausdruck, eine todte Mumie....".*

Diese überpointierte Beschreibung seines langjährigen Busenfreundes, mit dem er zeitlebens freundschaftlich verbunden blieb - geschrieben aus momentanen heftigen Verstimmungen in noch jugendlichem Überschwang - enthält sicherlich einige solide Körnchen an Verärgerung und Frustration als Begleiterscheinungen des alltäglichen Zusammenseins in der gemeinsamen Leipziger Wohnung. Bereits im August 1828 hatte er ihn in seinem Tagebuch als *„....ein in der Logik zum Klostoffel verkalkter Mensch u...niedrigsten, erbärmlichsten Egoisten - ohne Geist u. ohne Prometheusfunken...."* abqualifiziert. Noch zuvor – nach Beendigung der Schule – hatte Schumann ihn als *„treuesten und anregendsten Freund"* bezeichnet, der *„....ganz rein empfinde und durch das Schöne hingerissen...."* werde, und geschrieben: *„....Freund, bleibe mein Freund, wenn ich auch Deiner Freundschaft unwürdig werden sollte, und halte warnend und beschützend diese Zeilen einst mir vor Augen, wenn ich mich schämen sollte, sie geschrieben zu* *haben und später nicht danach gehandelt hätte. Du bist, Du warst ja der einzige, dem immer mein Herz mit allen seinen Freuden und Schmerzen offenstand"......* Derlei intensive Gefühlskapriolen waren bei Schumann auch später nichts Ungewöhnliches.

Sich selbst sah Schumann ebenfalls durchaus kritisch: *"....Was ich eigentlich bin, weiß ich selbst noch nicht klar: Phantasie, Glaub' ich, hab' ich: und sie wird mir auch von keinem abgesprochen: tiefer Denker bin ich nicht: ich kann niemals logisch einen Faden fortgehen, den ich vielleicht gut angeknüpft habe. Ob ich Dichter bin - denn werden kann man es nie - soll die Nachwelt entscheiden. Weiter kann ich nichts ueber mich sagen: es ist das Schwierigste, sich selbst darzustellen...."* - so jedenfalls Schumann Feststellungen als 16jähriger Schüler.

Obgleich er sich später klar für die Musik entschieden hatte, konnte Schumann seine Doppelbegabung weiterhin nicht verleugnen, die nicht nur von Vorteil war: *"....Wäre mein Talent zur Dichtkunst und Musik nur in einem Punkte concentrirt, so wäre das Licht nicht so gebrochen und ich getraute mir viel"* meinte er 1830. Seine in den Briefen und Tagebüchern immer wieder dargelegte Überzeugung einer grundsätzlichen Einheit von Dichtkunst und Musik sah in den Liedern bzw. im Gesang am weitesten verwirklicht: *"....Das Odeon der Gefühle ruht am schönsten auf den Blumensäulen der Poesie u. der Tonkunst....Im Gesang ist das Höchste vereint, Wort u. Ton....Er ist die eigentliche extrahirte Quintessenz des geistigen Lebens...."* schrieb er mit 18 Jahren in sein Tagebuch.

Auch die Herausgabe und intensive Betreuung der „Neuen Zeitschrift für Musik", für die Schumann zudem zahlreiche eigene Beiträge schrieb, spiegelten dessen schriftstellerisches Engagement ebenso wieder wie beispielsweise die Bemühungen um Abfassung einer Musikästhetik unter dem Namen „Die Tonwelt" (mit dem Untertitel „Aus dem Tagebuch der heiligen Cäcilie - Ästhetische Fragmente und Aphorismen zur Ästhetik der Musik von Robert Schumann"). Bereits mit 13 Jahren hatte er Exzerpte aus Christian Schubarts „Ideen zu einer Ästhetik der Tonkunst" zusammengetragen, die ihm als Grundlagen und Anregungen seiner musikästhetischen Auffassung bedeutsam erschienen.

In seinen „Materialien zu einem Lebenslauf" nannte er Klopstock, Schiller, Nauenburg, Schulze und Hölderlin, aber auch Shakespeare und Matthias Kasimir Sarbiewsky, den „polnischen Horaz" aus dem 17. Jahrhundert, als seine Lieblingsautoren. Er begeisterte sich für Lord Byron, Goethe und Schiller, vor allem jedoch für den 1825 in Bayreuth verstorbenen Johann Paul Friedrich Richter, der sich Jean Paul nannte. In ihm – Leitfigur der deutschen Burschenschaften – entdeckte er den seelenverwandten Dichter, der ihn faszinierte und nachhaltig beeinflusste; selbst dessen Tagebuchschreiben imitierte er. Zur Zeit des Abiturs teilte er Flechsig mit: *"....Jean Paul nimmt noch den ersten Platz bei mir ein: Und ich stelle ihn über alle, selbst Schillern (Goethen versteh` ich noch nicht) nicht ausgenommen....".*
Flechsig hingegen bemängelte, dass sein Freund Jean Pauls *„.....Stil und Manier in seinen Schreibereien leider zu sehr nachahmte, die er täglich mehrere Stunden fortsetzte."*
Schumann verschlang Jean Pauls Werke „Siebenkäs" und „Titan", „Unsichtbare Loge", „Flegeljahre", und „Hesperus", aus denen er gegenüber Flechsig zitierte: *„....Wenn ich öfters über das Erhabendste der Welt und der Menschen und der Gottheit nachdenke, über die Unsterblichkeit, und die Waffelkuchen, die meine Frau in der Küche bäckt, mit ihren Buttergerüchen in meine Nase ziehen, so kann ich mich trotz der erhabendsten Gedanken eines Lächelns nicht enthalten und ich fasse so das Sinnliche völlig auf und denke doch dabei das Höchste ungestört fort."*
Vor allem die Biographie „Flegeljahre" war für den erst siebzehnjährigen Schumann so bedeutend wie die Bibel. Er übernahm aus dem großen Bildungsroman streckenweise Jean Pauls Sprachrhythmik, metaphorische Schreibweise und verinnerlichte dessen Weltsicht, die von schwärmerisch-fanta-

stischen Naturschilderungen und sozialkritischen Wahrneh-
mungen bestimmt war. Wie bei Jean Paul verschmolzen bei
Schumann Wirklichkeit und Phantasie zu einer Einheit von
Gefühlsüberschwang, Bilderwelt und Abstraktion, von Poe-
sie und Realität. In der Ideenvielfalt des Dichters sah er das
Vorbild einer Integration unterschiedlicher Impressionen und
Gedanken, die er auf seine Kompositionen zu übertragen
suchte.

Schumann schrieb – ganz im Stil Jean Pauls – 1828 die Ro-
mankapitel „Juniusabende und Julytage", sein „...erstes Werk,
mein wahrstes und mein schönstes", in dem in verklärender Weise
die Jugendfreundschaft zwischen Gustav und Julius besungen
wurde. Beide Figuren erschienen zum ersten Mal in Schumanns Romanfragment „Selene", dessen Bruchstücke unter
Überschriften wie „Mitternachtsstück", „Altarblatt", „Vor-
abend zur Selene", „Nachtphaläne", und „Vorfrühling" immer
wieder in den Tagebüchern auftauchten. Der Protagonist
Gustav, Maler und Dichter, „...eine harmonische Verschmelzung
von Kraft und Milde", wurde zur Identifikationsfigur des Ver-
fassers.

Von seinem literarischen Vorbild übernahm Schumann auch
das Konzept der Persönlichkeitsdoppelungen: Wie Jean Paul
in den Personen „Vult" und „Walt" die Dialektik menschlichen
Denkens und Strebens versinnbildlichte, ließ Schumann in
seinen schriftlichen Kommentaren und Essays zur Musik mit
dem ungestümen und kämpferischen „Florestan" und dem
träumerisch-versonnenen „Eusebius" zwei verschiedene Seiten
ein- und derselben Person sichtbar werden. Bei Herausgabe
der *Papillons* 1832 erklärte er seiner Familie: „...Bittet sodann
alle, daß sie sobald als möglich die Schlußszene aus Jean Pauls Flegeljahren
lesen möchten, und daß die Papillons diesen Larventanz eigentlich in
Töne umsetzen sollten und fragt sie dann, ob vielleicht in den Papillons
etwas von Winas Engelsliebe, von Walts Dichtergemüt und von Vults
scharfblitzender Seele richtig widerspiegelt".

In jene Zeit der jugendlichen Träumereien und Phantasien fallen Roberts erste Verliebtheiten. Als Siebzehnjähriger begeisterte er sich für die Mädchen Liddy Hempel und Nanni Petsch, dann für Agnes Carus, Frau eines Colditzer Arztes, die er im Sommer 1827 kennen lernte. Er empfand eine *„.....schwärmerische, heftige Liebe für Liddy, die ihn beflügele....,* und erlebte Hoffnungen und Erwartungen, Enttäuschungen und Frustrationen. Im Tagebuch hieß es: *„.....Nichts kann mir gefallen, nichts mich befriedigen, nur sie, nur sie....".* Allerdings verübelte er ihr nachhaltig, dass er sie für sein Dichteridol nicht recht begeistern konnte: *„.....Der Traum ist aus ! - Und das hohe Bild des Ideals verschwunden, wenn ich an die Reden denke, die sie über Jean Paul führte!....".* In diesem Zusammenhang charakterisierte er sie missgelaunt als *„eine engherzige Seele, ein einfältiges Mägdlein aus dem unschuldigen Utopien: keinen großen Gedanken kann sie fassen....".* Demgegenüber war für ihn Nanny das *„.....herrlichste Mädchen: nähr' ich jetzt auch weniger die Flammen einer glühenden Liebe für sie, so sind doch diese letzteren in eine heilig flackernde, still hinbrennende Gluth einer reinen göttlichen Freundschaft, Achtung, gleich einer Madonnenverehrung übergegangen....Es war meine erste feurige Liebe und ich Glücklicher - ich war wiedergeliebt".* Er ging mit ihr spazieren und tanzen und rezitierte aus Jean Pauls Romanen.

Die acht Jahre ältere Charlotte Agnes Carus, die er im Sommer 1827 anlässlich eines Hauskonzertes kennengelernt hatte, verehrte er hingegen mit schmerzlicher Sehnsucht. Ihr Mann Ernst August Carus war damals Arzt in Colditz und wurde im November 1827 als Medizinprofessor nach Leipzig berufen. Im Haus der bürgerlichen Großfamilie Carus – der Bruder Karl Erdmann war Direktor einer Chemiefabrik – wurde regelmäßig musiziert. Schumann durfte Frau Carus am Klavier begleiten, wenn sie Lieder von Schubert sang; sie machte ihn mit dessen Musik, für die er sich begeisterte, vertraut. In Schumanns Tagebüchern finden sich viele Hinweise auf seine schwärmerischen, wehmütigen Gefühle für Frau Carus, die ihn 1828 zum Komponieren mehrerer Lieder, seinem Opus II, anregte. Für den 2. Juni 1828 notierte Schumann in seinem Tagebuch:

„Ich war vorgestern bey C.; ich wußte nicht, wie mir zu Muthe war: ich saß mit ihr zwey Stunden allein am Clavier u. mir war's, als wachten alle schlummernden Tiefen mächtig wieder auf: sie muß es mir an meinen Augen angesehen haben, denn ich fühlte, wie sie ewig nur wehmüthig lächelten: später kam Julius, vielleicht unglüklicher als ich: wenn sie singt, so sprühen Flammen wie spöttische Worte aus seinen Augen u. man merkt so recht seinen ungeheuren Schmerz, wie gern er sagen möchte: du verführerische Dirne mit deinen Tönen, mit deinen Augen. Ach! ich habe es mir oft gesagt u. sage es mir noch....". Am 12. Juni schrieb er: *„....Heute war Agnes´ Geburtstag....Abends ....ging ich mit Fl. den Weg dahin u. von einer großen Sehnsucht getrieben: sie begegnete uns u. grüßte u. winkte freundlich u. gab mir Träume u. Hesperus lächelte so schön dazu"*.

Später erneuerte Schumann in Leipzig seine Bekanntschaft mit Agnes und Ernst August Carus und war regelmäßig Gast bei deren Hauskonzerten. Bei dieser Gelegenheit traf er zum ersten Mal im März 1828 die damals neunjährige Clara Wieck.

Robert, eine stattliche Erscheinung mit gewinnender Ausstrahlung, fand durchaus Anklang beim anderen Geschlecht. Studienfreund Johann Friedrich Täglichsbeck beschrieb ihn als kräftig gebauten, jungen Mann mit blühendem Gesicht und brünettem Haar. *„Seine Augen waren tiefliegend und dunkel und erglänzten von einem schwärmerischen Feuer. Seine ganze Erscheinung war eine durchaus noble; er trug sich elegant, und bei all dem war eine große Gutmütigkeith über sein ganzes Wesen ausgeprägt, das unwillkürlich für ihn einnehmen musste...."*. Heinrich Dorn, Schumanns zeitweiliger Kompositionslehrer in Leipzig bestätigte das charmante Auftreten des *„....bildschönen jungen Mannes mit blauen Augen und Grübchen in den Wangen"*. Bis auf seine langjährige Beziehung zu seiner Geliebten Christel in Leipzig und seine Ehe gab es – soweit Schumanns Äußerungen zu entnehmen – nicht wenige flüchtige, mehr oder weniger platonische Begegnungen und echte Liebesgeschichten. Über sich selbst schrieb Schumann als 18-jähriger: *„.....Er liebt rein und heilig, er hat viel, edel und göttlich gelebt. Daß er den Mädchen gefällt, weiß er....Der erste seyn ist ihm angeboren - gibt sich den Schein des Nichtwollens; ein Lustgarten ist ihm die Erde nicht, vielmehr ein heiliger Tempel der Natur.... Die Menschen liebt er, und das Schicksal fürchtet er nicht....".*

Schumanns Kindheit verlief – trotz großzügiger Unterstützung von Seiten des Vaters und liebevoller Versorgung durch die Mutter – nicht unbeschwert. Die nachhaltigsten Spuren hinterließen zweifellos der Tod seiner Schwester Emilie im Jahr 1825 sowie der des Vaters im folgenden Jahr. Als dieser, über 30 Jahre lang kränkelnd, schließlich mit 53 Jahren am 10. August 1826 an Tuberkulose starb, war der 16-jährige Robert bei ihm, während die Mutter zur Kur in Karlsbad weilte. Robert hing sehr an seinem Vater, dessen Bild er in seinem Leipziger Studierzimmer neben das von Jean Paul und Napoleon über sein Schreibpult hängte. Im Januar 1827 vermerkte Schumann in seinem Tagebuch: *„.....Ist es nicht schreklich genug, eines solchen Menschen, eines so herzlichen Vaters, lieblichen Dichters, feines Menschenkenners, tüchtigen Geschäftsmannes - oder könnte dies alles nicht gelten - um des Werts: eines Vaters beraubt zu seyn....".*

Mit dem Vater verlor er nicht nur einen verständnisvollen Förderer und geduldigen Zuhörer, sondern überhaupt den Rückhalt für seine musikalischen Ambitionen, denen die Mutter zunehmend misstrauischer gegenüberstand. Immerhin hinterließ der Vater ihm ein finanzielles Erbe von 10.323 Talern, das von seinem Vormund Gottlob Rudel verwaltet wurde und den jungen Schumann materiell absicherte. Eine Art „Ersatzvater" bzw. Vorbild sah er später eine zeitlang in seinem Lehrer

Friedrich Wieck, dann vor allem in dem nur eineinhalb Jahre älteren, von ihm überaus geschätzten, ja verehrten Komponisten, Pianisten und Dirigenten Felix Mendelssohn Bartholdy, der 1835 von Düsseldorf als Dirigent der Gewandhauskonzerte nach Leipzig gekommen war. In Düsseldorf war der berühmte Musiker, der bereits als Zwanzigjähriger die erste Wiederaufführung der Matthäuspassion seit dem Tode Bachs dirigierte, zwei Jahre lang als Generalmusikdirektor tätig gewesen. Mendelssohn plötzlicher Tod im November 1847 ging Schumann sehr nahe. Er gab später seinem jüngsten, 1854 geborenen Sohn denselben Vornamen.

Als nicht weniger erschütternd erlebte der damals 15-jährige Robert den tragischen Tod seiner Schwester Emilie, die sich im Alter von 29 Jahren – wenige Monate vor dem Tod des Vaters – das Leben genommen hatte. Sie war der Liebling ihres Vaters. Als Kind war sie an einem Hautleiden erkrankt, das mit erheblichen Depressionen, aber auch wohl anderweitigen psychischen Veränderungen einherging. Beschrieben wurden Züge von „stillem Wahnsinn". Allem Anschein nach setzte sie ihrem Leben durch einen Sprung aus dem Fenster ein Ende. Später, noch im Januar 1827 bekannte Schumann bei einem Gespräch mit seinem Schulfreund Hermann Walther sein Entsetzen bei dem Gedanken an einen Selbstmord: „.....*Ich könnte mich nicht fassen - nein: das könnte ich nicht ueberwinden - ein Selbstmörder!! - hu, wie schauerts mich durch u. durch, wenn ich diese zwey Gedanken fasse. Ich zittre: ich verliere mich in dem Labyrinth der Höllenträume: o - es giebt auch böse Träume...*". Gedanken an den Todesengel beschäftigten Schumann schon früh: „.....*Es ist heute der letzte May u. ich will ihn noch einmal recht innig genießen. Der Mensch weiß ja ohnehin nicht, ob er ihn noch ein mal blühen sieht, u. ich bin auch ein Mensch u. der schöne Fakeljüngling lächelt mich recht oft aus seinen schönen, großen Augen an.*" schrieb er 1828 ins Tagebuch.

Im Übrigen äußerte Schumann sich in seinen persönlichen Notizen und Briefen auffallend wenig über das schlimme Ende seiner Schwester, obgleich er durch die Mutter an ihren Todestag erinnert wurde. Möglicherweise verdrängte er ihn wie später auch andere Todesfälle in seiner näheren Umgebung, beispielsweise den seines Bruders Julius und seiner Schwägerin Rosalie im Jahr 1833. Als sein engster Freund Ludwig Schuncke 1834 in Leipzig starb, zog Schumann sich panisch nach Zwickau zurück und gab sogleich nach seiner Rückkehr die gemeinsame Wohnung auf. Selbst zur Beerdigung seiner Mutter im Jahr 1836 kam er nicht nach Zwickau, sondern fuhr zu einem Treffen mit Clara – Ausdruck einer Art von Selbstschutz oder düstere Vorahnungen?

Zumindest im zeitlichen Zusammenhang mit diesen Ereignissen während der Reifezeit veränderte sich Roberts Wesen; bis dahin häufig übermütig, lebhaft und aufgeschlossen, wurde er nun auffallend in sich gekehrt und verschlossen. Charakteristisch hierfür ist eine Bemerkung, die er am 19. August 1828 dem Tagebuch anvertraute: *„.....Stumpsinn u. Trübsinn pp. – Ich bin es allerdings oft u. die Lebensgeister sind oft wie verschwunden u. ich war schon oft dem Wahnsinn nah, so daß ich mich nicht recht auf mich selbst besinnen konnte - ....".*

Diese Züge von Introvertiertheit und Melancholie traten zwar mit Aufnahme des Studiums in Leipzig und während der Heidelberger Zeit in den Hintergrund, machten sich jedoch später immer wieder – teils in sehr ausgeprägter Form – bemerkbar. Schumanns Schüler und erster Biograph Wilhelm Joseph von Wasielewski, Konzertmeister und Chordirektor in Düsseldorf und Bonn, wies auf einen deutlichen Persönlichkeitswandel Schumanns bereits während dessen Schulzeit hin: *„.... während Robert als Knabe mehrenteils einen überwiegend heiteren lebhaften Charakter gezeigt hatte, und infolgedessen gern die*

Gelegenheit ergriff, in neckender Weise durch allerhand Schelmereien, Kameraden und Dienstleute, vorzugsweise aber seine Schwester zu überraschen, verkehrte sich im Laufe des 14. Lebensjahres sein Wesen fast in das Gegentheil. Alles deutet von hier ab auf ein mehr verschlossenes, innerliches Leben. Der heranwachsende Jüngling wurde sinnender, schweigsamer und zeigte überhaupt jenen Hang zur Träumerei, der hemmend für den Verkehr, nicht sowohl mit Geistern als mit Menschen ist..... Die äußere Passivität, welche Schumann bekanntlich das ganze Leben hindurch nicht verließ, bewirkte sofort ein gewisses Ansichhalten und den Mangel eines offenen rückhaltlosen Verkehrs mit seinesgleichen....".

Zum Foppereien war er aber auch später noch aufgelegt. Während seines Aufenthalts in Frankfurt im Mai 1829 überfiel ihn einmal heftig der Drang zum Klavierspielen: *„...ich ging getrost zum ersten besten Instrumentenhändler, gab mich für den Hofmeister eines jungen englischen Lords aus, der sich einen Flügel kaufen wollte, und spielte so, begafft und beklatscht, drei ganze Stunden lang; ich sagte, ich würde in zwei Tagen Antwort sagen, ob der Lord ihn kaufen würde; da war ich aber schon längst in Rüdesheim und trank Rüdesheimer...."* schrieb er seiner Mutter nach Zwickau. Auch mit Claras Geschwistern trieb er in der Wieckschen Wohnung allerlei Schabernack.

Eduard Röller, einer der frühen Freunde Schumanns, charakterisierte diesen rückblickend als wenig durchschaubar und verschlossen. Röller schrieb nach Schumanns Tod an den gemeinsamen Freund Flechsig, dass man *„.....doch eigentlich nicht viel von seinem innern Wesen sagen...."* konnte, obgleich man oft mit ihm zusammen war; Robert sei *„nicht so klar und offen"* gewesen, dass er *„durchsichtig geworden wäre"*.

Schumann empfand es aber wohl auch selbst – wie er 1828 seinem Tagebuch anvertraute – *„.....als Spaß, einen lichten Schleyer über meine Seele zu werfen u. die beobachtenden Menschen auf d. Glatteis zu führen"*. Er schrieb auch erklärend: *„Es liegt in meiner Methode, in den ersten Gesprächen mit einem Menschen mich vor diesen, wie*

31

unterdrückt zu stellen; ich spreche da nicht viel u. gebe noch mehr zu; auf einmal steh´ ich auf u. ich lasse merken, was ich sagen könnte, wenn ich Lust hätte; dann fühl´ ich recht, wie jener sich unterdrückt fühle; u. wie dieser es fühle, daß ich dies fühle". Über zehn Jahre später schrieb Robert Schumann kurz und bündig an seinen Kompositionslehrer Heinrich Dorn: *„....Die Welt weiß so gut wie nichts von mir"*.

Der früheste, deswegen vielleicht sogar nachhaltigste Schicksalsschlag traf Schumann bereits im Alter von drei Jahren, als er nämlich infolge Erkrankung seiner Mutter an „Nervenfieber", wahrscheinlich an Typhus, für sechs Wochen in die Pflege der bereits erwähnten Familie Ruppius gegeben wurde. Obgleich er die warmherzige Frau Ruppius wie eine zweite Mutter schätzen lernte, vergaß Schumann diese frühe Trennung nie; noch später äußerte er, dass er ab dieser Zeit nicht mehr *„ein Kind wie ein anderes"* war – so schilderte er sich als 15-jähriger selbst. Unklar ist, weswegen er zweieinhalb Jahre lang in der Pflegefamilie blieb, obgleich er andererseits täglich zwischen dieser und seiner Stammfamilie hin- und herwanderte. Offenbar fühlte sich der kleine Robert schließlich in der Familie Ruppius derart wohl, dass er die Rückkehr ins Elternhaus bedauerte. Allem Anschein nach war seine leibliche Mutter überfordert, jedenfalls äußerte sie später: *„Überhaupt waren vier Söhne für eine Mutter in Hinsicht ihrer geistigen und moralischen Erziehung wohl zu viel...."*.

Schumann entwickelte im Laufe der Jahre fortan zunehmend verschrobenere Attitüden und wurde immer wortkarger. Im vierten Lebensjahrzehnt nahm Schumanns Schweigsamkeit derart zu, dass seine Frau Clara quasi die Rolle einer Dolmetscherin übernehmend musste, um Schumanns Wünsche und Absichten seiner Umgebung zu vermitteln. Richard Wagner und Franz Liszt waren nach einem Besuch im Hause Schumann ziemlich verärgert darüber, dass ihr Kollege kaum ein Wort mit ihnen wechselte; als Wagner am 18. April 1842 bei Schumanns zu Besuch war, blieb der Gastgeber „......*so gut wie eine Stunde stumm*". Auch wenn in Rechnung gestellt wird, dass Schumann den Kopf voller Musik hatte und seine bevorzugte Ausdrucksform die Töne und Melodien waren, erschien sein Verhalten doch recht befremdlich. Wasieleski zufolge war „.....*die Art seines Verkehrs mit anderen sehr einfach. Er sprach meist eben wenig oder gar nicht, selbst wenn er um etwas befragt wurde, oder doch nur in abgebrochenen Äußerungen, die indes stets seine Denktätigkeit bei einem angeregten Gegenstande verrieten, eine manierierte Absichtlichkeit war hierin nicht zu suchen. Seine Art zu reden schien großenteils wie ein Fürsichhinsprechen, um so mehr, da er sein Organ dabei nur schwach und tonlos gebrauchte....Man mußte bei ihm einen günstigen Moment abpassen.....Doch nur den wenigsten vertrauten Personen seines näheren Umgangs gewährte er gelegentlich diese Gunst, da er denn auch oft wieder lange mit ihnen zusammen sein konnte, ohne daß es zu einer Unterhaltung gekommen wäre"*.

Zum Musikpädagogen und Klavierlehrer eignete Schumann sich daher nicht. Sein Schüler Carl Ritter vom Leipziger Konservatorium berichtete: „....*Im Unterricht verhielt sich Schumann äußerst schweigsam. Gewöhnlich setzte er sich mit meiner Arbeit ans Klavier, las sie mit den Augen, und wenn ihm etwas mißfiel, so griff er es auf dem Klaviere, wobei er mich nur mit einem mißbilligenden Blicke ansah. Für Fugen gab er mir meist Bach'sche Themata, nur einmal ein Beethoven'sches, und ließ mich dann meine Ausführungen mit der des Vorbildes vergleichen. ebenso verfuhr er beim Instrunentieren; da ließ er mich Mozart'sche Klavierauszüge für Orchester setzen, worauf meine Partitur mit der Mozart'schen verglichen wurde"*. Höchst fatal wirkte sich dieser Kommunikationsstil bei der Anleitung von Chören oder Orchestern aus, der ihm schließlich in Düsseldorf zum beruflichen Verhängnis wurde. Schumann scheute nicht nur die direkte Konfrontation in Form einer verbalen Kritik – oft drückte er sich nur indirekt oder durch Gesten aus - , sondern war auch in seiner Artikulation durch seine Hirnerkrankung zunehmend behindert.

Er war sich seiner Marotten durchaus bewusst; schon 1837 schrieb er dem Musikschriftsteller Anton von Zuccalmaglio selbstkritisch, dass er sich zwar freue, ihn zu sehen, an ihm aber „...*nichts zu haben*" sei, „...*ich spreche fast gar nicht, Abends mehr, und am Clavier das Meiste*". Seinen Musikerfreund Hiller begrüßte er bei seiner Ankunft in Dresden 1845 mit den Worten: „...*schön, daß Du da bist, da werden wir uns tüchtig ausschweigen können*". Sowohl im Kreis der Familie wie auch beim abendlichen Stammtisch war Schumann gewöhnlich verschlossen und wirkte unzugänglich. Während der letzten Lebensjahre war der bereits deutlich Kranke vollends auf die kommunikative Unterstützung seiner Frau angewiesen, insbesondere nach seinem Zusammenbruch 1844 und später ab 1850 in Düsseldorf.

Schon nach der Rückkehr von Heidelberg und der Wiederaufnahme des Studiums in Leipzig war Schumann gesellschaftlich bedeutend passiver geworden; näheren Kontakt hatte er nur zu wenigen Freunden und Altersgenossen. Wegen seines fast mutistischen Verhaltens war der Umgang mit ihm oft anstrengend. Abends hielt er sich meistens mit Bekannten in einem Lokal, vorzugsweise im „Arabischen Coffee Baum" (später: „Kaffeebaum") in der kleinen Fleischergasse auf, den er in wenigen Minuten von seiner jeweiligen Wohnung erreichen konnte. Dort saß er in sich gekehrt und scheinbar unbeteiligt seitwärts, wobei er oftmals reichlich Alkohol konsumierte. „...*Meist saß er dann, das Gesicht nach der Wand, vom Getriebe des Saales abgewendet, die Hand auf dem Henkel des Bierkruges, an einem kleinen Tisch, völlig in sich versenkt und schien leise vor sich hinzupfeifen, obwohl aus den zugespitzten Lippen kein Ton gehört wurde. Versuche, ihn in den lebendigen Verkehr zu ziehen, waren*

von ihm auf mehr als derbe Weise abgelehnt worden...." beobachtete
ein Sohn Carl Maria von Webers.

Wenn Schumann während seiner Studentenzeit spätabends
oder nachts heimkehrte, zog er sich zunächst halb aus, schrieb
das Erlebte in sein Tagebuch, überprüfte seinen Barbestand
und beschloss den Tag mit einer Aufzeichnung der musikalischen Ideen, die ihm möglicherweise im Laufe des Abends
gekommen waren. Bisweilen spielte er noch Klavier.

Im Mai 1832 beschrieb er seiner Mutter den Tagesrhythmus
wie folgt: „*...Früh gegen fünf Uhr kann ich wie ein Reh aus dem Bett
springen; Gelderbuch, Tagebuch und Korrespondenz werde in Ordnung
gehalten; bis 11 Uhr wird abwechselnd studirt, componirt und ein wenig
gelesen; um 11 Uhr (tagtäglich kommt Lühe, der mir ein schönes Bild
von Ordnung und Regelmäßigkeit ist) – Mittagstisch – dann les ich
französisch oder die Zeitungen. – Von drei bis sechs Uhr geh ich regelmäßig
spazieren, gewöhnlich allein und nach Connewitz zu.....Komme ich um
sechs Uhr nach Hause, so phantasier ich bis gegen acht, geh dann gewöhnlich zum Abendessen und dann nach Haus...".*

Das abendliche Mahlzeit wurde allerdings mit viel Bier men-
genmäßig und auch zeitlich ziemlich gestreckt. In dieser eintö-
nigen Regelmäßigkeit vollzog sich im wesentlichen Schumanns
Tagesablauf, den er im Großen und Ganzen auch nach seiner
Heirat beibehielt.

Trotz aller jugendlichen Größenideen und Eitelkeiten nagten
an der empfindsamen Persönlichkeit Schumanns – auf der
Suche nach der wahren Identität – Selbstzweifel und Min-
derwertigkeitsgefühl. In seinem Übertrag „Extrahirte Quintessenz aus Jugendsünden" reflektierte er 1826: „*Den Menschen
sey es angeboren, das Gute eher zu vergessen, als das Böse....Es giebt
Stunden, wo alle Seiten unseres menschlichen Fühlens zu einem solchen
weichen Mollaccord gespannt, alle Gefühle bey allen verstokten u. guten
Sündern - denn das sind wir alle - zu einer solchen Wehmuth gestimmt
werden, daß die rinnende Thräne mehr die der Trauer, als die der Freude*

anzudeuten scheint. Sinne oft nach, welches der rührendste Moment, wo die verschiedenartigsten Gruppen der Freude u. der Trauer, wo die göttlichsten Scenen des menschlichen Seyns sich wahrhaft formen, wo alle mitfühlen müßen, weil sie alle betheiligt sind, wo sich die ganze Menschheit, Freudenthränen im Auge, umarmt, wo jeder jenes große: seyt umschlungen, Millionen zu fühlen, zu empfinden glaubt, welches dieser Augenblick sey".

Mit 16 Jahren vertraute er - noch unter dem Eindruck des Vaterverlustes - seinem Tagebuch am 4. Januar 1827 an: *„....Wenn ich mein ganzes Leben durchgehe, so bleibe ich fast immer bey der Frage stehen: bist du's oder bist du es nicht...? das ganze vorige Jahr flog mir wahrlich wie ein Traum hin...: ich zürnte damals dem Schiksal: jetzt kann ich ruhiger ueber Alles nachdenken...".* Zwei Jahre später schrieb der Jüngling: *„.....Eine unaufgelößte Dissonanz.... kann es nicht geben; vielleicht ist aber das Leben eine, welche erst der Tod auflöst....".*

Schumanns Persönlichkeit bot mithin von früh auf viele Facetten. Zwischen den Polen rastloser Kreativität und zwanghaft-buchhalterischer Pedanterie war seine Gefühlswelt gekennzeichnet von einem Auf und Ab zwischen Traurigkeit, Trübsinn und Melancholie einerseits und Überschwänglichkeit, Begeisterung, Geselligkeit und Tatendrang andererseits. Wehmut, Einsamkeit und Sehnsüchte klangen immer wieder in Schumanns Tagebüchern an, so im Dezember 1827: *„Ach! Soll ich denn untergehen? Ach ich werde es, von keinen geliebt, von keinen verachtet - so einsam, so trübe - u. keine Thräne wird mir wohl nachgeweint....".* Im Mai 1828 schrieb er: *„....Es überläuft mich eiskalt, wenn ich denke, was aus mir werden soll - ach! Ich gehe doch wohl unter, von keinen geliebt, von keinem verachtet, von niemandem beweint! Und ich habe doch die Menschen so oft beweint u. beweine sie noch...".* Schumanns Überspanntheit, Zerrissenheit und Selbstvorwürfe der Reifezeit und Jugendjahre wichen später – sicher auch unter dem klug-regulierenden Einfluss seiner Frau Clara –

einer maßvolleren Selbstbeurteilung und spürbareren Beson-
nenheit. Mit großer Erleichterung wurde zudem das Ende
der Kräfte zehrenden Auseinandersetzungen mit Friedrich
Wieck aufgenommen. Die destruktiven Selbstquälereien der
Leipziger Studentenzeit verblassten; noch 1837 hatte er ins
Tagebuch eingetragen: *„…bis zur Pein mich selbst gequält mit
fürchterlichen Gedanken"*.
Gleichwohl traten während des letzten Lebensjahrzehnts wiederum auffällige Zuspitzungen, ja unübersehbare Manieriert-
heiten und sogar Verschrobenheiten im Auftreten zu Tage;
der ehemals jugendlich-lebhafte Charmeur wandelte sich zum
exzentrischen Sonderling. So ging er ohne erkennbaren Grund
schlurfend und wippend auf den Fußballen, die Augen halb
geschlossen, den Mund etwas vorgeschoben, und die Lippen
wie zum Pfeifen zugespitzt. Immer wieder Anstoß erregten
sein dumpfes, regungslosen Dahinbrüten, sein undeutliches,
kaum verständliches Nuscheln, seine müden, schleppenden
Bewegungen.

Nicht abwegig erscheint die Vorstellung, dass Schumann
lebenslang sowohl durch seine geregelte Lebensführung wie
auch mit Hilfe seines ungewöhnlichen Arbeitspensums die
inneren Anspannungen und seelischen Turbulenzen auszuhalten und und zu bewältigen suchte. Außer den großen musischen Talenten verhalfen ihm hierzu sein regsamer Geist
und sein unermüdlicher Arbeitseifer, die sich im geschützten
Raum von Ehe und Familie mit Claras hilfreicher Geduld und
Umsicht entfalten konnten. Schumann war – soweit es sein
gesundheitlicher Zustand erlaubte – enorm fleißig und ziel-
strebig, was seine persönlichen Interessen, insbesondere die
Musik, anbelangte. Noch während seiner letzten Lebensjahre
arbeitete er regelmäßig bis mittags gegen 12 Uhr, ehe er mit
seiner Frau einen Spaziergang unternahm. Nach dem Mittagessen und einer kurzen Ruhepause widmete er sich bis spät-

nachmittags wiederum seiner Arbeit. Die Zeit bis zum Abendessen gegen acht Uhr nutzte er zu einem Besuch in einem der Vereine, denen er angehörte, las die Zeitung und trank ein Bier. Größere Gesellschaften mied er. Allerdings hatte Familie Schumann abends häufiger Bekannte, vor allem aus der Kunst- und Musikszene, zu Besuch; man speiste und musizierte gemeinsam, wobei Schumann bisweilen durchaus aufgeräumt mitmachte.

Wilhelm von Wasielweski zufolge war Schumann frei von Neid und Missgunst, versöhnlich, großzügig und tolerant, in beruflicher Hinsicht streng und gewissenhaft. Als moderner Bürger war er der Zukunft zugewandt. Bereits frühzeitig benutzte er die gerade zwischen Leipzig und Dresden eröffnete Bahnverbindung. Seine politische Position war gleichermaßen fortschrittlich-liberal wie auch deutsch-national; ein Mann der Tat war Schumann indes nicht. Anders als etwa Albert Lortzing in Wien oder Richard Wagner in Dresden ging er bei dem Maiaufstand 1849 nicht auf die Barrikaden, sondern flüchtete mit seiner schwangeren Frau Clara und Tochter Marie per Bahn über Maxen nach Kreischa.

Schumann stand der Märzrevolution von 1848 nicht ablehnend gegenüber; er nannte sie gar „*Völkerfrühling*". Möglicherweise waren seine früheren Sympathien für für Napoleon und Metternich inzwischen verflogen. Als dem Ehepaar Schumann nämlich anlässlich einer Reise nach Böhmen auf deren Bitten hin im August 1842 von Fürst Metternich eine Audienz gewährt wurde, war Schumann fasziniert und „*...um ein paar unvergeßliche Minuten fürs Leben reicher, erhoben und gestärkt*". Man sprach über Musik, und Schumann „*...fühlte wieder neuen Lebensmuth, neue Lust zum Streben, um den Würdigsten dieser Erde näher zu kommen*".

Voller Bewunderung für Europas damals mächtigsten Staatsmann und gefangenommen von der aristokratischen Atmo-

sphäre hatte er nach dem Besuch auf Metternichs Sommer-
residenz bei Karlsbad festgehalten: „...*Der Ton der Stimme dieses
Mannes, der ganze Nimbus, der über einem so gefeierten Haupt schwebt,
hatten mich gewissermaßen wie gebannt, so daß mir sein Äußeres nur im
Umriß vor den Augen stand. Doch erinnere ich mich noch der großen,
klugen Augen, des festen, rüstigen Ganges und vor allem eben jener
klaren deutlichen Stimme, die das eigentum aller großen Männer sein
mag".* Vergessen waren vermutlich die beruflichen Misserfolge
1838/39 in Wien, die er weitgehend der Rigidität des österreichischen Polizeistaates zu verdanken hatte.

Schumanns Waffe war die Musik; so komponierte er im April
1848 als *Drei Freiheitsgesänge* „Schwarz-Rot-Gold", „Zu den
Waffen" und „Deutscher Freiheitsgesang", die allerdings erst
1913/14 vom Deutschen Arbeiter-Sängerbund publiziert wurden. Während der Dresdener Unruhen schrieb er in Kreischa
die *Vier Märsche für Klavier* (op. 76) und übersandte sie seinem
Verleger Friedrich Whistling mit dem Kommentar, sie seien
„...*in wahrem Feuereifer geschrieben*"..., um seiner „*Aufregung besser
Luft zu machen*". Schon 1827 hatte er in seinem Tagebuch vermerkt, dass „...*die politische Freiheit....vielleicht die eigentliche Amme
der Poesie...".*sei, „...*in einem Lande, wo Leibeigenschaft, Knechtschaft
etc. ist, kann die eigentliche Poesie nie gedeihen: ich meine die Poesie, die
in das öffentliche Leben entflammend u. begeisternd tritt*".

Nachdem Robert Schumann das Gymnasium mit der zweit-
besten Abitursnote „omnino dignus" beendet hatte, verschärfte sich der Konflikt mit der Mutter bezüglich seiner weiteren
beruflichen Ausbildung. Sie bestand auf einem „Brotstudium",
d.h. auf einer Ausbildung zum Juristen; ihr grauste vor dem
„Hungerdasein" eines Künstlers und sie nötigte Robert daher
- zusammen mit seinem Vormund Rudel - in Leipzig das Jurastudium aufzunehmen. Schumann fügte sich vorerst und im-
matrikulierte sich am 24. März 1828 an der Leipziger juristi-

schen Fakultät. Bis zum Semesterbeginn im Mai überbrückte er die Zeit mit einer Reise nach Bayern, begleitet von seinem Freund Gisbert August Rosen, ebenfalls angehender Jurastudent und später Gerichtsrat in Detmold.

Unruhiges Leben

Wie vorlaufend beschrieben, kennzeichneten Robert Schumann von früh an neben Neugier, Phantasie und Einfallsreichtum Unternehmungslust, Impulsivität und eine gewis-se Umtriebigkeit. Zumindest bis ins dritte Lebensjahrzehnt zeigten sich zudem auch Züge von Angespanntheit, Rastlosigkeit und innerer Unruhe; die stichwortartig-kurzatmigen Tagebucheintragungen lassen sogar eine gewisse Gehetztheit und Sprunghaftigkeit erkennen. Schumann hatte glücklicherweise das Talent, sein Hin- und Gerissenwerden zwischen lustvoller Ausschweifung und diszipliniert Selbstkontrolle, kurz: zwischen Pflicht und Neigung, mit Hilfe seines musikalischen Schaffens ausgleichen und sublimieren zu können, getreu seiner Maxime: *„Der Künstler halte sich im Gleichgewicht mit dem Leben".* Nach Gründung einer eigenen Familie spielten zudem strapaziöse amouröse Abenteuer oder Kneipenbesuche mit Alkoholexzessen in seinem Leben keine Rolle mehr.

Schumanns Enthusiasmus und Tatendrang regten ihn schon früh zu kreativen Betätigungen an. Mit großer Intensität widmete sich der junge Robert sowohl der Musik als auch dem künstlerischem Schrifttum. Er erlernte mit Beginn der Schulzeit das Klavierspielen und pflegte täglich viele Stunden am Klavier zu verbringen; zwischen 1827 bis 1829 verfasste er die ersten Liedkompositionen. Gleichermaßen interessierte er sich früh für klassische Literatur und Dichtkunst. Er übersetzte als Schüler lateinische und griechische Texte, bemühte sich als gerade 16-jähriger um eine Veröffentlichung von Gedichten in der Dresdener „Abend-Zeitung" und versuchte sich schriftstellerisch mit Stücken wie „Coriolan" und „Die beiden Montalti". Spätestens mit 15 Jahren begann Schumann mit biographischen Aufzeichnungen, die ab Anfang 1827 in Tagebuchform erschienen.

Seine Mitschüler hatten eine gewisse Achtung vor dem durchaus anspruchsvollen und selbstbewussten Schulkameraden, der flexibel und gewandt war, wenn es darum ging, seine Ideen in die Tat umzusetzen. Enge Freunde waren Eduard Hermann Röller, Emil Flechsig und Otto Hermann Walther, die in der Folgezeit sämtlich Theologie studierten. Röller wurde später Lehrer in Kloschwitz, Flechsig Pfarrer in Zwickau, Walther Pastor in Texas. Mit Flechsig hatte Schumann bis zu seinem Wechsel nach Heidelberg eine gemeinsame Studentenwohnung in Leipzig.

Schumann war stets ein reiselustiger Mensch. Seinen Bruder Carl durfte er als Dreizehnjähriger nach Karlsbad begleiten. Im Sommer 1827 unternahm er als 17-jähriger Schüler allein seine erste längere Tour. Er fuhr am 23. Juli – ausgestattet mit 245 Talern Reisegeld von seiner Mutter und seinen Brüdern – per Postkutsche über Leipzig nach Colditz und übernachtete bei Familie Carus. Von dort ging es weiter über Dresden, Landshut, Regensburg, Amberg und Teplitz, bis er am 1. August in Prag ankam, wo er sich im „Gasthof zum Roß" einquartierte. Er besuchte einige Sehenswürdigkeiten, so den Hradschin, den Bischofspalast, Kloster Strahov, das Theater, die Gartenterrassen und den Lorenzoberg. Auf der Rückfahrt traf er am 3. August in Teplitz seine Mutter und Familie Hempel einschließlich Liddy, die sich dort zu einer Kur befanden. Liddy Hempel, sein Jugendschwarm, war die Tochter eines Richters aus Neuschönfels bei Zwickau. Außerdem besuchte Schumann das Grabmal von Johann Gottfried Seume, dem aus Leipzig stammenden kosmopolitischen Schriftsteller. Über Dresden kehrte er nach Zwickau zurück, wo er am 8. August eintraf.

Die Zeit zwischen dem Abitur Ostern 1828 bis zum Semesterbeginn im Mai nutzte Schumann zu einer Reise nach München, zu der er mit seinem Freund Gisbert Rosen aufbrach. Der aus Göttingen stammende Rosen studierte bereits seit Oktober 1826 Jura in Leipzig und war im Begriff, zum Sommersemester 1828 nach Heidelberg zu wechseln. Er war nach Zwickau gekommen, um an der Hochzeit von Julius Schumann, dem zweitältesten Bruder Roberts, am 15. April teilzunehmen. Unglücklicherweise brach der Pfarrer auf dem Weg zur Kirche zusammen, so dass der Brautvater – ebenfalls Geistlicher – die Trauungszeremonie vornehmen musste.

Am 24. April machten Schumann und Rosen sich schließlich auf den Weg nach Süden. Zunächst fuhren sie nach Bayreuth. Mit Rosen – wie er selbst überzeugter Jean-Paul-Verehrer – besuchte Schumann dessen Grab und die „Rollwenzelei", den Gasthof der Dorothea Rollwenzel, in dem der verehrte Dichter bis zu seinem Tod 1825 sein Arbeitszimmer hatte. An Jean Pauls Grab auf dem Friedhof vor dem Erlanger Tor war Schumann zu Tränen gerührt: „...*Ich stand bey deinem Grabe u. weinte; du schautest an meine Tränen und lächeltest, Jean Paul".* Seinem Bruder Julius berichtete er abschließend: „.....*Ich komme eben von der berühmten Rollwenzel, bei der Jean Paul 26 Jahre hindurch aus- und eingegangen ist und die mir zwei volle Stunden von ihrem Jean Paul vorgeschwatzt hat".*

Von Bayreuth ging es weiter nach Nürnberg, wo Schumann dem Dürerhaus und dem von Hans Sachs einen Besuch abstattete. Seiner Mutter schrieb er am 28. April 1828 aus Monheim bei Nürnberg: „.....*Hier sitz' ich, geliebte Mutter, in einem Kreis von bayerschen Bierpatrioten und denke an mein teures Zwickau. Ist man im Vaterlande, so sehnt man sich hinaus, ist man im fremden Lande, so denkt man wehmütig an die geliebte Heimat. So ist's durchaus im menschlichen Leben: das Ziel, das man einmal erstrebt hat, ist kein Ziel mehr: und man zielt und strebt und sehnt sich, immer höher, bis das*

Auge bricht und die Brust und die erschütterte Seele schlummernd unter dem Grabe liegt....".

Über Donauwörth gelangten sie nach Augsburg und unterbrachen für ein paar Tage ihre Reise. Sie wohnten bei einem Freund von Schumanns Vater, dem Chemiker und Textilfabrikanten Dr. Wilhelm von Kurrer und zogen dann mit dessen Empfehlungen an Heinrich Heine und den Maler und Kunstprofessor Klemens Zimmermann weiter nach München. Hier durchstreiften sie die Stadt, sahen sich die Glyptothek, die Gemäldegalerien und den chinesischen Turm im Englischen Garten an; Schumann suchte Heine in dessen Wohnung im Rechbergschen Palais auf. Heine begleitete ihn und Rosen zur Leuchtenbergischen Galerie, wo sie u. a. den dort ausgestellten Sessel Napoleons besichtigten. Im Atelier von Zimmermann hatte Schumann Gelegenheit zu einem Klavierspiel. In seinen Reisenotizen nannte er Heine, den er zuvor als *„mürrischen, menschenfeindlichen Mann"* eingeschätzt hatte, ein *„ironisches Männchen",* sprach nichtsdestoweniger von einer *„geistreichen Unterhaltung"* und war von ihm offenbar beeindruckt; immerhin vertonte er später zahlreiche seiner Gedichte, darunter die Zyklen „Dichterliebe" und den „Liederkreis" , wovon noch die Rede sein wird.

Am 2. Mai trennten sich die Freunde, da Rosen nach Heidelberg zurückfahren mußte. Nach einwöchigem Aufenthalt in München später ging Schumanns Reise weiter über Freysing, Landshut, Regensburg, Amberg, Bayreuth und Hof zurück nach Zwickau, wo er am 14. Mai anlangte. Auf der Rückfahrt stattete er auch Jean Pauls Witwe einen Besuch ab; sie schenkte ihm ein Bild ihres verstorbenen Mannes.

Schumann notierte als Fahrstrecke mit der Kutsche etwa 50 Meilen, als Fahrzeit insgesamt 100 Stunden. Über seine Rückreise berichtete er am 5. Juni von Leipzig aus an Rosen: *„.....Ach! Wenn ich doch mit Dir in Heidelberg wäre. Leipzig ist ein infames Nest, wo man seines Lebens nicht froh werden kann - das Geld* *macht reißende Fortschritte und mehr als man in den Hörsälen machen kann - ....Hier sitze ich nun ohne Geld, in stummen Vergleichen der Gegenwart mit den jüngst verflossenen Stunden, die ich mit Dir so innig, so heiter verlebte ...Meine Reise über Regensburg war verflucht ennuyant und ich vermißte Dich nur zu sehr in jenem erzkatholischen Strich. Ich mache nicht gerne Reisebeschreibungen und vollends solche, welche unangenehme Gefühle aufrühren, die besser in der Erinnerung unterdrückt werden....".* Er sei froh gewesen, wieder in Zwickau zu sein, von wo er jedoch nach nur dreistündigem Aufenthalt nach Leipzig weitergefahren sei. Bezüglich seiner ersten Eindrücke in Leipzig ist die Rede von einem *„wilden Schlaraffenleben.... Du irrst Dich gewaltig, wenn Du glaubst, ich sei liederlich - nicht die Probe – ich bin ordentlicher denn je, aber ich befinde mich hier ganz erbärmlich und das Studentenleben scheint mir zu niedrig, als daß ich mich hineinstürzen möchte...".*

Dem drängenden Wunsch der Mutter und seines Vormundes Rudel, aber auch dem Rat seiner Brüder folgend hatte Robert Schumann sich widerstrebend, zumindest zwiespältig, als Student der Rechtswissenschaft an der Universität Leipzig immatrikuliert. Nach dem Abitursexamen hatte er an seinen Busenfreund Flechsig – sein „Echomein" geschrieben :
„.....Die Welt liegt vor mir: ich konnte mich kaum der Thränen enthalten, wie ich zum letzten Mal aus der Schule ging: aber die Freude war doch größer als der Schmerz. Nun muss der innere, wahre Mensch hervortreten und zeigen, wer er ist: hinausgeworfen in das Dasein, geschleudert in die Nacht der Welt, ohne Führer, Lehrer und Vater – so steh' ich nun da, und doch lag die ganze Welt wie in schönerem Lichte vor mir als gerade jetzt, wo ich vor ihr stehe und fröhlich und frei ihrer Stürme lächle".
Zusammen mit Flechsig bezog Robert Schumann in Leipzig eine Wohnung im ersten Stock auf dem Brühl Nr. 454 bei Familie Wolf, später in der Hallischen Gasse Nr. 462 bei Familie Thieme. Ihr gemeinsamer Freund Johann Friedrich Renz, ebenfalls Jurastudent, wohnte zeitweilig ein paar Häuser weiter.

Mit Flechsig gab es anfangs immer wieder Spannungen, und Schumann beklagte sich – wie bereits erwähnt – in seinen Tagebüchern häufiger über dessen rauhbeiniges Auftreten und dessen angeblich trocken-phantasielosen Verstand.

Die wohlhabende Messe- und Handelsstadt Leipzig hatte zu jener Zeit rund 40 000 Einwohner und bot mit ihren Buchverlagen, Theater- und Konzertangeboten einen reichen kulturellen Rahmen. Weltberühmt waren bereits damals die Gewandhauskonzerte unter August Pohlenz und der Thomanerchor unter Kantor Christian Weinlig, Wagners Theorielehrer. Es gab eine Singakademie und eine Sängervereinigung, diverse Musikgesellschaften und einen Orchesterverein. Am Theater wurden die Opern von Mozart, Beethoven, Rossini und Weber aufgeführt; der Komponist und Dirigent Heinrich August Marschner brillierte mit der romantischen Oper „Der Vampyr". Schumann reagierte auf Liszts Kritik an den vermeintlich provinziellen Verhältnissen mit dem Hinweis auf 150 Buchhandlungen, 50 Buchdruckereien und 30 Journale.

Schumann hatte im Grunde keinerlei Interesse an der Juristerei und besuchte wohl von Anfang an nur der Form halber juristische Vorlesungen. Stattdessen wandte er sich – außer wie bisher der Literatur und Musik – der Philosophie zu und beschäftigte sich mit Schelling, Fichte, Kant, Lessing und Herder. Trotz gegenteiliger Erklärungen gegenüber der Mutter und seinem Vormund blieb er den Vorlesungen bald ganz fern und verbrachte die Vormittage im Morgenmantel mit Klavierspielen. Zumindest schrieb Schumann am 13. August 1828 in sein Tagebuch: „*Lyrische Faullenzerey gefällt sich in jenem Morgenschlendrian, wo man untereinander schreibt, Clavier spielt, Cigarren raucht, Caffee trinkt u. der Schlafrok ist der Mondscheinrok der Seele....".*
Nachmittags ging er spazieren oder traf er sich mit seinen Freunden, spielte Schach, Whist und Billard im „Kaffeebaum",

der bald zu seinem Stammlokal wurde. Seine engsten Freunde waren neben Röller und Flechsig der Philologiestudent Wilhelm Götte und Carl Moritz Semmel. Wie dieser, Jurastudent und späterer Schwager, wurde er zunächst Mitglied einer Burschenschaft, wechselte jedoch dann zur weniger rigiden studentischen Verbindung „Marcomannia". Hier betätigte er sich – mehr schlecht als recht – zwangsläufig auch auf dem Fechtboden; am 12. Dezember 1828 hatte er die erste Fechtstunde. Schumann beurteilte das Duellieren in der schlagenden Verbindung eher negativ: „....*Duelle sind meistentheils Schiessproben, keine Muthproben; wer sich dem Duelle entgegenstellt, hat mehr Courage; die meisten pauken sich gerade aus Furcht für die andern, die wenigsten aus Überzeugung u. die allerwenigsten aus wirklichem Muthe....*".
Schumann war sich der Oberflächlichkeit des studentischen Verbindungslebens durchaus bewusst; so schrieb er seinem Freund Eduard Moritz Rascher, ebenfalls Jurastudent und später Rechtsanwalt in Zwickau: „....*Wollen die Burschen dies, so dürfen sie nicht allein auf der Kneipe sitzen und sich nicht vom Leben zurückziehen, wie sie es thun.... So wird keine Welt reformiert....*". Er äußerte sich mehrfach kritisch über die Burschenschaftler. In einer Glosse „*Über Genial- Knill- Original- und andere itäten, Phantasie Scherzante*" schrieb er im August 1828: „....*Geniale Leute sind der wahrhaftste Gegensatz der Burschenschaft, natürlich - denn sie will Character u. Festigkeit....*", und wenige Tage später: „*Liebe stumpft wie Burschenschaft die Genialität ab....*"

Infolge des studentischen Laissez-faire verwahrloste Schumann und verbrachte im Kreis seiner studentischen Freunde regelmäßig die Abende in der Kneipe. Zeitweilig war er fast täglich angetrunken und schlug sich die Nächte um die Ohren. Schon im Juni 1828 schrieb er nach Hause: „....*Das Leben in Leipzig geht hier den alten, fatalen Schlendrian fort und ich wünschte mich eher im Pfefferland als in Leipzig*".

Schumanns Zigarrenverbrauch nahm beträchtlich zu. Zu einem viel größeren Problem wurde indes der Alkoholkonsum. In seinen Tagebüchern ist immer wieder die Rede von Kaffee und Zigarren, aber auch von *„Knillitäten"* nach dem Genuss von Champagner, Wein und Bier, und von morgendlicher Katerstimmung, schlechter Laune und Erschlaffung: *„.....Seit einigen Tagen trinke ich viel Bier wieder - schäme mich - Donnerstag mit Champagner - schreklich viel getrunken....Mittags bei Dr. Hacker zu Tisch, wo ebenfalls so viel Wein, daß mirs abends unmöglich war, zu Voigt zu gehen, wohin ich eingeladen.... Abends viel getrunken, was mich heute ärgert....Viel getrunken....Die Nacht brachten wir fürchterlich hin.... Alkohol ist ein „Narcoticum".*Vor allem in den Jahren 1836 und 1837 waren Notizen wie *„...ziemlich stark getrunken..."* an der Tagesordnung, wobei nicht selten bereits mittags in grösseren Mengen Wein getrunken wurde.

Selbstkritisch dokumentierte Robert Schumann in seinem Tagebuch die häufigen Alkoholexzesse und den Konsum von Koffein und Nikotin. Er bediente sich offensichtlich deren stimulierenden Wirkung zur Steigerung seiner kompositorischen Arbeit, zumal er die Leipziger Zeit, seine *„Lebensschneke"* als *„Leben in diesem ekelhaften Leipzig"*, bisweilen als verdrießlich und stumpfsinnig empfand.

Sicherlich gab es zu jener Zeit keinen Tag in Schumanns Leben ohne Kaffee, Tabak und Alkohol. Er kam mit seinem Monatsgeld von zu Hause nicht aus, so dass er an seinen Vormund Rudel und seine Brüder Carl und Eduard Bittbriefe schicken musste, um seinen *„Geldfatalitäten"* abzuhelfen. *„....Lieber Bruder! wenn Du irgendkannst, so beschwör´ ich Dich; schicke mir mit erster Gelegenheit einen Wechsel, dessen Summe ich ganz Deiner bekannten Großmuth überlasse...."*begann einer seiner diesbezüglichen Briefe an Carl nach Schneeberg. Er bedankte sich bei Rudel mit der Versicherung, dass *„....ich das Geld nur auf die beste Weise verwenden werde und daß ich durchaus keine unnöthigen Ausgaben daraus bestreite...."*. Obgleich ihm zusätzlich jährlich 360 Taler Zinsen aus seinem ererbten Kapital zur Verfügung standen, begleiteten ihn auch weiterhin finanzielle Probleme, die in Heidelberg schließlich zu einem Schuldenberg von 100 Talern anwuchsen. Robert Schumann besuchte nicht nur die Konzerte im Gewandhaus und in der Thomaskirche, sondern war auch regelmäßig Gast im Hause Carus, in dem mit liebevoller Sorgfalt die Hausmusik gepflegt wurde. Hier wurde er mit ausgewiesenen Musikern bekannt, so mit dem Komponisten und Dirigenten am Leipziger Stadttheater Heinrich August Marschner, ferner mit Gottfried Wilhelm Fink, Redakteur der Leipziger „Allgemeinen Zeitung für Musik", mit dem Pianisten Julius Knorr und dem Kapellmeister und Komponisten Gottlob Wiedebein aus Braunschweig; hier lernte er auch den damals 40jährigen Friedrich Wieck und dessen neunjährige Tochter Clara, seine spätere Frau, kennen.

Schumann selbst musizierte in seinem Studentenquartier häufig gemeinsam mit den Freunden Johann Friedrich Täglichsbeck, der später Gymnasialdirektor in Brandenburg wurde, Christoph Sörgel, späterer Theologe in Leipzig, und Christian Gottlob Glock – seine *„medicinische Muse"* –, später als praktischer Arzt in Ostheim tätig. Schumann spielte Klavier, Täglichsbeck Violine, Sörgel Viola und Glock Violoncello.

Während der Weihnachtsferien von Mitte Dezember 1828 bis Mitte Januar 1829 in Zwickau trug Schumann der Mutter und den Brüdern erneut seinen Plan vor, für zwei Semester nach Heidelberg zu gehen. Er begründete sein Vorhaben mit dem Hinweis, dass dort die Professoren Friedrich Justus Thibaut und Karl Joseph Anton Mittermaier, die *„....berühmtesten deutschen Juristen",* lehrten, und dass er zudem andere Menschen kennen lernen wolle; außerdem fühle er sich in Leipzig nicht mehr recht wohl. In einem Brief an Rosen hatte er am 7. November 1828 von den erträumten *„Heidelberger Freuden-*

himmeln des Wonnelebens" geschwärmt – *"....das ganze Leben dort,*
....das ich mir mit tizianischen Feuerstrichen vormale".

Es gelang ihm endlich, die Zustimmung seiner Mutter für einen
Wechsel nach Heidelberg zu bekommen, den er schon Anfang
August schriftlich erbeten hatte. Tatsächlich sehnte er sich
seit längerem nach einer Veränderung, bestärkt durch Berichte
seines inzwischen in Heidelberg studierenden Freundes Rosen,
das dortige Leben sei gewiss interessanter und anregender als
das in Leipzig. Der schließlich für den 15. April geplante Wechsel nach Heidelberg verzögerte sich allerdings wegen einer
ernsteren Erkrankung des Bruders Julius: *"......Beinahe wären mei-*
ne ganzen Heidelberger Luftschlösser zerronnen; mein Bruder Julius
wurde kurz nach der Entbindung seiner Frau lebensgefährlich krank;
meine Mutter beschwor mich, im Falle, daß dieser sterben sollte, sie nicht
zu verlassen, weil sie sonst ganz einsam wäre. Jetzt ist die Krankheit
aber ganz behoben und ich kann Dir mit fröhlicher Zuversicht zurufen:
heute über drei Wochen hänge ich Dir am Halse.....Den Tag meiner
Ankunft in Heidelberg will ich Dir von Frankfurt aus bestimmen, wo
ich mich einige Tage aufzuhalten gedenke. Den 11. Mai, Montag, reise
ich bestimmt von Leipzig ab; viel Geld kann ich leider Gottes nicht
mitbringen, wei ich in Leipzig viele Bären loszubinden habe. Vielleicht
kannst Du mir in der ersten Zeit aushelfen, wo nicht, werden die Genies
sich schon durchzubeußen wissen......" kündigte er seinem Freund
Rosen am 30. April von Schneeberg aus an.

Nach Genesung des Bruders reiste Schumann von dort zurück
nach Leipzig und brach am 11. Mai 1829 mit der Eilpost nach
Heidelberg auf. Seine Reise führte - verbunden mit allerlei
Besichtigungen - über Weimar, Erfurt, Gotha, Eisenach, Mark-
suhl, Fulda, Saalmünster, Gelnhausen und Hanau, dann den
Main entlang bis Frankfurt, wo er zwei Tage später ankam.
"Der liebliche Main zu unseren Füßen, mit leichten Kähnen und Schiffen
auf dem spiegelreinen Nacken, begleitete uns geschwätzig bis Frankfurt
...alle Bäume blühten reich und üppig, die hohen Fruchtfelder wogten hin

und her...." schwärmte Schumann voller Frühlingsbegeisterung. Er lernte als Reisebegleiter Willibald Alexis kennen, mit wirklichem Namen Dr. Wilhelm Häring, einen geselligen Diplomaten und Schriftsteller, der u.a. den Roman „Die Hosen des Herrn von Bredow" verfasst hatte. Nach ausgiebiger Besichtigung Frankfurts fuhren beide weiter rheinabwärts, statteten Wiesbaden, Kiedrich, Rüdesheim, Bingen, Bacharach, Oberwesel, Boppard und Lahnstein einen Besuch ab, bestiegen die Burgruinen links und rechts des Rheins und machten in Koblenz Station. Alexis verabschiedete sich am 18. Mai zur Weiterreise nach Paris, und Schumann machte sich einen Tag später endlich auf den Weg nach Heidelberg, wo er am 21. Mai anlangte und sich im „Badenschen Hof" einquartierte. Zu seinen ersten Handlungen am nächsten Tag gehörte es, den Kommilitonen Adolf Ehrenhaus wegen *„Geldfatalitäten"* anzupumpen. Seiner Mutter schrieb er: *„.....Die Reise von Leipzig nach Frankfurt war wie ein Flug durch hunderte von Frühlingshimmeln....Wahrlich, wer in meiner Fürstenstube, das alte herrliche Bergschloss und die grünen Eichenberge vor sich, traurig sein wollte, beginge eine Todsünde gegen seine eigene Seele...."*.

Schumann genoß die Heidelberger Studienzeit in vollen Zügen. Er war bald regelmäßig Gast auf zahlreichen Gesellschaften, besuchte Bälle und ging ins Theater. Seine Mitgliedschaft bei der Studentenverbindung „Saxoborussia" war von einem *„wüsten Commersleben"* begleitet. Zusammen mit Rosen, Semmel, der inzwischen ebenfalls nach Heidelberg gekommen war, und dem Jurastudenten Theodor Töpken, der später Rechtsanwalt und Schiffsmakler in Bremen wurde, unternahm er Ausflüge in die nähere Umgebung, auch grössere Fahrten bis nach Karlsruhe, Bruchsal, Worms, Speyer und Baden-Baden. Da er stets auf großem Fuß lebte, musste er seinen Vormund und seine Mutter wiederum um finanziellen Beistand bitten. Seine durch hohe Ansprüche beflügelten Unternehmungen kosteten – einschließlich seiner Ausgaben für Unterricht in Französisch, Italienisch, Spanisch und Englisch, für Mitgliedschaften, Abonnements, Trinkgelder und Flügelmiete – derart viel, dass er ständig in Geldnöten war und mehrfach seinen Vormund Rudel wie auch seinen Bruder Carl um einen Wechsel bat. Er vergaß dabei nicht die angeblichen Kolleggelder und Gebühren, z.B. für das *„specielle Repetitorium bey Professor Johannsen"*. In einem seiner Bettelbriefe an Rudel verwies er auf die hohen Lebenshaltungskosten: „.....*Hätte ich freilich gedacht, daß in Heidelberg das Leben so horrend theuer ist, was Sie schon aus meiner Berechnung des Mittagstisches ersehen können, so wäre ich in Frankfurt umgekehrt und wieder nach Leipzig gergangen. Sie können fragen: wie können aber das andere Studenten bestreiten, worauf ich Ihnen entgegne, daß in Heidelberg drei Viertel Ausländer sind, die alle reich sind und Geld daran anwenden können...."*

Vom 28. August bis zum25. Oktober 1829 begab sich Schumann auf die seit längerem ersehnte Italienfahrt, an der ursprünglich auch Rosen und Semmel teilnehmen sollten. Es ging – größtenteils zu Fuß – rheinaufwärts über Karlsruhe, Offenburg und Freiburg nach Basel, Schaffhausen, Zürich, Altorf, Luzern, Interlaken, Bern, Luzern und von dort über die Alpen über Como nach Mailand. Vorbereitet hatte sich Schumann durch einen gründlichen Sprachunterricht. Die von zu Hause notwendige Unterstützung begründete er gegenüber seiner Mutter damit, dass die Semesterferien auch dem Zweck der Fortbildung durch solcherart Reisen dienten, die von der Universität geradezu gefordert würden. So wurde ihm zusätzlich von seinem Bruder Eduard Reisegeld überwiesen, das allerdings nur bis Ende September reichte.

Am 9. September traf er in Mailand ein, wo er fast eine Woche blieb und sich Opern von Rossini und Bellini anhörte, begeistert von den gefeierten Sängerinnen Heinrietta Méric-Lalande, Giuditta Pasta und Marietta Gioja-Tamburini.

Schumann war angetan von den Dörfern und Städten, der Landschaft und Vegetation, dem *„goldnen Sonnenhimmel und den Orangendüften",* der *„...üppigen Fruchtbarkeit und südlichen Blumen",* und übersah durchaus nicht *„die junonischen Italiänerinnen* mit den *großen, schönen, feurig-schmachtenden Augen".* Er besuchte auf der Rückreise Brescia, Padua, Verona, Vicenza, Mantua und Cremona und kam am 30. September wieder in Mailand an. Unterwegs erkrankte er tagelang an Erbrechen und Durchfall, Schmerzen und Abgeschlagenheit, wie überhaupt die ganze Reise eine durchaus anstrengende und mühselige Angelegenheit wurde, trotz aller interessanten Erlebnisse und Erfahrungen. An seinen Freund Rosen schrieb er am 4. Oktober aus Mailand: *„......In Venedig war ich krank...es war eine Art Seekrankheit mit Erbrechen, Kopfschmerzen etc., ein lebendiger Tod....Ein Arzt nahm mir einen Napoleon ab, ein Schuft von Kaufmann betrug mich um einen halben...".* Überhaupt beklagte er sich in Briefen an Rosen und seine Schwägerin Therese, dass *„.....das Prellen der Fremden in Italien sehr an der Tagesordnung....ist".* Am 7. Oktober ging es von Mailand aus in der Postkutsche zurück, vorbei an den oberitalienischen Seen, über Chur, Bregenz, Lindau, Ulm, Stuttgart, Heilbronn nach Heidelberg, wo er - *„.....arm wie ein Bettler, aber voller hoher, heiliger Erinnerungen...." -* am Abend des 20. Oktober 1829 wieder eintraf.

Nach seiner Rückkehr stand für Schumann fest, sich von der Jurisprudenz endgültig zu verabschieden. Vermutlich wurde er in seinem Entschluß durch ein Konzert des Violinvirtousen Niccòlo Paganini bestärkt, der von Februar bis April 1830 in Frankfurt vier Mal auftrat. Zusammen mit Töpken fuhr Schumann mit Pferd und Wagen dorthin und erlebte den „Teufelsgeiger" am 11. April; er war tief beeindruckt, wenngleich ihn dessen *„.....Mangel an der großen, edlen priesterischen Kunstruhe...."* irritierte. Allerdings versuchte Schumann zunächst auch weiterhin, gegenüber seiner Mutter den Eindruck zu erwecken, dass er am Jurastudium festhalten wolle. Im November 1829 bedauerte er ihr gegenüber scheinheilig, dass er nur noch selten und sehr schlecht spiele: „*....mein ganzes musikalisches Treiben kommt mir wie ein herrlicher Traum vor, der einmal war und an den ich mich nur noch dunkel entsinnen kann, das er war*".

Ende Februar 1830 bat er seine Mutter, Ende März seinen Vormund Rudel um Zustimmung für ein weiteres Studiensemester in Heidelberg, obgleich er sich wegen seines liederlichen Lebenswandels mit Vorwürfen und Selbsthass strafte. Er vertraute seinem Tagebuch im Februar 1830 „*Katzenjammer*" an, erwähnte Trinkereien und sexuelle Eskapaden, bezichtigte sich der „*Starrigkeit und Widerlichkeit*", und äußerte gar am 18. März die „*....Sehnsucht, mich in den Rhein zu stürzen*". Die Heidelberger Zeit wurde von Robert Schumann im 4. Heft der „Hottentottiana" festgehalten, diesmal seinem Freund Gisbert Rosen gewidmet. Schon gleich zu Beginn ist die Rede *von* „*Geldfatalitäten*", „*Champagner*", „*viel Wein*", „*Rüdesheimer*" *und* „*Burgunder*", „*....sehr besoffen*", „*...lederne Stimmung*", „*...erzknill*", „*...ich sehr besoffen*", „*....leidlich Knill in Bier*", und so fort.

Dennoch war im ganzen das Leben während der drei Semester in Heidelberg – im Vergleich zur vorigen und späteren Leipziger Zeit – wesentlich unbeschwerter und abwechslungsreicher. Schumann nahm intensiv am gesellschaftlichen Leben teil. Er wohnte mit Rosen und Semmel bei Kaufmann Ritzhaupt in der Hauptstraße 160 zusammen, und das „*recht harmonische Kleeblatt.... verbrachte schöne und edle Stunden....*". Seinen Wochenrhythmus beschrieb er seiner Mutter nach Zwickau dahingehend, dass er montags im Musikverein sei, dienstags im Hause des Rechtsprofessors Mittermaier verkehre, donnerstags in einem „*glänzenden Zirkel von englischen Damen*" weile, freitags zu den Musikabenden von Professsor Thibaut gehe und samstags Ausflüge mache. Seinem Bruder Carl berichtete er: „*....um*

(Abb. 2: Robert Schumann mit 29 Jahren)

4 Uhr steh` ich jeden Morgen auf.....bis 8 Uhr arbeit` ich Pandekten u. Privatrecht; von 8 – 10 Uhr spiel ich Clavier; von 10 – 12 Uhr bey Thibaut u. Mittermayr; von 12 – 2 Uhr geht`s in den Straßen spaziren u. zum Essen; von 2 – 4 bey Zachariä u. Johannsen; dann gehts`s auf`s Schloß, oder an den Rhein oder in meine geliebten Berge....".

Schumann komponierte und spielte mit dem bereits erwähnten Freund Töpken vierhändig und übte tagtäglich am Klavier, jedoch ohne Plan und Regelhaftigkeit, wie er an Wieck nach Leipzig am 6. November 1829 schrieb: „*....Sie wissen, ich mag die absolute Theorie wenig leiden und so hab ich still für mich hingelebt, viel phantasiert und wenig von Noten gespielt, manche Symphonie angefangen und nicht vollendet, hier und da zwischen römische Rechtsinstitute und den Pandekten einen Schubertschen Walzer eingeschoben, das Trio mir oft im Traum hingenudelt...*".

Nachdem er sich unwiderruflich für die Musik entschieden hatte, teilte er dies seiner Mutter am 30. Juli und seinem Vormund am 21. August 1830 schriftlich mit, verbunden mit der erneuten Bitte an Rudel um einen „*ansehnlichen Wechsel.....Sie würden mich mit 150 - 180 Thalern ganz glücklich machen. Ich verpflichte mich hingegen, bis Ende dieses Jahres keinen Kreuzer von Ihnen zu verlangen.....Also zürnen Sie nicht! – es soll gewiß die letzte dringende Bitte der Art sein....*".

Im Anschluss an das Sommersemester 1830 unternahm Schumann Anfang August zusammen mit seinem Schulfreund Röller zunächst eine viertägige Reise rheinaufwärts, während der sie Karlsruhe, Kehl, Rastatt, Bruchsal, Baden-Baden und Straßburg besuchten. Eine geplante Fahrt nach Amsterdam kam aus finanziellen Gründen nicht zustande, obgleich er seinen Bruder Carl am 3. Juni - wieder einmal - um Zuwendungen gebeten hatte: „*....schon vor vier Wochen wollt` ich Dir schreiben; aber aufrichtig gestanden, ich scheute mich und selbst dieser Brief, so angenehm er Dir sein wird, ist mir unangenehm. Also, lieber, bester Carl, ein Wechselchen, ein Wechselchen! Der Mutter brauchst Du nichts davon zu sagen wenn`s geht: Du kennst sie hierin: auch sie hat mit vor langer, langer Zeit versprochen, Dukaten zu schicken; aber es ist beim Alten geblieben...*".

Stattdessen fuhr Schumann am 24. September zunächst von Heidelberg über Darmstadt nach Mainz, von wo aus es einen Tag später mit dem Dampfboot rheinabwärts bis zur holländischen Grenze ging. Er visitierte unterwegs Rüdesheim, Koblenz, Bonn und Köln; vorbei an Düsseldorf erreichte er Wesel und reiste von dort ostwärts über Dorsten, Dülmen, Münster, Warendorf, Paderborn und Detmold, wo er von Rosen willkommen geheißen wurde, der gerade mit dem Dr. jur. sein Studium in Heidelberg beendet hatte und in den Justizdienst der Lippischen Landesregierung getreten war. Das Münsterland beschrieb Schumann in seinem Tagebuch als *„...einsame Wüste - alles öde und unbebaut - die Wege wirklich ueber alle Beschreibung schlecht - ....Alles ärmlich und todt. Sehr wenig Gelegenheit, viel zu verzehren - ..... Schlechtes Gasthaus.....".* Hingegen bot sich ihm das hügelige Lipperland mit dem Teutoburger Wald und den Externsteinen als lieblich und freundlich dar. Im Oktober 1830 kehrte Schumann nach Leipzig zurück und nahm bei Friedrich Wieck – wie vereinbart – seinen Klavierunterricht wieder auf. Seine Tätigkeit als Klaviervirtuose endete allerdings im Sommer 1832 aufgrund einer erheblichen Funktionsbehinderung der rechten Hand.

Während dieser Zeit ging es Schumann zeitweilig auch seelisch sehr schlecht. Bemerkenswert erscheint in diesem Zusammenhang dessen häufiger Wohnungswechsel in der Folgezeit, der wohl teilweise mit psychischen Problemen zusammenhing. Nachdem Schumann – wie oben beschrieben – nach seiner Rückkehr aus Heidelberg bei Familie Wieck in der Grimmaischen Straße Nr. 36 eine Zweizimmerwohnung gemietet hatte, gab er diese nach zunehmenden Spannungen mit Friedrich Wieck im Herbst 1832 auf und blieb bis März 1833 bei seinen Verwandten in Schneeberg und Zwickau. Zurück in Leipzig wohnte er vorübergehend bei seinem Freund Willibald von der Lühe. Danach nahm er sich im September 1833 eine neue Wohnung im 4. Stock des „Helferschen Hauses" in der Burgstraße Nr. 139, von wo aus er kurze Zeit später in das Erdgeschoss wechselte. Mit dem gleichaltrigen Pianisten und Komponisten Christian Ludwig Schuncke – nach einer Konzertreise kreuz und quer durch Europa 1833 in Leipzig hängen geblieben – bezog er ab Ostern 1834 eine neue Wohnung in der Quergasse Nr. 1246 bei den Geschwistern Dumas.

Schuncke, den er im Dezember 1833 in einem Lokal kennen gelernt hatte und als „Davidsbündler" gewinnen konnte, wurde bald Schumanns engster Freund und Vertrauter. Er machte ihn mit den Kunstmäzenen Henriette und Carl Voigt bekannt, die regelmäßig zu Hauskonzerten einluden; erstere, eine glühende Beethoven-Verehrerin, war Schunckes Klavierschülerin. Sie war Schumann eine große Stütze; er bezeichnete sie als *„As-Dur-Seele....immer liebend und gütig"*, und widmete ihr sein Opus 22, die *Sonate Nr. 2 für Klavier in g-moll* ; außerdem übernahm er die Patenschaft für die am 5. Mai 1839 geborene Voigt-Tochter Ottilie. Über Schuncke schrieb Schumann am 19. März 1834 seiner Mutter: „*.....Da hättest Du mich oft im Freien mit leichterem und gestärktem Sinn mit meinem Freund Ludwig Schunke gehen sehen u. uns von Dir reden hören können. Der ist ein vortrefflicher Mensch und Freund, der immer Herz und Lust zeigt, daß Schönste u. Beste zu wollen u. zu vollbringen. Ein blaues Auge am Himmel erfreut oft mehr, als der ganze blaue; ich möchte alle Freunde für diesen einzigen missen. Vielleicht kommen wir einmal über Hals u. Kopf bei Dir an u. sprechen Eure Gastfreundschaft an....".*

Schuncke starb – trotz aufopfernder Pflege durch die gleichaltrige Henriette Voigt in deren Haus – nach monatelangem Siechtum am 7.Dezember 1834 an Schwindsucht, Voigt selbst wurde nur fünf Jahre älter. Schumann war bereits am 25. Oktober, zwei Tage nach einer drastischen Verschlechterung Schunckes, verstört nach Hause zurückgekehrt und an dessen Todestag zu Ernestine von Fricken nach Asch gefahren. Erst am 15. Dezember traf er wieder in Leipzig ein, löste die Wohnung auf und blieb längere Zeit in Zwickau.

Im Juli 1835 bezog er in Leipzig ein neues Quartier in der Hallischen Gasse Nr. 462. Von April 1836 bis zur Heirat 1840 wohnte er sodann – unterbrochen durch den Aufenthalt in Wien von September 1838 bis April 1839 – im „Rothen Collegium" in der Ritterstraße Nr. 10 bei Frau Johanna Christiane Devrient, einer Kaufmannswitwe. Hier fühlte er sich recht wohl; Frau Devrient, die ihn verständnisvoll bemutterte, wurde später Patentante seiner erstgeborenen Tochter Marie.

Seit längerem hegte Schumann die Absicht, die im April 1834 von ihm ins Leben gerufene „Neue Zeitschrift für Musik" auch in Österreich zu etablieren. Davon abgesehen spielte er auch mit dem Gedanken an eine neue Existenz in Wien, an einen Aufbruch zu *„künftigem neuen Leben"*. Einer förmlichen Einladung seines Freundes Joseph Fischhof, Musikprofessor am Wiener Konservatorium, folgend, machte er sich daher nach längeren Vorbereitungen am 27. September 1838 – im Anschluss an einen Besuch in Schneeberg zu einem Erbschaftstermin – voller Erwartungen dorthin auf die Reise, ausgestattet mit einer Vermögenserklärung und Leumundszeugnissen des Leipziger und Zwickauer Stadtrates, demzufolge er *„...allhier sich stets ruhig und wohl verhalten und den Gesetzen gemäß gezeigt"* habe. Der Plan ging zurück auf eine Anregung Clara Wiecks, die in Wien eine erfolgreiche Konzertreise absolviert hatte und ihm sogar einen Umzug dorthin vorgeschlagen hatte.

Der junge Komponist benutzte diesmal – allem neuen gegenüber aufgeschlossen – den „Dampfwagen", d. h. die Anfang April 1838 in Betrieb genommene Eisenbahn von Leipzig nach Dresden. Von dort ging die Reise mit der Postkutsche weiter über Teplitz nach Prag, wo er Station machte und Familie von Kurrer besuchte. Nach *„unangenehmer Fahrt"* langte am Abend des 3. Oktober in Wien an. Zunächst wohnte er bei Fischbach, sodann bezog er in der Schön Laterngasse Nr. 679 ein Zimmer.

Mit Fischhof war Schumann durch eine jahrelange Korrespondenz verbunden; wegen seiner geplanten Wiener Aktivitäten hatte er ihn bereits zuvor ab April 1838 mehrfach kontaktiert, ihn um Hilfe bei seinem Bemühen um eine Konzession für seine Zeitschrift gebeten und im Zusammenhang hiermit auch seine Besorgnis ausgedrückt, dass diese möglicherweise nicht pünktlich – wie vorgesehen – zu Januar 1839 erscheinen könnte: *„.....Und da brauch` ich dann Ihre gütige Hand. Natürlich bedarf die Zeitung der Concession, die wohl das dortige Censuramt unter Graf Sedlnytzky zu ertheilen hat....Völlig unbekannt mit den dortigen Gesetzen und Formen , in denen so ein Gesuch gestellt werden muß, bitte ich Sie nun dem armen Künstler, der sonst nie etwas mit der Polizei und Censur zu schaffen gehabt, gütigst beistehen zu wollen.....".* Schon wenige Tage nach seiner Ankunft wurde er mit seinen Unterlagen bei der Zensuradministration vorstellig.

Die Hoffnungen Schumanns sollten sich als trügerisch erweisen; schon im Oktober beklagte er sich brieflich zu Hause über die kleinliche Haltung der Behörden, überhaupt über die Wiener: *„...... Euch aber im Vertrauen es zu sagen: lange und allein möchte ich hier nicht leben; ernstere Menschen und Sachen werden hier wenig gesucht und wenig verstanden. Einen Ersatz giebt die schöne Umgebung. Gestern war ich auf dem Kirchhof, wo Beethoven und Schubert liegen.... Einen großen Genuß macht mir die ganz treffliche Oper, namentlich die Chöre und das Orchester. Davon haben wir in Leipzig keinen Begriff... Nun in den nächsten Wochen wird es sich hier mit unsern Angelegenheiten entscheiden. Kann ich nicht hierbleiben, so ist mein fester Entschluß, ich gehe nach Paris oder London. Nach Leipzig komme ich nicht zurück. Doch will es Alles bedacht sein...".*

An Zuccalmaglio schrieb er: *„....Sie glauben kaum, welche Schwierig-keiten die Censur macht, und die Verleger auch, die für Ihren Strauß, Proch etc. fürchten....über Wien selbst hab´ ich meine eigenen Gedanken; ich passe nicht unter diesen Schlag Menschen; die Fadheit ist denn doch zu Zeiten zu mächtig...".* Im Dezember äußerte er allerdings ge-genüber seiner Schwägerin Therese noch die Hoffnung, dass es sich um bloße Verzögerung seiner Zulassung handele.

Schumann besuchte in Wien neben zahlreichen Konzerten auch ein Requiem der „Gesellschaft der Musikfreunde", bei dem ihm ein Originalbrief von Beethoven zum Geschenk ge-macht wurde. Er machte Bekanntschaft mit dem prominenten Musikschriftsteller, Komponisten und Mitarbeiter der „Neuen Zeitschrift für Musik" Ignaz von Seyfried, dem Komponisten Sigismund Thalberg und dem norwegischen Geiger Ole Bull. Ein enger Freund wurde Mozarts jüngster Sohn Franz Xaver, der gerade nach langjährigem Aufenthalt aus Lemberg zurück-gekehrt war. *„......Die wichtigsten Besuche hab' ich ziemlich alle abgethan. Thalberg ist auf dem Lande; Seyfried war sehr herzlich und erfreut.... Meine häufigsten Begleiter sind Fischhof und der junge Mozart. Wieviel hätte ich Euch noch zu schreiben über andere Bekanntschaften, und was ich alles sonst gesehen und erfahren...."* berichtete er nach Hause. Wie zuvor Clara lernte er auch die Dichter und Schrift-steller Franz Grillparzer und Nikolaus Lenau kennen, an letz-terem registrierte er den *„....melancholischen, sehr sanften Zug um Lipp und Auge".* In Nestroys Komödie „Gegen Thorheit schützt kein Mittel" sah er den Autor selbst mitspielen.
Zu seiner großen Freude entdeckte er in Franz Schuberts Nachlass bei dessen Bruder neben anderen Musikstücken eine bis dahin unbekannte Sinfonie in C-Dur, die am 23. März 1839 von Mendelssohn im Gewandhaus uraufgeführt wurde. Schumann komponierte auch selbst; so entstanden u.a. im Herbst und Winter 1838/39 die Klavierstücke *Scherzo, Gigue, Romanze* und *Fughette,* im Frühjahr 1839 *Arabeske, Blumenstück,*

Humoreske, Nachtstücke und die ersten Sätze von *Faschingsschwank aus Wien.*

Alles in allem scheiterte sein hauptsächliches Vorhaben an der hartnäckigen Ablehnung seitens der Wiener Polizei, die zudem seine Schriften von Jean Paul und Lord Byron konfisziert hatte. Nachdem der über sechsmonatige Aufenthalt in Wien somit diesbezüglich erfolglos geblieben war, kehrte Schumann enttäuscht – körperlich erschöpft und stimmungsmäßig deprimiert am – 4. April 1839 über Prag und Dresden, von dort per Eisenbahn nach Leipzig zurück.

Auch nach der Heirat war Robert Schumann mit seiner Frau häufiger unterwegs, zumal Clara gern verreiste: *„.....Überhaupt gefällt es mir in meiner Inselstraße, daß ich gar kein Verlangen nach anderem habe. Clara aber hat große Reiselust.....*" stellte Schumann 1842 fest. Abgesehen von wiederholten kürzeren Fahrten in die Leipziger Umgebung bis nach Dresden und in die Sächsische Schweiz gab es in jenem Jahr eine größere Reise nach Norddeutschland und Dänemark, die fast einen Monat dauerte. Eingeladen vom rührigen Hamburger Musiklehrer Theodor Avè-Lallemant, einem Freund der Familie, brachen Clara und Robert Schumann am 18. Februar 1842 auf. Sie fuhren mit der Eisenbahn über Magdeburg, Halberstadt, Braunschweig, Hildesheim und Hannover nach Bremen, wo sie herzlich vom alten Freund Töpken begrüßt wurden. Clara gab am 23. d.M. ein Privatkonzert. Zwei Tage später konzertierte sie im Oldenburger Schauspielhaus, am 28. im Bremer „Unionhaus". Mit dem Dampfboot ging die Reise am 2. März weiter nach Hamburg, wo Clara zweimal im „Apollo-Saal" spielte. Hier trafen sie Ole Bull wieder, den norwegischen Geiger, der ihnen aus Leipzig bestens bekannt war.

Schumann war Ende Februar/Anfang März 1842 in derart miserabler psychischer Verfassung, dass er sich zu einer vorzeitigen Heimfahrt entschloß. Am 10. März fuhr er zunächst mit dem Schiff elbaufwärts von Bremen nach Magdeburg, dann nach Berlin zur Schwiegermutter Bargiel weiter, von dort per Bahn zurück nach Hause mit der Begründung, sich wieder um seine Arbeit und um die sechs Monate alte Tochter Marie kümmern zu müssen. Clara trat noch in Kiel und Lübeck auf, bevor sie am 19. März ihre Reise mit dem Dampfer „Christian VIII" nach Kopenhagen fortsetzte, wo sie von dem Dirigenten Niels Wilhelm Gade in Empfang genommen wurde. Gade wurde zu Schumanns großer Enttäuschung ein Jahr später Mendelssohns Stellvertreter am Leipziger Gewandhaus und am Konservatorium, und nach Mendelssohns plötzlichem Tod 1847 dessen Nachfolger, bis er im folgenden Jahr nach Kopenhagen zurückkehrte. Aber auch danach kam Schumann trotz aller Bemühungen am Gewandhaus nicht zum Zuge, sondern der Düsseldorfer Musikdirektor Julius Rietz.

Clara war in Dänemark mit mehreren Konzerten – zum Teil im Königlichen Theater – erfolgreich. Bei ihrer Rückfahrt über Hamburg kam ihr Schumann, der seine Stimmungsschwankungen zwischenzeitlich mit Bier und Champagner zu bekämpfen versucht hatte, am 25. April bereits in Magdeburg erleichtert entgegen.

Nachdem eine ursprünglich geplante Fahrt zum Beethovenfest nach Bonn wegen Schumanns immer noch schlechter gesundheitlicher Verfassung nicht zustande gekommen war, unternahm das Ehepaar stattdessen vom 31. Juli bis zum 10. August 1842 eine Erholungsreise durch Thüringen und Sachsen nach Böhmen, wo sie von Metternich auf dessen Sommersitz Königswart empfangen wurden.

Eine noch größere Belastung als die Fahrt nach Hamburg wurde für Robert Schumann die auf Claras Initiative und gegen seinen Widerstand, der erst mit Mendelssohns Überredungskunst überwunden werden konnte, realisierte Konzertreise von

Januar bis Anfang Juni 1844 nach Russland. Schumann schrieb voll düsterer Ahnungen an seinen Freund und Mitarbeiter Pastor Dr. Gustav Keferstein, auf dessen Rat hin er sich 1840 erfolgreich um den Titel eines Dr. phil. an der Jenenser Universität beworben hatte: *„....Die Reise nach Petersburg hab` ich Klara`n feierlich angeloben müssen; sie wolle sonst allein hin, sagte sie. Ich traue es ihr in ihrer Sorglosigkeit für unser äußeres Wohl auch zu. Wie ungern ich aus meinem stillen Kreise scheide....".* Schon im Oktober 1840 hatte er ins gemeinsame Ehetagebuch eingetragen: *„An die Russische Reise denk` ich nur mit Schrecken...".*

Nachdem die Kinder von der Familie Carl und Pauline Schumann nach Schneeberg abgeholt worden waren, besuchten Clara und Robert zunächst Ende Januar die Mutter bzw. Schwiegermutter Marianne Bargiel und Familie Mendelssohn Bartholdy in Berlin. Von dort aus ging die Reise weiter nach Nordosten über die Weichsel durch *„traurige Wüstenei"* – so Schumann – nach Marienburg, Elbing, Frauenburg und Königsberg, wo sie am Abend des 29. Januar eintrafen. Sie besichtigten die Stadt mit dem Haus von Immanuel Kant; Clara gab am 2. und 3. Februar zwei Konzerte im dortigen Theater. Am nächsten Tag setzten sie ihre Reise per Schlitten über Mitau nach Riga fort. Dort wie auch in der Universität Dorpat spielte Clara am 3. und 9. Februar vor begeistertem Publikum.

Schumann hingegen ging es eine Woche lang ziemlich schlecht. Er hatte rheumatische Schmerzen, war verstimmt und lag ein paar Tage zu Bett. Aber auch danach war fast durchgehend kränklich; er zeigte sich reizbar und eifersüchtig und war klagsam und deprimiert. Laut Tagebuch litt er unter den seiner Ansicht nach mangelhaften Unterkünften, unter den *„Schereien mit der Post",* den *„langweiligen Fahrten"* auf den *„furchtbaren Wegen"* durch *„schmutzige, elende Dörfer",* dem *„Drängen und Schreien in den Straßen",* der *„unausstehlichen Hetzerei"* zu den Empfängen und der *„barbarischen Musik",* der *„stundenlangen*

Folter durch den Gesang" in den russischen Kirchen. Er fühlte sich als Künstler übergangen und *„kaum erträglich"* gekränkt, war in Gesellschaft schweigsam oder flüsterte lediglich, so daß Clara statt seiner und für ihn sprechen mußte.

Am 1. März reisten sie weiter nach St. Petersburg, wo Clara vier Mal mit Werken von Beethoven, Chopin, Liszt, Bach, Mendelssohn und Scarlatti auftrat. Während ihres vierwöchigen Aufenthaltes begegneten sie zahlreichen Landsleuten wie dem Pianisten Adolph Henselt, bei dem sie häufiger zu Gast waren, dessen Schülerin, Großfürstin Helena Pawlowna – zuvor Prinzessin Charlotte von Württemberg –, dem Prinzen von Oldenburg und den Musikern Heinrich Romberg und Bernhard Molique. Clara, vom Publikum gefeiert, wurde mit dem Ehrendiplom der Philharmonischen Gesellschaft St. Petersburg ausgezeichnet. Das Osterfest verbrachten sie auf dem Gut des Regimentsarztes Carl Gottlob von Schnabel in Twer, einem 70-jährigen Onkel Schumanns.

Am 2. April brachen sie nach Moskau auf. Auch dort, wo Clara drei Konzerte gab, blieben sie etwa vier Wochen. Schumann besuchte häufiger den Kreml, dessen Anblick ihn zu einer Federzeichnung inspirierte. Am Tag vor der Abreise nach Moskau schrieb Schumann, der quasi als Reisebegleiter eher eine Statistenrolle spielte, beschönigend seinem Schwiegervater Wieck, mit dem er sich inzwischen zumindest nach außen hin ausgesöhnt hatten: „.....*Wir sind nun vier Wochen hier. Klara hat vier Concerte gegeben und bei der Kaiserin gespielt; wir haben ausgezeichnete Bekanntschaften gemacht, viel Interessantes gesehen, jeder Tag brachte etwas Neues......Alles hängt hier vom Hof und der haute volée ab, die Presse und die Zeitungen wirken nur wenig. Dazu war Alles von der italienischen Oper besessen, die Garcia hat ungeheures Furore gemacht.....wir denken wieder über Petersburg zurückzukommen (ohngefähr in 4 Wochen), nach Reval zu Land zu reisen, von da mit dem Dampfschiff nach Helsingfors und über Abo nach Stockholm, und dann wahrscheinlich die Canaltour nach Copenhagen und in unser liebes*

Deutschland zurück......". Schumann fügte dem Brief fünf Gedichte bei, davon auch eins über die mächtige, geborstene
Glocke im Kreml, das er unterwegs verfasst hatte. Im Übrigen
nahm das Künstlerpaar Abstand von der ursprünglich geplanten Route und kehrte auf direktem Weg von Moskau nach
Hause zurück. Für Clara bedeutete die Tournee eine enorme
Anerkennung und Bestätigung als Pianistin von Weltruf, aber
auch in finanzieller Hinsicht war sie sehr erfolgreich.

Aufgrund seiner angeschlagenen Gesundheit traf Schumann
die Entscheidung, seine Kräfte fortan auf das Komponieren
zu konzentrieren. Er übergab daher Ende Juni 1844 die
Redaktion der „Neuen Zeitschrift für Musik", die ihn viel Zeit
und Energie gekostet hatte, an den Organisten und Musikschriftsteller Oswald Lorenz, bis dahin stellvertretender Redakteur. Im November verkaufte Schumann die Zeitschrift –
bedeutsamer Teil seines Lebenswerkes – an Franz Brendel,
einen Schüler Wiecks, der fortan über 20 Jahre lang Eigentü-
mer und Herausgeber des Journals war.

Im ganzen war Schumanns Leipziger Lebensabschnitt zunächst bis zur Heirat 1840 zum einen gekennzeichnet durch
das Ende der bis dahin eingeschlagenen Virtuosenlaufbahn
infolge einer Einschränkung der Fingerbeweglichkeit, die
zwangsläufig zu einer künstlerischen Neuorientierung führte.
Zum anderen wurde sein beharrliches Werben um Clara Wieck
– seine große Liebe – schließlich durch die Eheschließung
gekrönt, allerdings vorlaufend jahrelang begleitet von einem
zermürbenden Kampf mit ihrem Vater. Die nicht umkom-
plizierte Verbindung zwischen zwei ehrgeizigen Künstlern wie
Clara und Robert trotzte allen Stürmen und erwies sich als
überaus produktiv; vor allem Schumann profitierte von der
Stabilisierung und Geordnetheit seiner Lebensverhältnisse.
Sein musikalisches Schaffen griff nun über die Klavierkom-

positionen hinaus und wandte sich den Vokalwerken, der Sinfonie und der Kammermusik zu. So entstanden in der Folgezeit u.a. fast 140 Lieder, Klavier- und Streichquartette, die *Sinfonie in B-Dur* sowie das Oratorium *Das Paradies und die Peri*.

Dennoch war Schumann mehr und mehr unzufrieden, da er sich künstlerisch isoliert nicht genügend beachtet, sogar isoliert fühlte. Bei der Besetzung des Kapellmeisteramtes am Gewandhaus war – wie bereits erwähnt – der erst 27-jährige Gade vorgezogen worden. Abgesehen hiervon vermißte Schumann den charmanten und prominenten Freund Mendelssohn schmerzlich, der viele seiner Werke im Gewandhaus aufgeführt und ihm zu einer Lehrtätigkeit am Konservatorium verholfen hatte. Als ihnen auch ärztlicherseits zu einem Ortswechsel geraten wurde, fassten Clara und Robert Dresden näher ins Auge. Von Oktober an hielten sie sich ein paar Wochen in der sächsischen Metropole, dem „Elbflorenz" auf und bereiteten den Wohnungswechsel vor. Am 8. Dezember 1844 nahm die Familie Schumann mit einer musikalischen Matinee förmlich und öffentlich Abschied von Leipzig; fünf Tage später zogen sie um und stiegen zunächst im „Rheinhotel" ab.

Die Landeshauptstadt Dresden war – damals 100.000 Einwohner stark – eine ebenso elegante wie lebendige Stadt, geprägt sowohl von Kultur als auch von zunehmender Industrialisierung. Im Gegensatz zur Musikstadt Leipzig glänzte Dresden mit Literatur und den bildenden Künsten, obgleich die Oper seit 1842 durch Hofkapellmeister Richard Wagner erheblich an Bedeutung gewonnen hatte. Clara Schumann zufolge war Dresden trotzdem *„...ein musikalisches Nest"*.
So zählten auch zu Schumanns besten Freunden in erster Linie Schriftsteller wie Berthold Auerbach und Otto Ludwig sowie Maler und Bildhauer wie Rudolf Julius Hübner, Eduard Bendemann – Schöpfer des Leipziger Bach-Denkmals – und Ro-

bert Reinick; letzterer wurde Pate des im Januar 1848 geborenen Schumann-Kindes Ludwig. Von den Musikern standen ihnen der Komponist und Dirigent Ferdinand Hiller, der Konzertmeister Franz Schubert und die Sängerin Wilhelmine Schröder-Devrient am nächsten. Der Arzt und Philosoph Carl Gustav Carus wurde Schumanns Lebensberater. Man traf sich allwöchentlich in geselliger Runde zu Hause oder am Stammtisch in der „Alten Post", und Schumann fühlte sich allmählich besser: „...*Wir kommen oft außerhalb der Stadt zusammen, wandeln dann bei Sternenschein zurück, u. dann erklingen Mendelssohnsche u. sonstige Lieder durch die Nacht, u. alle sind fröhlich, daß man es mit werden muß*".

Auch mit Wagner freundete Schumann sich an, obgleich er dessen Werke nicht sonderlich schätzte und seinen Kollegen und Konkurrenten als „...*geradezu dilettantisch...*", wenn auch als „...*geistreichen Kerl voll toller Einfälle und keck über die Maßen....*" charakterisierte. Nach der Aufführung des „Tannhäuser" im Oktober 1845 revidierte Schumann allerdings sein Urteil; er sah „...*Tiefes, Originelles, überhaupt 100 mal Besseres*" als in Wagners früheren Opern. Auf der anderen Seite galt Schumanns Musik als zu neumodisch, zumindest zu romantisch und fand daher im höfischen Dresden nur wenig Anklang.

Eine wirkliche Genesung Schumanns blieb jedoch aus; außerdem litten Clara und Robert unter Heimweh nach Leipzig, verstärkt durch Besuche der alten Freunde Mendelssohn-Bartholdy, Gade, David, Verhulst und Moscheles. Schumann gab ein Jahr nach ihrem Umzug anläßlich eines Konzertes in Leipzig gegenüber Hiller zu erkennen: „...*Leben und Menschen hier muthen uns doch wieder sehr an. Früher oder später glaube ich doch, daß wir uns hier wieder ansiedeln....*".

Trotz Schumanns schwankender, überwiegend schlechter gesundheitlicher Verfassung war er kompositorisch recht produktiv. Clara hingegen musste aus familiären Gründen ihre Konzerttätigkeit einschränken; alles in allem gab sie 1845 und 1846 insgesamt zwölf Konzerte.

Am 24. November 1846 machte sich das Ehepaar Schumann mit den beiden ältesten Kindern Marie und Elise über Prag und Olmütz auf eine dreitägige Reise nach Wien, das ihnen bereits von früheren Aufenthalten bekannt war. Zuvor hatte Schumann seinem Freund Fischhof angekündigt: *„...eine neue Symphonie bring´ ich mit, meine Frau ein neues Trio; jene tritt etwas geharnischt auf, dieses ist schon milder. Sie werden beides verstehen...".* Schumanns logierten anfangs im Hotel „Stadt Frankfurt", dann in einer Pension in der Kammerhofgasse. Nach anfänglichen Erfolgen der konzertierenden Clara war die Reise finanziell wenig ergiebig; erst das letzte Konzert geriet infolge Mitwirkung der berühmten und gefeierten schwedischen Sopranistin Jenny Lind, Liebling des Publikums, zu einem Erfolg und erbrachte einen Überschuss von 300 Talern. Zur Abschiedsmatinee am 15. Januar in Schumanns Wiener Wohnung kamen neben prominenten Musikern auch Franz Grillparzer, Adalbert Stifter und Joseph von Eichendorff. Fünf Tage später verließ Familie Schumann Wien und traf nach erfolgreicheren Auftritten in Brünn und Prag am 4. Februar wieder in Dresden ein.

Eine Woche später fuhren Clara und Robert nach Berlin, wo am 17. Februar unter seiner Leitung an der Singakademie das Peri-Oratorium aufgeführt werden sollte. Trotz Unterstützung durch die Pianistin Fanny Hensel, hochbegabte Schwester Mendelssohns, wurde die Aufführung lediglich zu einem Achtungserfolg, während Claras Konzerte von der Kritik sehr positiv beurteilt wurden. Immerhin bestärkte Hensel sie in ihrem Plan, nach Berlin zu ziehen; ihr plötzlicher Tod im Mai 1847 vereitelte allerdings weitere Bemühungen. Am 23. Februar lernten Schumanns Alexander von Humboldt kennen

und besuchten den weltberühmten fast achtzigjährigen Naturforscher am 10. März auch in dessen Wohnung in der Ro-
senthaler Straße.

Anfang Juli 1847 reisten Clara und Robert Schumann nach
Zwickau, wo ihm zu Ehren und „.....*zum Besten der Nothleidenen
im Erzgebirge"* ein Musikfest stattfand, vorbereitet von Schumanns altem Klavierlehrer Kuntsch und dem Organisten
Emanuel Klitzsch. Sie wohnten bei Stadtrat Martin Oberlän-
der, dem ehemaligen Vermögensverwalter Schumanns. Schumann selbst dirigierte seine *C-Dur-Sinfonie*, das *Klavierkonzert*
und – von Clara vorgetragen – das Chorlied *Zum Abschied*; das
ganze Unternehmen wurde zu seiner Freude und Genugtuung
zu einem kleinen „*Volksfest"* mit abschließendem Fackelzug.

Die revolutionäre Bewegung von 1848 ließ auch den ansonsten
politisch eher zögerlichen Schumann nicht unbeeindruckt; die
Maiaufstände gaben Anstoß zur Komposition der sog. Bar-
rikadenmärsche, die er als überzeugter Republikaner „*im wahren
Feuereifer"* schrieb. Ansonsten litt Schumann unter der „*allgemeinen Anarchie"* und flüchtete in die Musik. Im November 1848
notierte er:„...*Großes Revolutionsjahr. Mehr Zeitungen gelesen als
Bücher....Welche Zeit, welche furchtbare Empörung der Volksmassen,
auch bei uns! Nun - schweigen wir davon und lassen uns lieber von
unserer geliebten Kunst sprechen..."*. Im Tagebuch hieß es „...*Die
furchtbaren Zeitereignisse - ungeheure politische Aufregung - Völkerfrühling - die großen Nachrichten aus Berlin"*....Schumann hoffte,
dass „.....*der großen allgemeinen Brandung....das politisch ziemlich träge
Dresden nicht widerstehen werde"*. Clara nahm intensiver an den
Ereignissen der Revolution teil. Am 23. Mai 1848 konzertierte
sie für polnische Flüchtlinge, „....*zum besten eines wohltäthigen
Zweckes"*. Sie fand „*wenig wahrhaft freisinnige Menschen unter dem
gebildeten Stande"*.

Als sich die Situation in Dresden bei den Straßenkämpfen am
3. und 4. Mai des folgenden Jahres zuspitzte und Schumann

zur Miliz eingezogen werden sollte, flüchtete er in panischer Angst, wohingegen Richard Wagner als Mitglied des „Vaterlandsvereins" auf den Barrikaden kämpfte und Wilhelmine Schröder-Devrient das Volk zur „Rache gegen die Regierung" aufrief. Sie verlor nach Niederschlagung des Aufstandes ihre Stelle als Hofsängerin und wurde ausgewiesen. Wagner wurde steckbrieflich gesucht und musste nach Zürich fliehen; Schumanns kümmerten sich um die verbliebene Frau Minna, die erst später nachkam. Bei den blutigen Kämpfen waren durch preußische Truppen mehrere Personen getötet und viele Gebäude verwüstet worden. Clara schrieb in ihrem Tagebuch von „....*schrecklichen Greultaten*".

1849 wurde ein besonders fruchtbares Schaffensjahr, in dem zahlreiche Vokal- und Instrumentalwerke entstanden, u.a. das *Lieder-Album für die Jugend* und *Waldszenen*; *Manfred* wurde vollendet. Dennoch wurde Schumann in Dresden trotz äußerer Erfolge – Ehrungen von Seiten des Königs Friedrich August von Sachsen und des schwedischen Königs, Ehrenmitgliedschaften in Leipzig und Wien, in Holland und Frankreich – künstlerisch nicht richtig heimisch. Er fühlte sich ignoriert und vereinsamte infolge seines zunehmend absonderlichen, schweigsamen und introvertierten Verhaltens. In der Absicht, „...*eine sichere bürgerliche Stellung anzubahnen*", bewarb er sich im Juli 1847 – erfolglos – um eine Direktorenposition am Wiener Konservatorium: „.....*Die Stelle ist eine, wie ich sie mir wohl wünsche; dazu fühle ich mich jetzt frisch an Kräften und sehne mich in einen regen Wirkungskreis.....*" offenbarte er seinem Bekannten Gustav Nottebohm, Komponist in Wien. Ein Jahr später bemühte er sich ebenso vergeblich um die Nachfolge Gades am Leipziger Gewandhaus. Schließlich hoffte er auf die Stelle des Kapellmeisters an der Dresdner Oper, die durch Wagners Flucht vakant geworden war; den Zuschlag erhielt indes Carl Krebs. Es reichte lediglich zur Leitung der „Liedertafel", die er Ende Oktober 1847 von Hiller übernahm.

Schließlich ging er im März 1850 auf das Angebot ein, die Nachfolge Hillers als Musikdirektor – zum ersten Mal in seinem Leben eine feste Anstellung – in Düsseldorf anzutreten. Bis zum Umzug am 2. September unternahmen Clara und Robert Konzertreisen nach Bremen, Hamburg und Berlin. Zur Uraufführung der Oper *Genoveva* am 25. Juni kamen sie nach Leipzig und mussten enttäuscht feststellen, dass lediglich ein Achtungserfolg zu verzeichnen war. In Düsseldorf wurden sie sehr freundlich mit Musik und Gesang empfangen; eine Woche später trat Schumann sein neues Amt an.

Düsseldorf – eher eine Stadt der Malerei als der Musik – zählte damals rund 40000 Einwohner. Mendelssohn Bartholdy hatte dem rheinischen Musikleben bereits kräftige Impulse geben können. Seit über 30 Jahren gab es zudem die Tradition des alljährlichen „Niederrheinischen Musikfestes", das abwechselnd in Köln, Düsseldorf und Aachen stattfand; zu Schumanns Aufgaben gehörte die Mitwirkung an der turnusmäßigen Wiederholung zu Pfingsten 1853.

Zum Eingewöhnen unternahm Familie Schumann anfangs häufiger Ausflüge in die Umgebung Düsseldorfs, den Eller Forst, den Bilker Busch, nach Schloß Benrath, Elberfeld und Köln. Um Abstand von den sich auftürmenden beruflichen Problemen Schumanns zu bekommen, begaben sie sich am 19.Juli 1851 per Bahn nach Köln und von dort per Schiff über Bonn, Koblenz, Aßmannshausen und Rüdesheim nach Mainz. Schon zuvor hatten sie beschlossen, – mit Zwischenstation in Heidelberg und Baden-Baden – bis in die Schweiz weiterzufahren. Am 24. Juli kamen sie in Basel an, überquerten den Jura, den Bieler und Neuchateler See, erreichten Lausanne und – wiederum per Boot – am 27. schließlich Genf. Nach Ausflügen in die Umgebung traten sie am 1. August wieder die Heimreise an. An Emanuel Klitzsch schrieb Schumann nach Zwickau: „.....*Auf unserer letzten Reise kamen wir ziemlich weit und haben die Sonnenfinsterniß im Angesicht des Montblancs beobachtet. Zwei ganze Tage lang hat uns der ehrwürdige Riese sein Haupt zu sehen vergönnt - ein seltenes Glück! Auch der Genfer See ist himmlisch. Wie gönnte ich Allen, die ich liebe, nach diesen paradiesischen Gegenden einmal zu kommen!....".*

Vierzehn Tage später reisten Schumanns mit der Eisenbahn über Köln, Aachen und Lüttich nach Antwerpen, wo Robert als Preisrichter an einem internationalen Wettbewerb von Männerchören fungierte, von dort anschließend weiter nach Brüssel. In Aachen trafen sie den Düsseldorfer Maler und Zeichner Alfred Rethel wieder, der dort den Kaisersaal restaurierte; knapp zwei Jahre später wurde er in derselben Heilanstalt Patient, in die auch Schumann 1854 aufgenommen wurde.

Am 5. März 1852 fuhren sie zu Aufführungen von *Der Rose Pilgerfahrt*, der Ouvertüre zu *Manfred* und der *Rheinischen Sinfonie* wieder nach Leipzig, wo es ein Wiedersehen mit Ignaz Moscheles, inzwischen Musikprofessor in Leipzig, sowie mit Franz Liszt und Joseph Joachim gab, die aus Weimar gekommen waren. Eine im Anschluss daran geplante Fahrt nach Weimar musste allerdings wegen Schumanns desolater Verfassung – bedingt durch starke Schmerzen und schwere Schlafstörungen – vertagt werden. Im September 1852 begab sich Schumann mit seiner Frau auf Anraten seines Arztes zu einer Badekur nach Scheveningen, die ihm gut bekam; die erneut schwangere Clara erlitt jedoch zum zweiten Mal eine Fehlgeburt und war wochenlang krank. In Scheveningen trafen sie sich mit Johann Verhulst, einem engen Freund der Familie aus Leipziger Zeiten, der seit zehn Jahren Hofmusikdirektor in Den Haag war.

Zu einer sehr erfolgreichen Konzerttournee wurde die Fahrt nach Holland bis zum 22. Dezember 1853, zu der sie einen Monat zuvor aufgebrochen waren:

"....Wir hatten eine Musikfahrt nach den Niederlanden unternommen, die vom Anfang bis zum Schluß von guten Glücksgenien begleitet war. In allen Städten wurden wir mit Freuden, ja mit vielen Ehren bewillkommnet. Ich habe zu meiner Verwunderung gesehen, wie meine Musik in Holland beinahe heimischer ist, als im Vaterland...." teilte Robert Schumann seinem Freund August Strackerjan, einem in Oldenburg ansässigen Sänger und Musikliebhaber mit. Robert und Clara wurden in Utrecht, Amsterdam, Rotterdam und Den Haag begeistert gefeiert und mit Ehren überhäuft. An den jungen Freund Joseph Joachim schrieb Schumann: *"Das holländische Publikum ist das enthusiastischste, die Bildung im Ganzen dem Besten zugewendet. Überall hört man neben den alten Meistern auch die neuen"*. In Utrecht und Rotterdam wurde die *Rheinische Sinfonie* gespielt, in Amsterdam und Den Haag die *Zweite Sinfonie* und *Der Rose Pilgerfahrt*; in Rotterdam wurde zu Ehren Schumanns gar ein Fackelzug veranstaltet.

Zu jener Zeit hatte Schumann hoffte immer noch auf eine abermalige berufliche Veränderung, umso mehr, als er in Düsseldorf gescheitert war. Schon 1852 hatte er – ohne Erfolg – seine Fühler nach Lübeck und Wien ausgestreckt: *"....Die kleinstädtischen Verhältnisse sagen uns nicht mehr zu; es wiederholt sich Alles wie im Kreise; auch sind die Mittel und Kräfte immer dieselben. Da wollen wir uns denn befreien und einmal andere Luft einathmen...."* hatte er seinem Wiener Freund Karl van Bruyck, Musikschriftsteller, angekündigt.

Zu Beginn des Jahres 1854 reiste Familie Schumann nach Hannover, wo unter Schumanns Leitung die Aufführung von *Das Paradies und die Peri* stattfinden sollte. Sie wurde jedoch abgesetzt, da der Intendant des Hoftheaters den Opernsängern nicht gestattete, als Solisten aufzutreten. Clara spielte Beethovens Es-Dur-Konzert. Die Atmosphäre war im Ganzen trotz allem für Schumann wohltuend; die königliche Familie zeigte Interesse an seiner Musik und Clara musizierte in der Residenz. Joachim, der 1853 von Weimar als Konzert-meister an den Hannoverschen Hof gekommen war, dirigierte Schumanns *Phantasie für Violine mit Orchester oder Pianoforte*.

Am 30. Januar 1854 kehrte das Ehepaar von Hannover nach Düsseldorf zurück; nur wenige Wochen später wurde Robert Schumann nach Bonn in eine Heilanstalt gebracht, die fortan bis zu seinem Tod zweieinhalb Jahre später seine Bleibe werden sollte.

Musik statt Jurisprudenz

Schon von Kind an zeigten sich – wie eingangs beschrieben – bei Robert Schumann gleichermaßen literarisches Talent wie musikalische Begabung. In der „Allgemeinen Musikalischen Zeitung" Nr. 52 von 1858 hieß es u.a., dass Schumann schon als Knabe eine besondere Neigung und Gabe besessen habe – beides miteinander verbindend –, *„Gefühle und charakteristische Züge mit Tönen zu malen"*. Besonders während seiner 10-jährigen Tätigkeit als Redakteur, Rezensent und Kritiker für die „Neue Zeitschrift für Musik" brillierte er vor musikverwöhntem Publikum bis 1845 nicht nur mit differenzierten Kritiken, sondern auch mit sprachlich geschliffenen Essays. Selbst in seinen Tagebüchern und Briefen formulierte er tiefsinnige kunst- und lebensphilosophische Ansichten und Betrachtungen. Bisweilen ließ er wie Jean Paul – als zwei Seiten seiner Persönlichkeit und Kunstauffassung – stellvertretend die Protagonisten Florestan und Eusebius ihre gegensätzlichen Meinungen disputierend darlegen.

Schumanns große Vorliebe für Jean Paul beruhte vermutlich nicht nur auf dessen Interesse an den Besonderheiten menschlicher Schicksale, sondern auch auf der bildhaften, polyrhythmischen Sprache, in denen sie dargestellt wurden. Dieses Konzept der Stimmenvielfalt und der Stimmungskontraste bestimmte jedenfalls auch Schumanns Grundauffassung von der Musik, diese entspringe derselben Quelle wie die Sprache: *„Die Musik wird wieder dahin zurückkehren, von wo sie ausgegangen ist, von der Sprache zur Sprache"* hatte Jean Paul formuliert. Noch in Schumanns 1847 entworfenen „Lehrbuch der Fugenkomposition" ist die Idee von der universalen Bedeutung der Tonkunst präsent, die er bereits als Schüler in seinem Aufsatz *„Ueber die innige Verwandschaft der Poesie und Tonkunst"* vor Augen hatte.

Trotz der anfangs großen Vorliebe Roberts für die Literatur förderte Schumanns Vater auch dessen musikalischen Neigungen. Entsprechend den damaligen Bildungsidealen des gehobenen Bürgertums erhielt Robert frühzeitig Klavierunterricht und komponierte bereits im Alter von sieben Jahren kleinere Musikstücke, „*Tanzsätzchen*", mit denen er seine Familie unterhielt. Zu Hause fanden regelmäßig „Musikalische Abendunterhaltungen" statt und der Schüler übte sich in Klavierarrangements einzelner Passagen aus den Opern Mozarts und Rossinis. Vom siebten bis zum fünfzehnten Lebensjahr erhielt er bei dem Zwickauer Stadtorganisten und Leiter des Chorvereins, Kuntsch, Klavierunterricht. Schumann charakterisierte ihn „.....*als guten, mich liebenden Lehrer, der selbst nur mittelmäßig spielte.....*". Mit Kuntsch blieb auch später stets in Kontakt; mit seinen *Studien für den Pedalflügel* (op. 56) setzte er ihm 1845 ein Denkmal.

Als neunjähriger Schüler erlebte Schumann in Leipzig die Aufführung der „Zauberflöte" und im Sommer 1819 nahm ihn der Vater Robert mit nach Karlsbad zu einem Auftritt des berühmten 25-jährigen Pianisten Ignaz Moscheles, der Schumann bei einem Konzert am 17. August sehr beeindruckte. Später widmete Moscheles ihm gar die *Sonate für Pianoforte und Violincello* (op. 121). Schumann erinnerte sich in einem Dankesschreiben noch Jahre später, am 20. November 1851: „*Freude und Ehre haben Sie mir bereitet durch die Widmung Ihrer Sonate; sie gilt mir zugleich als eine Ermunterung meines eigenen Strebens, an dem Sie von jeher freundlich Antheil nahmen. Als ich, Ihnen gänzlich unbekannt, vor mehr als dreißig Jahren in Carlsbad mir einen Conzertzeddel, den Sie berührt hatten, wie eine Reliquie lange Zeit aufbewahrte, wie hätte ich da geträumt, von einem so berühmtem Meister auf diese Weise geehrt zu werden. Nehmen Sie meinen innigsten Dank dafür!*". In Felix Mendelssohn sah er – trotz desselben Alters – ein großes, verehrungswürdiges Vorbild. Er beneidete ihn um

dessen frühzeitigere und gründlichere Musikausbildung; jedenfalls schrieb er recht selbstbewusst 1838 an Clara Wieck:
„....*In ähnlichen Verhältnissen wie er aufgewachsen, von Kindheit zu
Musik bestimmt, würde ich Euch sammt und sonders überflügeln - das
fühle ich an der Energie meiner Erfindungen....*".
Bei den Zwickauer „Bürgerkonzerten" wurde der junge Robert
mit Beethovens Sinfonien vertraut gemacht; im Haus des
Postmeisters Johann Friedrich Wilhelm von Schlegel, später
einer der Mitarbeiter für die „Neuen Zeitschrift für Musik",
wurden Werke Mozarts und des Komponisten Prinz Louis
Ferdinand von Preußen aufgeführt. Bei den hausmusikalischen
Abenden des Textilfabrikanten Carl Erdmann Carus, einem
älteren Bruder des Colditzer Arztes und späteren Leipziger
Medizinprofessors Dr. Ernst August Carus, machte ihn im
Sommer 1827 dessen kunstsinnige Frau Agnes mit der Musik
Haydns, Beethovens und Schuberts, vor allem dessen Liedern,
bekannt: „*Franz Schubert und Beethoven gingen mir auf; von Bach
dämmerte es*".

Was für Schumann Jean Paul in der Sprachkunst bedeutete,
wurde ihm Franz Schubert in der Musik, die ihm zu einer Art
Offenbarung wurde.
Der Tod seines hoch verehrten Idols im November 1828 erschütterte ihn daher zutiefst: „...*Und du früh heimgegangener, du
himmlischer Schubert - hätten Gespenster und Doppelgänger Worte, sie
sprächen; aber wenn die Engel und die Genien die Welt schon einmal
anredeten, sie sprächen auch wie du; du bist der überirdische, strömende
Geist, den seine Frühlingsblumen verhüllen....*" lautete Schumanns
schmerzlich-wehmütiger Nachruf.

Er begleitete Agnes Carus bei ihren Liedervorträgen am Klavier und komponierte auf ihre Anregung hin auch selbst mehrere Stücke, u.a. die Anfänge eines unvollendet gebliebenen
Klavierkonzertes in f-Moll. Den Hausherrn Carus sah Schumann

als einen „*väterlichen Freund*": „*....War es doch in seinem Hause, wo die Namen Mozart, Haydn, Beethoven zu den täglich mit Begeisterung genannten gehörten, vorzugsweise Quartette mir zuerst bekannt wurden, wo ich oft selbst am Klavier mitwirken durfte...*".

Mit zwölf Jahren fertigte Schumann die Partitur einer Vertonung des 150. Psalms für Chor und Orchester an, bald darauf die einer Ouvertüre und eines Chores, die im Freundes- und Bekanntenkreis aufgeführt wurden. Auf Schulkonzerten spielte er Werke von Weber, Moscheles und Schubert.

Später erwähnte Schumann in den „Materialien zu einem Lebenslauf", den er zu schreiben beabsichtigte, als Schwerpunkte seiner jugendlichen musikalischen Aktivitäten: „*....Freies Phantasiren am Clavier....Variiren über Themen. Rossini im Flor ......Musikalische Bibliothek. Clavierauszüge des Don Juan, Zauberflöte, Titus, Aschenbrödel....Tägliches Vorspielen nach dem Tisch dem Vater...*".

Selbstkritisch faßte er zusammen: „*Es fehlten mir alle Kenntnisse, ich schrieb eben wie ein Kind, aber auch ohne Anregung von außen. Es drängte mich immer zum Produziren, schon in den frühesten Jahren, war's nicht zur Musik, so zur Poesie – und mein Glück genoß ich, nicht minder groß, als ich später je empfunden*".

Obgleich im Laufe der Reifung zum Jüngling Schumanns berufliches Sinnen und Trachten mehr und mehr der Musik galt, ließ sich die – durchaus nicht unmusikalische – Mutter zunächst nicht davon abbringen, dass er Jura studieren solle. Nur äußerlich fügte er sich und nahm pflichtgemäß zum Sommersemester 1828 das Jurastudium in Leipzig auf. Für die Rechtswissenschaft zeigte Schumann indes wohl niemals ernsthaftes Interesse; zur „*kalten Jurisprudenz*" fand er keinen Zugang. Zu Ende des ersten Semesters teilte er seinem Freund Gisbert Rosen mit, dass er „*...ohnehin noch kein Collegium besucht...., sondern in aller Stille gearbeitet, d.h. Klavier gespielt habe.....*".

79

Es ist fraglich, ob er jemals in Leipzig oder später in Heidelberg regelmäßig ein juristisches Kolleg gehört hat; seinem Freund Flechsig zufolge hat er wohl niemals einen Hörsaal der rechtswissenschaftlichen Fakultät betreten.

Stattdessen beschäftigte Schumann sich mit Philosophie und Literatur und widmete sich ansonsten der Tonkunst, gleichermaßen von Jean Paul wie von Bach – für ihn die Verkörperung von Musik schlechthin – inspiriert. Dessen ungeachtet versicherte er der Familie beruhigend, dass er *„regel- und maschinenmäßig die Collegien...."* besuche, während er in Wirklichkeit von Anfang an in Leipzig tagtäglich stundenlang Klavier spielte, daneben Stücke schrieb und sich mit Musiktheorie auseinandersetzte. In seiner geräumigen Wohnung auf dem Brühl gab es allabendliches Trio- und Quartettspiel mit seinen Studienfreunden, wobei neben Beethoven und Mozart mit Vorliebe Schuberts Lieder, Walzer und Polonaisen aufgeführt wurden.

Im Haus des inzwischen nach Leipzig umgezogenen Professors Carus lernte er die Musikprominenz der Stadt kennen: Heinrich Marschner, Gottfried Fink, Julius Knorr, Friedrich Wieck und den Komponisten Gottlob Wiedebein. Letzterem schickte Schumann am 15. Juli 1828 die Vertonungen von drei Gedichten des Lyrikers und Schriftstellers Justinus Kerner mit dem Begleitschreiben: *„...Haben Sie Nachsicht mit einem Jünglinge, der, uneingeweiht in die Mysterien der Töne mit unsicherer Hand zu eigener Dichtung entflammt wurde und Ihnen diese ersten Versuche zur gütigen, aber strenggerechten Beurteilung vorlegt. Kerner's Gedichte........brachten mich zuerst auf den Gedanken, meine schwachen Kräfte zuerst zu versuchen, weil in diesen schon jedes Wort ein Sphärenton ist, der erst durch die Note bestimmt werden muß. ......So ersuche ich Sie, beyfolgende Lieder.....zu beleibiger Zeit mit einer Antwort zurükzusenden...".*

Wiedebein ermunterte den angehenden Komponisten – trotz aller Kritik – in seinem Antwortbrief am 1. August, weiterzumachen: *„.....Sie haben viel, sehr viel von der Natur empfangen; nützen sie es, und die Achtung der Welt wird Ihnen nicht entgehen....".* Postwendend bedankte Schumann sich und ergänzte: *„....Ich hatte wahrscheinlich in meinem vorigen Brief vergessen....., daß ich weder Kenner der Harmonielehre, des Generalbasses etc. noch Contrapunctist, sonder reiner einfältiger Zögling der leitenden Natur bin u. nur einem blinden, wildem Triebe folgte, der die Fesseln abschütteln wollte....Und so will ich denn mit frischem Muthe die Stufen betreten, die in das Odeon führen u. in welchem Sie mir als einziges, unübertreffliches Ideal dastehen. Erlauben Sie mir, nach einem Jahr Rechenschaft von meinem geringen Streben abzulegen...".*

Lebensprägende Bedeutung bekam die Begegnung mit Friedrich Wieck, der als strenger, aber moderner Klavierlehrer bekannt war und mit seiner Tochter Clara als angehende Pianistin bereits Erfolge feierte. Bei ihm nahm Schumann fortan Klavierunterricht. Er übte bei Wieck am Chiroplasten, einem Apparat zur Kontrolle der Handhaltung, bei dem eine Art Tonleiterbrett die Klaviertasten mit den jeweiligen Noten in Beziehung setzte. Als Händler von Musikalien und Besitzer einer Pianofabrik war Wieck mit derartigen Hilfsmitteln gut vertraut und setzte sie bei seinen Schülern, auch bei seiner Tochter Clara, offenbar erfolgreich ein. Wieck legte nämlich großen Wert auf ein intensives Trainieren der Fingerfertigkeit, so dass Schumann im Dezember 1828 infolge maßlosen Übens über Schmerzen in der Hand und im Arm klagte und nur noch unregelmäßig zum Unterricht erschien.

Von Ende November 1828 bis zum 21. März 1829 komponierte er in *„...exaltirtestem Zustand"* das *Klavierquartett in c-Moll* und arbeitete an einem – unvollendet gebliebenen – *Klavierquartett in f-Moll.* Diese Versuche führten Schumann allerdings ob ihrer Mängel die erhebliche Diskrepanz zwischen seinem hohen musikalischen Anspruch und seinem tatsächlichen handwerklichen Können deutlich vor Augen. Bis 1831 beschäftigte er sich mit der Klavierkompositionen der 1829 in Heidelberg begonnenen *Papillons* (op. 2); gleichzeitig formte er das *Thema über den Namen Abegg* (op.1), gewidmet einer fiktiven „Pauline Comtesse d`Abegg", in Wirklichkeit benannt nach der von ihm verehrten, schönen Mannheimer Kaufmannstochter Meta Abegg, die er auf einem Ball in Mannheim kennengelernt hatte. Als die Abegg-Variationen im November 1831 erschienen, wurden sie mit wohlwollender Kritik bedacht. Die *Papillons* – inspiriert von der Sprache Jean Pauls in den „Flegeljahren" und Anfang 1832 veröffentlicht – umfassen eine zwölfteilige Abfolge rasch wechselnder Improvisationen am Klavier. Schumann widmete sie seinen drei Schwägerinnen Therese, Emilie und Rosalie. Seiner Mutter gegenüber äußerte Schumann voll Stolz: „*....Wüßtest du nur, was das für Freuden sind, die ersten Schriftstellerfreuden; kaum wird der Brautstand ihnen etwas nachgeben -.....So stolz wie der Doge von Venedig mit dem Meere, vermähle ich mich nun zum ersten Mal mit der großen Welt, die in ihrem ganzen Umfang die Welt und die Heimath des Künstlers ist...*".

Im November 1829 erklärte Schumann seiner Mutter, dass er seine eigentliche Berufung und Leistungsfähigkeit in der Musik sähe. Da sie über diese Mitteilung verständlicherweise nicht erfreut war, versuchte er ihr zu vermitteln, dass auch die Arbeit eines Musikers mit Ansehen und Erfolg verbunden sein könne. Nach den Sommersemesterferien nahm Schumann im Herbst 1829 mit Intensität das bis dahin zeitweise eingeschränkte Klavierspiel wieder auf. Im Januar 1830 trug er in Anwesenheit der Großherzogin die „Alexander-Variationen" von Ignaz Moscheles in der musikalischen Studentenvereinigung „Museum" vor, die er schon zu Ostern 1828 in Zwickau gespielt hatte. Er wurde mit großem Beifall bedacht: „*.....das Bravo- und Dacaporufen....nahm kein Ende, ...die Großherzogin klatschte bedeutend....er* *war der Liebling des Heidelberger Publikums".* Nach diesem Auftritt hat Schumann trotz allem nicht mehr öffentlich konzertiert.

Die Heidelberger Zeit – eineinhalb Jahre – war im ganzen für Schumann eine Periode von Unbeschwertheit und Amüsement. Schumann wurde in prominente Familien eingeführt und nahm an zahlreichen gesellschaftlichen Aktivitäten – Musikabenden, Hausbällen und studentischen Geselligkeiten – als Mitglied der Burschenschaft „Saxo-Borussia" teil.

Besondere Bedeutung hatten die Konzert- und Singabende im Hause des Rechtsprofessors Justus Thibaut. Thibaut leitete den „Heidelberger Singverein" und hatte 1824 ein Buch „Über Reinheit der Tonkunst" publiziert. Mit dem Chor führte er, auf klassische musikalische Tradition bedacht, Händels Oratorien und a-cappella-Stücke der Renaissance auf. Anfangs war Schumann mit Feuer und Flamme dabei, zumal Thibaut ihn bezüglich seiner Musikinteressen bestärkte:

„.....Thibaut ist ein herzlicher, göttlicher Mann, bei dem ich meine genußreichsten Stunden verlebe. Wenn er so ein Händel'sches Oratorium bei sich singen läßt....und so begeistert am Klavier accompagnirt und dann am Ende zwei große Thränen aus den schönen großen Augen rollen, über denen ein schönes silberweißes Haar steht, und dann so entzückt und heiter mir kommt und die Hand drückt und kein Wort spricht vor lauter Herz und Empfindung, so weiß ich oft nicht, wie ich Lump zu der Ehre komme, in einem solchen heiligen Hause zu sein und zu hören...." schrieb er im Februar 1830 an die Mutter.

Allmählich empfand Schumann Thibauts musikalische Theorien, die wohl durch die Rechtswissenschaft beeinflusst waren, indes als zu einseitig und pedantisch. Er distanzierte er sich von Thibauts konventioneller Musikauffassung und äußerte sogar, dass dieser *„....unter'n Tisch mit seinen Händel'schen Opernarien...."* müsse. Gleichwohl akzeptierte er mehr oder weniger widerstrebend die Notwendigkeit von Werktreue und Exaktheit bei der Aufführung musikalischer Werke, und empfahl in seinen späteren „Musikalischen Haus- und Lebensregeln" Thibauts anonym erschienenes Buch als Leitfaden.

Die regelmäßige Teilnahme an den Hausmusikabenden bekräftigte Schumanns Entscheidung, die Juristenlaufbahn an den Nagel zu hängen. Mit hierzu beigetragen hatte ihn darin auch das gewichtige Urteil Thibauts, dass ihn „...der Himmel zu keinem Amtmann geboren...." habe. Längst war er selbst zu der Überzeugung gelangt, dass seine musischen Neigungen, seine Interessen an Philosophie, Literatur und Musik für ihn mit einer Ausbildung in juristischen Denk- und Vorstellungsweisen nicht miteinander in Einklang zu bringen waren. Zu seinem Lehrer Wieck hielt er daher weiterhin Kontakt und informierte ihn gelegentlich über seine kompositorischen Bemühungen, ließ ihn im November 1829 auch wissen, dass er „...hier und da zwischen römische Rechtsinstitute und den Pandekten einen Schubertschen Walzer eingeschoben..." habe.

Die Heidelberger Erfahrungen, nicht zuletzt das Erlebnis eines furiosen Auftritts von Niccòlo Paganini am 11. April 1830 in Frankfurt, der ihn „...aufs äußerste zum Fleiß...reizte", bestärkten Schumann in seinem Entschluss, das Jurastudium auch formal zu beenden. Schließlich fand er den Mut, seiner Mutter am 30. Juli 1830 brieflich mitzuteilen, dass er sich nunmehr definitiv für die Musik entschieden habe; er erinnerte daran, dass dies gewiss auch der Meinung des Vaters entspräche:

„Guten Morgen, Mama! Wie soll ich Dir nur meine Seligkeit in diesem Augenblicke beschreiben! - Der Spiritus kocht und platzt an der Kaffeemaschine und ein Himmel ist zum Küssen rein und golden - und der ganze Geist des Morgens durchdringt frisch und nüchtern....Mein ganzes Leben war ein zwanzigjähriger Kampf zwischen Poesie und Prosa oder nenn' es Musik und Jus. Im praktischen Leben stand für mich ein eben so hohes Ideal da, wie in der Kunst. - Das Ideal war eben das *praktische Wirken und die Hoffnung, mit einem großen Wirkungskreise ringen zu müssen - aber was sind überhaupt für Aussichten da, zumal in Sachsen, für einen Unadeligen, ohne große Protection und Vermögen, ohne eigentliche Liebe zu juristischen Betteleien und Pfennigstreitereien!.... Jetzt stehe ich am Kreuzwege und ich erschrecke bei der Frage: Wohin? - Folg' ich meinem Genius, so weist er mich zur Kunst, und ich glaube, zum rechten Weg. Aber eigentlich - nimm mir's nicht übel, und ich sage es Dir nur lieb und leise, war mir's immer, als verträtest Du mir den Weg dazu, wo Du Deine guten mütterlichen Gründe hattest, die ich auch recht gut einsah und die Du und ich die „schwankende Zukunft und unsicheres Brod" nannten. Aber was nun weiter? Es kann für den Menschen keinen größeren Qualgedanken geben, als eine unglückliche, todte und seichte Zukunft, die er sich selbst vorbereitet hätte. Eine der früheren Erziehung und Bestimmung ganz entgegen gesetzte Lebensrichtung zu wählen, ist auch nicht leicht und verlangt Geduld, Vertrauen und schnelle Ausbildung. Ich stehe noch mitten in der Jugend der Phantasie, die die Kunst noch pflegen und adeln kann; zu der Gewissheit bin ich auch gekommen, daß ich bei Fleiß und Geduld und unter gutem Lehrer binnen sechs Jahren mit jedem Klavierspieler wetteifern will, da das ganze Klavierspiel reine Mechanik und Fertigkeit ist; hierunter hab' ich auch Phantasie und vielleicht Anlage zum eigenen Schaffen – Nun die Frage: Eins oder das Andere; denn nur Eines kann im Leben als etwas Großes und Rechtes dastehen....Blieb' ich bei der Musik, so muß ich ohne Widerrede hier fort und wieder nach Leipzig. Wieck in L., dem ich mich gern ganz anvertraue, der mich kennt und meine Kräfte zu beurtheilen weiß, müßte mich dann weiterbilden; später müßt' ich ein Jahr nach Wien, und, wär's mir irgend möglich, zu Moscheles gehen.... Daß dieser Brief der wichtigste ist, den ich je geschrieben habe und schreiben werde, siehst Du und eben deshalb erfülle meine Bitte nicht ungern und gieb bald Antwort. Zeit ist nicht zu verlieren.... Dein Dich innigstliebender Sohn Robert Schumann".* Abschließend bat Schumann seine Mutter, sich mit Wieck in Verbindung zu setzen und auch dessen Rat und Urteil einzuholen.

Frau Schumann war verstört und wandte sich hilflos einige Tage später, am 7. August 1830, brieflich an Friedrich Wieck. Sie legte ihre Betroffenheit und Ratlosigkeit dar und bat ihn um seine Meinung:

„...Aufgefordert von meinem Sohn Robert Schumann, bin ich so frei mich an Sie wegen der Zukunft dieses von mir so geliebten Sohnes zu wenden. Mit Zittern und innerer Angst setze ich mich her, um Sie zu fragen, wie Ihnen der Plan gefällt, den sich Robert gemacht hat, und wo von Ihnen inliegender Brief Aufklärung giebt. Meine Ansichten sind es nicht, und ich bekenne Ihnen offen, daß mir für Roberts Zukunft sehr bange ist. Es gehört sehr viel dazu, sich in dieser Kunst auszuzeichnen, um einst sein Brod für's Leben zu finden...., und wäre auch sein Talent wirklich so ausgezeichnet, so ist und bleibt es noch immer ungewiß, ob er Beifall erhält, und er sich einer gesicherten Zukunft erfreuen kann - Beinahe drei Jahre hat er nun studirt und viel, sehr viel gebraucht - jetzt, wo ich glaubte, daß er balde am Ziele steht, sehe ich ihn wieder einen Schritt thun, wo er wieder anfängt, sehe, wenn die Zeit errungen ist, wo er sich zeigen kann, daß sein ganzes unbedeutendes Vermögen dahin ist, und er dann immer noch von Menschen abhängt, und ob er Beifall erhält......

Jetzt will er auf einmal in ein Fach einschlagen, was er vor zehn Jahren hätte anfangen sollen... Meine andern drei Söhne sind zufrieden darüber, und wollen durchaus, daß ich es nicht zugeben soll - allein ich bin nicht davon, ihn zu zwingen, wenn sein eigenes Gefühl nicht leitet -...Ich weiß, daß Sie die Musik lieben - lassen Sie das Gefühl nicht für Roberten sprechen, sondern beurtheilen seine Jahre, sein Vermögen, seine Kräfte und seine Zukunft...".

Ihrem Sohn gegenüber reagierte sie am 12. August 1830 nicht besonders erfreut:

„Lieber Robert! Dein letzter Brief hat mich so tief erschüttert, daß ich seit dem Empfang desselben in meinen ganz niedergedrückten Zustand zurückgekehrt bin.... Vorwürfe mache ich Dir nicht; denn sie würden zu nichts führen. Aber billigen kann ich Deine Ansichten, Deine Weise zu

handeln, gar nicht. Gehe Dein Leben seit dem Tode Deines guten Vaters durch, und Du mußt Dir sagen, daß Du nur Dir gelebt hast. Wie will und wird das enden? Ich habe Deinen Brief an Wieck geschickt und lege Dir die Antwort bei. Er hat, wie du es wünschtest, unumwunden geantwortet. Prüfe Dich genau, ob Du dies alles fähig bist zu halten und zu erfüllen, ob Du stundenlang mit Kindern Dich im Unterricht abgeben kannst, ob eine untergeordnete Stelle Dir deine Tage angenehm machen wird? Und wenn Du nun alles dies thust, was Wieck fordert, ist immer noch keine gesicherte Zukunft erlangt. Denke ans Alter.... Mein Robert, ich sage Dir bloß meine Ansichten, um vorwurfsfrei dazustehen, wenn Deine neue Laufbahn Dir nicht gefallen sollte. Deine Brüder, Lorentz, Schleegel, billigen Deine Ansichten nicht. Dir sei es nun ganz allein überlassen zu handeln. - Gott gebe seinen Segen! Das ist mein Gebet und meine Bitte für Dich...!".

Schumann seinerseits schrieb im August an Friedrich Wieck: *„.....Aber wüßten Sie, wie es in mir drängt und treibt und wie ich in meinen Symphonien schon bis zu Op. 100 gekommen sein könnte, hätte ich sie aufgeschrieben... Ich bin manchmal so voll von lauter Musik und so recht überfüllt von nichts als Tönen, daß es mir eben nicht möglich ist, etwas niederzuschreiben....".* Er richtete an ihn die Bitte, sich seiner künstlerisch anzunehmen und ihm Vertrauen zu schenken: *„...Ich bleibe bei der Kunst, ich will bei ihr bleiben, ich kann es und muß es. Ich nehme ohne Thränen von einer Wissenschaft Abschied, die ich nicht lieben, kaum achten kann; ich blicke aber auch nicht ohne Furcht auf die lange Bahn hinaus, die zum Ziele führt, das ich mir fest vorgesteckt habe. Glauben Sie mir, ich bin bescheiden, habe auch viel Ursache es zu sein; aber ich bin auch muthig, geduldig, vertrauensvoll und bildsam. Ich vertraue Ihnen ganz, ich gebe mich Ihnen ganz; nehmen Sie mich, wie ich bin und habe sie vor allen Dingen Geduld mit mir...".*
Zeitgleich hatte sich Robert Schumann am 21. August 1830 auch an seinen Vormund Rudel gewandt und ihm seine Pläne mitgeteilt. Er bat ihn um Verständnis und bekräftigte, dass er zunächst sechs Monate lang bei Wieck lernen wolle und sein

Urteil abwarten möge: „*.....Wenn er spricht, daß ich in drei Jahren nach diesen sechs Monaten das höchste Ziel der Kunst erlangen kann, nun so lassen Sie mich in Frieden ziehen, dann gehe ich gewiß nicht unter*" - hegt *Wieck aber nur den geringsten Zweifel..., nun so ist ja in der Jurisprudenz noch nichts verloren und ich bin gern bereit, dann mein Examen binnen einem Jahr zu machen....Innigst verehrter Herr Rudel! Sie sehen nothwendig hieraus, daß ich auf jeden Fall sobald als möglich aus Heidelberg fort muß, da mir der Aufenthalt hier nur noch schaden kann....*".

Im selben Atemzug bat Schumann angesichts der bevorstehenden Reise mit seinem Freund Röller nach Straßburg um einen zusätzlichen Wechsel über 150 bis 180 Taler. Nachdem er keine Antwort erhalten hatte, meldete er sich erneut bei Rudel, der schließlich das Geld bewilligte, jedoch gegen die beabsichtigte Künstlerlaufbahn weiterhin Bedenken erhob.

Inzwischen hatte Wieck Frau Schumann geantwortet, er sei zuversichtlich, dass Robert Schumann „*bei seinem Talent und seiner Phantasie binnen drei Jahren*" zu einem „*der größten jetzt lebenden Klavierspieler...ausgebildet*" werden könnte, der „*...geistreicher und wärmer wie Moscheles und großartiger als Hummel spielen...*" werde, allerdings unter der Bedingung, dass Schumann „*...seine zügellose Phantasie, verbunden mit zuviel schwankendem Sinne*" bezwingen und ein Jahr täglich eine Stunde Unterricht nehmen müsse. Wieck äußerte sich auch offen über die frühere Unzuverlässigkeit seines Schülers und empfahl zunächst eine halbjährige Probezeit.

Christiane Schumann holte auch den Rat von Professor Carus und die Meinung ihrer anderen Söhne ein und stellte daraufhin Robert die Entscheidung über sein weiteres Studium frei. Dieser fühlte sich nach ihrer Antwort erleichtert, wenngleich nicht frei von Schuldgefühlen; er antwortete am 15. November 1830: „*......Du schreibst: Nach meinem Brief, der Dir meinen alten Entschluß gemeldet hätte, wäre dir das Beten unmöglich gewesen. Ist das* *wahr und möglich? Du wirst so wenig Freude an mir erleben; aber bei Gott! blieb' ich beim Jus, ich erschösse mich als Accessist aus Langeweile...".*

Von jetzt an richtete Schumann sein berufliches Engagement gänzlich – und sozusagen mit offiziellem Plazet – der Musik, wenn auch auf unterschiedlichen Tätigkeitsfeldern. Seine Ausbildung zum Klaviervirtuosen gab er zwar aufgrund seiner beeinträchtigten Fingermotorik unfreiwillig 1832 zugunsten der Kompositions- und Redakteurstätigkeit auf, das Klavier blieb jedoch weiterhin sein hauptsächliches, ja einziges Musikinstrument, dessen er sich souverän zu bedienen wusste. Umso mehr widmete er sich wieder dem Komponieren, wobei sich seine Aufmerksamkeit nach den Liedern, der Kammermusik und den Sinfonien auf die anspruchsvolleren Darstellungsformen des Oratoriums und Oper ausweitete.

Im Oktober 1830 von Heidelberg nach Leipzig zurückgekehrt, nahm Schumann seinen Unterricht bei Friedrich Wieck wieder auf. Er wohnte dort als Pensionsgast zur Untermiete und freundete sich mit den kleinen Söhnen Alwin und Gustav und aus Wiecks erster Ehe an, alberte mit ihnen herum und musizierte mit ihnen. Vormittags komponierte oder schrieb er, bis sein Freund von der Lühe, der nach Beendigung seiner Offizierslaufbahn 1828 von Zwickau nach Leipzig gekommen war, ihn regelmäßig um elf Uhr zum Mittagessen abholte. Danach las er und unternahm einen Spaziergang. Abends improvisierte er bis zum Essen zwei Stunden am Klavier. Mit Willibald von der Lühe, bei dem er im März 1833 vorübergehend wohnte, gab er *„Die Tonwelt"* heraus, in der die Musik über alles gefeiert wurde, sozusagen als Sphäre des Überirdischen, als *„Erdenhauch vom Jenseits".*

Der damals 55-jährige Friedrich Wieck war ein weit über die Grenzen Leipzigs hinaus bekannter und erfolgreicher Klavierpädagoge, allerdings pedantisch und streng in seinen Vorstellungen. Er war an Bach und Beethoven orientiert – letzteren hatte er noch persönlich kennen gelernt. Wieck legte sowohl Wert auf eine handwerkliche Perfektion wie auch auf eine strikte Beachtung fester methodischer Grundregeln. Da ihm Charakterstärke und Ernsthaftigkeit wichtig waren, kritisierte er Schumanns Hang zur Sprunghaftigkeit und Eigenwilligkeit; es kam zwischen beiden bald zu Spannungen. Auch Schumann, der täglich mehr und mehr Stunden am Klavier Bach, Beethoven, Schubert, Czerny, Herz, Moscheles und Chopin übte, war unzufrieden, weil er von Wieck genötigt wurde, sich mit der Musik des damals gefeierten Komponisten Friedrich Wilhelm Kalkbrenner und anderer Komponisten zu befassen, die er wegen vermeintlicher künstlerischer Rückständigkeit nicht ausstehen konnte: „......*Phantasie, wo bist du, Gedanken, wo seid ihr, möchte ich auf jeder Seite ausrufen. Keine Antwort. Fast nichts als trockene Formeln, Anfänge, Überbleibsel; das Bild einer alt und kokett gewordenen Schönen"*....warf er ihnen vor.

Im Dezember 1830 dachte er daher daran, zum Komponisten und Pianisten Johann Nepomuk Hummel, einem Schüler Mozarts und Haydns, nach Weimar zu wechseln, worüber wiederum der von sich überzeugte Wieck gekränkt war.
Schon in Heidelberg hatte sich Schumann für die Fis-Moll-Sonate von Hummel begeistert und von ihm als dem „...*genialsten eines ungeheuren, ringenden, resignierten Geistes"* geschwärmt. Im August 1831 bat er Hummel brieflich, sein Schüler werden zu dürfen; Hummel war auf das „*rege Talent"* bereits aufmerksam geworden. Kurz zuvor hatte Schumann seiner Mutter mitgeteilt:„.....*Ich kann nur vier Ziele haben: Kapellmeister, Musiklehrer, Virtuos und Komponist. Bei Hummel ist z. B. alles vereint. Bei mir wird's wohl bei den beiden letzten sich bewenden. Wenn ich nur einmal*

Alles in Etwas bin, und nicht, wie ich`s leider immer that, Etwas in Allem.....".

Im Sommer 1831 brach Schumann schließlich ganz den Klavierunterricht bei Wieck ab. Er warf ihm Arroganz, Unaufrichtigkeit, Jähzorn, tyrannische Härte und auch Scharlatanerie vor; wegen seines Geizes nannte er ihn „Meister Allesgeld". Da Wieck auch Schumanns mangelhafte Ausbildung in Musiktheorie bemängelt hatte, nahm dieser schließlich von Juli 1831 bis Ostern 1832 Unterricht bei dem nur sechs Jahre älteren Heinrich Ludwig Dorn, Musikdirektor und Dirigent am Leipziger Hoftheater. Dorn stammte aus Königsberg, wo er Jura studiert hatte. Anschließend hatte er jedoch in Berlin eine musikalische Ausbildung absolviert. In seinem Tagebuch notierte Schumann am 13. Juli 1831: *„Auch fing ich gestern beim Musikdirektor mit dem edlen Generalbaß an! Er hatte sich vorbereitet und schien ängstlich, war aber sonst liebenswürdig....".* Auch der gewissenhafte Lehrer Dorn übte Kritik an Schumann; seine Probearbeit, einen vierstimmiger Choral, bezeichnete er als ein *„Muster regelwidriger Stimmenführung".* Schumann war verärgert: *„...Es geht und geht nicht.....Mit Dorn werd` ich nie zusammenkommen, er hat kein Gefühl und obendrein den Ostpreußenton"* beklagte er sich.

Dessen ungeachtet spielte Schumann in den Jahren 1831 und 1832 – Ignaz Moscheles als Vorbild – mit großer Ausdauer, trotz Zunahme seiner Handbeschwerden, und ermahnte sich: *„...Hebe die Finger leise, halte die Hand ruhig u. spiele langsam: und Alles muß wieder in`s Gleis kommen....".*

Im Oktober 1832 begann Schumann mit der Arbeit an der *Symphonie g-moll,* deren erster Satz am 18. November bei einem Konzert in Zwickau aufgeführt wurde, auf dem auch Clara Wieck auftrat. Clara, Schumanns spätere Verlobte und Ehefrau, war auf dem Weg zu einer berühmten Pianistin, während Schumann gerade im Begriff war, dieses Ziel wegen seiner Hand-

91

probleme aufzugeben. Während des Sommers hatte er op. 3, die *Studien für das Pianoforte nach Capricen von Paganini* , und op. 4, die *sechs Intermezzi für das Pianoforte geschrieben.* Waren bereits die *Papillons* Ausdruck der von Schumann vertretenen, neuartigen lyrischen Klaviermusik, aber auch Ausdruck einer gewissen Unstetigkeit und Rastlosigkeit, so waren die *Intermezzi* noch mehr gekennzeichnet durch Dynamik, ja atemlose Heftigkeit. Zu ihnen vermerkte er am 22. Juni 1832 im Tagebuch: *„Ein pudelnärrisch Intermezzo verfolgt mich Tag und Nacht...",* und am 4. Juli: *„...... das pudelnärrische Intermezzo ist im Grunde ein Schrei aus tiefstem Herzen....".*
In der Folgezeit erweiterte Schumann die *g-Moll-Sinfonie um einen zweiten Satz;* das in Angriff genommene Fugen-Finale blieb jedoch unvollständig. Die beiden ersten Sätze wurden am 29. April 1833 im Leipziger Gewandhaus aufgeführt.

Über das musikalische Schaffen vernachlässigte Schumann keineswegs seine literarischen Ambitionen. Im Gegenteil gelang es ihm, beide Berufungen in idealer Weise miteinander zu verbinden. Als Musikschriftsteller gab Schumann in der von Gottfried Wilhelm Fink seit 1827 redigierten Berliner „Allgemeinen Musikalischen Zeitung" sein Debut. Am 7. Dezember 1831 erschien unter dem Namen „K. Schumann" eine Besprechung über Frédéric Chopins Variationen zu Mozarts „Reich' mir die Hand mein Leben" aus dessen Oper „Don Giovanni ", von Chopin mit siebzehn Jahren komponiert. In diesem Essay lässt Schumann in Jean Paul´scher Manier das Musikstück von den Phantasiefiguren Eusebius, Florestan und Meister Raro im Trialog begutachten, wobei ersterer die Komposition mit den Worten: *„Hut ab, ihr Herrn, ein Genie"* präsentiert.
Die Aliasnamen entsprangen Schumanns konspirativen Neigungen, die zur Idee der Gründung einer Art geheimer Bruderschaft namens „Davidsbündler", führten, vergleichbar der

„Unsichtbaren Loge" bei Jean Paul – so jedenfalls sind Schumanns Ausführungen in den „Gesammelten Schriften über Musik und Musiker" zu verstehen: *„...Und hier sei noch eines Bundes erwähnt, der mehr ein geheimer war, nämlich nur in dem Kopf seines Stifters existirte, die Davidsbündler. Es schien, verschiedene Ansichten der Kunstanschauung zur Sprache zu bringen.....gegensätzliche Künstlercharactere zu erfinden, von denen Florestan und Eusebius die bedeutendsten waren, zwischen denen vermittelnd Meister Raro stand. Diese Davidsbündlerschaft zog sich wie ein rother Faden durch die Zeitschrift, 'Wahrheit und Dichtung´ in humoristischer Weise verbindend "*. Schumann bezog laut Tagebuchnotiz von Juni 1831 von vornherein – ohne deren Wissen – gleichgesinnte Freunde und gute Bekannte ein: *„Von heute an will ich meinen Freunden schönere passendere Namen geben. Ich tauf' Euch daher folgendermaßen: Wieck zum Meister Raro – Clara zu Cilia – Christel zu Charitas – Lühe zum Rentenmeister Juvenal – Dorn zum Musikdirektor – Semmel zum Justitiar Abrecher – Glock zur medizinischen alten Muse – Renz zum Studiosus Varinas – Rascher zum Student Fust – Probst zum alten Maestro – Flechsig zum Jüngling Echomein .....Tretet denn näher und betragt Euch schön romantisch".*

1833 nahm diese originelle Idee einer Vereinigung, die Schumann zur Komposition der 1837 fertig gestellten *Davidsbündlertänze* (op. 6) inspirierte, festere Gestalt an. Die fiktiven Bundesbrüder verstanden sich als reformerische, ja revolutionäre Gegenbewegung gegen die musikalischen Philister, die teils mit beißender Kritik überzogen wurden, wie beispielsweise der Komponist Giacomo Meyerbeer. Schumanns sensibles, manchmal schmerzhaftes Gespür für die angestaubte Behaglichkeit und erstarrten Verformungen der vorrevolutionären Biedermeierzeit war eine der Haupttriebfedern seines Aufbruchs in eine musikalische Welt, in der er Schubert, Mendelssohn, Chopin, Liszt und Berlioz als Gleichgesinnten begegnete. Er verglich seine Mission – Kampf für eine neue, aus virtuosen

Ritualen befreite Musik – mit dem Auftreten des biblischen, kleinen und tapferen Davids aus dem Alten Testament gegen die scheinbar übermächtigen Philister.

Zu den „Davidsbündlern" zählte Schumann auch die Begründer und Mitarbeiter der „Neuen Zeitschrift für Musik". Seinem Lehrer Heinrich Dorn, den er ebenfalls zum Mitglied ernannt hatte, erklärte er: *„Der Davidsbund ist nur ein geistiger romantischer, wie sie längst bemerkt haben. Mozart war ein ebenso großer Bündler, als jetzt Berlioz (!) ist, Sie sind es, ohne gerade durch Diplom dazu ernannt zu sein...."* . An Zuccalmaglio schrieb er: *„...Unter Davidsbund stellen Sie sich nur eine geistige Brüderschaft vor, die sich indeß auch äußerlich weit verzweigt und, hoffe ich, manche goldene Frucht tragen soll. Das Geheimnißvolle der Sache hat übrigens für Manche einen besonderen Reiz und überdies wie für alles Verhüllte eine besondere Kraft".* Sozusagen als Musen einbezogen wurden Schumanns zeitweilige Verlobte Ernestine von Fricken („Estrella") und die Freundin und Förderin Henriette Voigt („Livia"). Der Kreis traf sich regelmäßig zu gemeinsamen Musikabenden im Hause Voigt und im Leipziger Stammlokal „Zum arabischen Coffee-Baum".

Sich selbst sah Schumann – in Anlehnung an die Zwillingsbrüder „Vult" und „Walt" bei Jean Paul – mal als „Eusebius", mal als „Florestan". Eusebius glich Walt, dem verträumten und weltfremden Prophet und Schwärmer; Florestan verkörperte den kämpferischen Vult, den Draufgänger und avantgardistischen Kämpfer für das Neue. In seinen Essays und Betrachtungen ließ er sich von diesen beiden Figuren gern vertreten, teilweise im Rahmen eines Dialoges oder gemeinsamen Gespräches über ein Thema, explizit in der Ausgabe Nr. 19 seiner Musikzeitschrift unter der Überschrift „Die Davidsbündler".

1839 spielte Schumann mit dem Gedanken, den lose und nur in der Vorstellung existierenden Davidsbund zu einem wirklichen Verein zusammenzuschließen; er verfasste sogar eine Art Gründungsurkunde, obgleich die mehr oder weniger verschworene Gemeinschaft mehr in seinen Vorstellungen als tatsächlich existierte. Von dieser Idee nahm er jedoch wieder unter dem Eingeständnis Abstand, sich selbst nie für irgendeine feste Vereinigung begeistert zu haben. Wichtiger sei das geistige Band, das alle zusammenhalte.

Interessant erscheint in diesem Zusammenhang, dass Schumann auch eine Art Gewerkschaft der Komponisten, eine Berufsvertretung gegenüber den Verlegern gründen wollte, und 1847 anlässlich der ersten Versammlung deutscher Tonkünstler und Musikfreunde in Leipzig hierzu Vorschläge unterbreitete. So sollten klassische Werke gegen eine moderne Überarbeitung geschützt werden, verdorbene Stellen in klassischen Werken sollten ebenso ausgemerzt werden wie fremdsprachige Titel- und Vortragsbezeichnungen. Auch dieses Anliegen verlief offenbar im Sande.

Im Juni 1832 stellte sich endgültig heraus, dass die Beweglichkeit des rechten Mittelfingers trotz intensiver Behandlungen eingeschränkt blieb. Diese Behinderung bedeutete einerseits das unwiderrufliche Ende der Virtuosenlaufbahn, beflügelte Schumann aber andererseits, sich anderen schöpferischen Bereichen der Musik zuzuwenden, d.h. neben dem Komponieren der Musikliteratur.

Im März 1833 nahm sein Plan, eine Zeitschrift als Sprachrohr für Musikschaffende und Musikinteressierte zu gründen, festere Gestalt an. Nach intensiven Vorbereitungen erschien am 3. April 1834 die erste Nummer der Wochenschrift „Neue Leipziger Zeitschrift für Musik", später umbenannt in „Neue Zeitschrift für Musik". Sie war als Konkurrenzblatt zur „Allgemeinen Musikalischen Zeitung", dem damals größten Musik-

journal gedacht, das bei Breitkopf & Härtel in Leipzig heraus-
kam und vom bereits erwähnten Musikschriftsteller und ge-
lernten Theologen Fink redigiert wurde. Als Mitherausgeber
hatte Schumann außer Friedrich Wieck den 33-jährigen Dichter und Schriftsteller Ernst August Ortlepp und den 30-jäh-
rigen Ferdinand Stegmayer, Kapellmeister an der Leipziger
Oper, gewonnen; Chefredakteur wurde der Pianist und Klavierlehrer Julius Knorr. Der Berliner Liederkomponist Carl
Banck beförderte das Unternehmen durch zahlreiche Beiträge
und rege Mitarbeit in der Redaktion; außerdem warb er weitere
Kolumnisten und Abonnenten an.

(Abb. 3: „Neue Zeitschrift für Musik")

Die hauptsächliche Arbeit der Organisation und Herausgabe
lag bei Schumann, da die Mitbegründer – Friedrich Wieck,
der Komponist und Pianist Ludwig Schuncke und Julius Knorr

– sich weit weniger engagierten. Wieck war *„fortwährend auf Reisen, Knorr krank, Schunke versteht nicht so recht, mit der Feder umzugehen...."* konstatierte Schumann resigniert; Stegmayer erwies sich als unzuverlässig. Daneben musste Schumann sich auch um den geschäftlichen Bereich kümmern; er brachte einen Teil seines väterlichen Vermögens ein, um die Zeitschrift über anfängliche Durststrecken zu geleiten. An den Komponisten und Musiklehrer Carl Ferdinand Becker in Leipzig schrieb er 1837: *„.....Bedenken Sie, daß ich selbst alle mal anderthalb Jahre warten muß, ehe ich einen Heller von Barth bezahlt bekomme und deshalb Nachsicht von Freundschaft für mich erwarte...".*

In den erst 1853 fertig gestellten und ein Jahr später von Schumann herausgegebenen „Gesammelten Schriften über Musik und Musiker" schrieb er später über die Entstehungshintergründe der Zeitschrift: *„.....Zu Ende des Jahres 1833 fand sich in Leipzig, allabendlich und wie zufällig, eine Anzahl meist jüngerer Musiker zusammen, zunächst zu geselliger Versammlung, nicht minder aber auch zum Austausch der Gedanken über die Musik.... Da fuhr denn eines Tages der Gedanke durch die jungen Brauseköpfe: Laßt uns nicht müßig zusehen, greift an, daß es besser werde, daß die Poesie der Kunst wieder zu Ehren komme. So entstanden die ersten Blätter einer neuen Zeitschrift für Musik".*

Schumann verband damit die Hoffnung, eine *„.....höhere Epoche einer allgemeinen musikalischen Bildung herbeizuführen... und....eine neue poetische Zeit"* vorzubereiten. Als Wegbereiter dieser Reformbewegung sah er Frédéric Chopin und Hector Berlioz, vor allem jedoch Felix Mendelssohn Bartholdy, den Schumann voller Bewunderung *„.....Mozart des 19ten Jahrhunderts....nannte, den....hellsten Musiker, der die Widersprüche der Zeit am klarsten durchschaut und zuerst versöhnt".* Die größten unter den Meistern der Musik – von Schumann immer wieder ausgesprochen – aber waren und blieben ihm zweifellos Händel und Bach, Beethoven und Schubert.

Da sich als Verleger für die Zeitschrift Schumanns Bruder Carl sowie die Buchverlage Hofmeister und Härtel nicht erwärmen konnten, erschien sie anfangs im Verlag C.H.F. Hartmann. Ab Anfang 1835 kam sie zweimal wöchentlich bei Johann Ambrosius Barth heraus, nun unter dem kürzeren Namen „Neue Zeitschrift für Musik". Von 1837 an wurde sie sodann vom Buchhändler August Robert Friese verlegt.

Aufgrund der originellen Beiträge stieß das Fachblatt, das sich für eine neue, moderne Musik engagierte, und Komponisten und Musikern wie Chopin, Bennett, Berlioz, Burgmüller, Franz, Gade, Heller, Hiller, Liszt, Mendelssohn und Verhulst besondere Aufmerksamkeit widmete, auf große Resonanz. Vier Monate nach Erscheinen teilte Schumann seinem Freund Theodor Töpken mit: *„Prag allein zieht mit 50, Dresden mit 30, Hamburg mit 20 Exemplaren davon"*, und bereits im März 1835 hatte das Journal im In- und Ausland über 450, zwei Jahre später 500 Abonnenten, so dass dessen Herausgabe auch zu einem erträglichen kaufmännischen Unternehmen wurde.

Schumann, der die Zeitschrift mit großem Engagement und Fleiß zehn Jahre lang herausgab, gewann als korrespondierende Mitarbeiter u.a. seinen früheren Lehrer Dorn, den Haydn-Schüler Ignaz von Seyfried, den Komponisten und Volksliedsammler Anton von Zuccalmaglio, der unter dem Pseudonymen Wilhelm v. Waldbrühl bzw. Gottschalk Wedel Beiträge verfasste, ferner den Musikprofessor August Kahlert, den Musiker George Hogart, Schwiegervater von Charles Dickens, den Komponisten und Gesangslehrer Joseph Mainzer, und Walther von Goethe, den mit ihm befreundeten Enkel des großen Dichters. Ignaz Moscheles, der Pianist Louis Rakemann, der Komponist Johann Peter Lyser und der Musikprofessor Joseph Fischhof lieferten ebenfalls Beiträge. Sogar

Töpken, der inzwischen Schiffsmakler in Bremen geworden war, sollte von dort aus der Musikszene berichten.

Schumann selbst kommentierte in der Zeitschrift auch Clara Wiecks Musik, beispielsweise ihre Komposition „Romantische Walzer für Klavier" von 1835, wie folgt: „....*Also von einer Dame?....Ei, ei, da werden wir die Quinten und Melodie nicht zu weit zu suchen brauchen. Zilia hielt vier leise Mondschein-Akkorde aus. Alle horchten aufmerksam....Wie nun Zilia nach dem Baßton haschte, dröhnte sie ihn zu heftig und hielt inne, weil der Finger blutete...".* Zu den 1836 fertig gestellten „Musikalischen Soirees" schrieb er u. a. am 12. September 1837: „....*Was sprechen sie aus, wen gehen sie an, und sind sie ein Resultat, der Arbeit eines Meisters zu vergleichen? Sie erzählen uns denn viel von Musik, und wie diese die Schwärmerei der Poesie hinter sich lässt und wie man glücklich im Schmerz sein könne und traurig im Glück - und sie gehören denen, die auch ohne Klavier selig sein können in Musik, denen das sehnsüchtige innere Singen das Herz sprengen möchte, allen, die in die geheimnisvolle Ordenssprache einer seltenen Künstlergattung schon eingeweiht sind....".*

Schumanns Vorhaben, die Musikzeitschrift auch in Wien zu etablieren, war nicht von Erfolg gekrönt, obgleich er sich – wie bereits oben geschildert – dieserhalb von Oktober 1838 bis April 1939 dort aufhielt und durchaus die dortige künstlerische Atmosphäre genießen konnte. Schumann scheiterte letztendlich an der Wiener Zensurbehörde, die einen österreichischen Verleger an der Spitze der Zeitung forderte; vermutlich waren auch Intrigen im Spiel. Schumann wurde wegen seiner ablehnenden Haltung – so die in Leipzig eingeholte Auskunft – gegenüber dem damals prominenten Berliner Komponisten und Dirigenten Giacomo Meyerbeer als unfähiger Kritiker bezeichnet, ja sogar als dilettantischer Klavierspieler und unbedeutender Komponist diskreditiert. Auch im Jahr 1841 gehegte Pläne einer Fusion mit der „Wiener Allgemeinen Musikzeitung" scheiterten, so dass Schumann bereits damals der Gedanke kam, die Musikzeitschrift in andere Hände zu geben: „*.....Könnte ich erst die Zeitung ganz wegwerfen, ganz der Musik leben als Künstler, nicht mit so vielem Kleinlichen zu schaffen haben, was eine Redaktion ja mit sich bringen muß...*".

Das Management der Zeitungsherausgabe bedeutete eine e-norme Arbeitsbelastung für Schumann, dem es zu jener Zeit zudem gesundheitlich schlecht ging. Er hatte Tausende von Briefen zu beantworten, musste sich unter Gelehrten, Künstler und Journalisten in ganz Europa um Korrespondenten be-mühen und lieferte selbst viele Beiträge, auch Besprechungen von Musikbüchern und -aufsätzen. So übernahm Oswald Lo-renz, Organist an der Leipziger Johanniskirche, 1844 die Re-daktion der Zeitschrift, dann bis zu seinem Tod 1866 Franz Brendel, Lehrer am Leipziger Konservatorium. Schumann blieb freier Mitarbeiter: „*....Schreib' ich einmal, so thue ich es nur, weil ich etwas Gutes zu bewirken glaube, und dann mit meines Namens Unterschrift*".

Während des Winters 1834/35 entstand – zeitgleich mit den zwölfteiligen *Sinfonischen Etüden* (op. 13) - der Zyklus *Carnaval* (op. 9). Achtzehn Episoden spiegeln hier Schumanns große musikalische Phantasie wieder, geschrieben aus jugendlicher Liebesleidenschaft zu Ernestine von Fricken, gewidmet jedoch dem polnischen Geiger und Komponisten Carol Lipinski, damals Kapellmeister in Lemberg.
Neben den rätselhaften Symbolgestalten Eusebius und Flore-stan tauchen im Karnevaltreiben auch die Davidsbündle-rinnen Chiarina (Clara) und Estrella (Ernestine) auf; den Ab-schluss bildet der „Marsch der Davidsbündler gegen die Phi-lister". Clara führte das Werk 1837 in Wien vor Franz Liszt auf, der es aus seiner Kenntnis als: „*...eines der grössten Werke be-zeichnete*". Die *Klaviersonate fis-Moll* (op. 11) wurde hingegen Clara Wieck zugeeignet, die folgende *in f-Moll* (op. 14)

Henriette Voigt. In nur einer Woche schuf er im Juli 1837 die *Phantasiestücke für Klavier* (op. 12), inspiriert von der Begegnung mit der 18-jährigen englischen Pianistin Robena Laidlaw, die Ende Juni nach Leipzig gekommen war und Schumanns Interesse erweckt hatte.

Die als op. 6 unter den Decknamen „Florestan und Eusebius" veröffentlichten *Davidsbündlertänze* wurden von Ende August bis Ende September geschrieben. Schumann bezeichnete die 18 Stücke Clara gegenüber nicht ohne Hintergedanken als „*Polterabend"*; sie spiegeln seine Hoffnungen und Befürchtungen in bezug auf eine Verbindung mit ihr wider: „*...In den Tänzen sind viele Hochzeitsgedanken – sie sind in der schönsten Erregung entstanden, wie ich mich nur je besinnen kann".* Das Walther von Goethe gewidmete Werk trägt den Leitspruch: „In all´ und jeder Zeit verknüpft sich Lust und Leid: Bleibt fromm in Lust und seyd dem Leid mit Muth bereit" und verweist somit unübersehbar auf die persönliche Situation des einfallsreichen Komponisten. Da er hierfür zunächst keinen Verleger fand, ließ er sie auf eigene Kosten drucken; erst 1838 erschienen sie unter seinem wirklichen Namen.

Schon seit längerem hatte Schumann das Desinteresse der Verleger an seinen Werken zu spüren bekommen. Seine Kompositionen wurden kaum gespielt; 1839 beklagte er sich bei seinem Lehrer Dorn, dass er weitgehend ignoriert werde. 1840 schrieb er an Franz Liszt, dass seine Kompositionen wohl „*....nicht nach dem Geschmack des Publikums"* seien. Schumann hatte ihn im März 1840 anlässlich eines Konzertes in Leipzig getroffen, wo jener u.a. ohne größere Publikumsresonanz mehrere Stücke aus dem *Carnaval* vorgetragen hatte. Schumann war von Lizsts Spielen fasziniert; er empfand es als „*....kühn und toll, und wieder zart und duftig...."*, und veröffentlichte zwei lobende Kommentare über dessen Auftritte in Dresden und Leipzig in seiner Musikzeitschrift.

Am 6. Februar 1838 teilte er Clara zur Entstehung der *Noveletten für Klavier* (op. 21) mit: „*....Wie glüklich war ich in vorigen Tagen, so jung, so leicht, als sollten mir Flügel aus den Schultern rollen.... Da habe ich denn auch so entsetzlich viel componirt in den letzten drei Wochen - spaßhaftes, Egmontgeschichten, Familienszene mit Vätern, eine Hochzeit, kurz äußerst liebenswürdiges - und das ganze Novelletten genannt, weil du Clara heißt und ‚Wiecketten' nicht genug klingt....*". Am 20. März waren sie „*bis auf weniges*" zum Druck fertig. Der Name bezog sich auf Clara Novello, eine englische Sopranistin, die damals auf Europatournee war: „*....Seit Jahren hat mir nichts so wohlgetan als diese Stimme...*" war Schumanns Empfinden angesichts ihrer Gesangsdarbietungen in Leipzig.

Ebenfalls Anfang 1838 entstanden die zwölfteiligen *Kinderszenen* (op. 15) und im April die acht Sätze der *Kreisleriana* (op. 16). Zu letzteren hielt er im Tagebuch fest: „*Drei wundervolle Frühlingstage, in Erwartung auf einen Brief zugebracht – und dann die Kreisleriana gemacht in vier Tagen – ganz neue Welten tun sich mir auf*". Schumann widmete sie Frédéric Chopin, mit dem er seit dessen Besuch im September 1836 in Leipzig freundschaftlich verbunden war. Als literarische Vorlage der Sammlung diente die genialisch-überdrehte Figur des Kapellmeisters Kreisler, die der Musiker und Schriftsteller E. T. A. Hoffmann geschaffen hatte. Clara erklärte er: „*....Aber, Clara, diese Musik jetzt in mir und welche schönen Melodien immer - denke, seit meinem letzten Brief habe ich wieder ein ganzes Heft neuer Dinge fertig. Kreisleriana will ich es nennen, in denen Du und ein Gedanke von Dir die Hauptrolle spielen....*".

In den *Kreisleriana* stellte auch Schumann einen Teil seiner eigenen, zwischen Leidenschaft und Überschwang hin- und her gerissenen Seele dar. Ebenso wie in der *Phantasie für das Pianoforte* (op. 17) von 1836 handelte es sich um eine sehr bewegte, auch abrupt wechselnde Musik zwischen den Polen heftiger, hämmernden Rhythmen und ruhiger, melodischer Intervalle.

Zu den wenige Monate zuvor komponierten *Kinderszenen* schrieb Schumann am 17. März 1838 an Clara: „....*Einiges kleine hübsch komponiert. Bis Sonntagabend am 17. Kinderszenen componirt.... War es wie ein Nachklang von Deinen Worten einmal, wo Du mir schriebst, ich käme Dir auch manchmal wie ein Kind vor - kurz, es war mir ordentlich wie im Flügelkleide und hab' da an die 30 kleine putzige Dinge geschrieben, von denen ich ihrer zwölf ausgelesen und 'Kinderscenen' genannt habe.´...*". Clara war begeistert über die „*heiteren, weichen, melodischen Bagatellen....Mein Entzücken steigert sich mit jedem Male, da ich sie spiele*" antwortete sie eine Woche später.

Im Jahr 1839 endete Schumanns „Klavierperiode"; die letzten Werke dieser Art waren – teilweise erst während des Wienaufenthaltes geschrieben – *Humoreske* (op. 20), *Faschingsschwank aus Wien* (op. 26), *Arabeske* (op. 18), *Blumenstück* (op. 19), *Drei Romanzen* (op. 28) als Zeichen der Verbundenheit mit dem englischen Komponisten William Sterndale Benett, und die Sammlung *Scherzo, Gigue, Romanze und Fughette* (op. 32). Die in Anlehnung an E.T.A. Hoffmann so bezeichneten *Nachtstücke* (op. 23) wurden wenige Wochen vor dem Tod des schwer kranken Bruders Eduard am 6. April 1839 komponiert; sie sollten ursprünglich „Leichenphantasie" heißen, denn der ahnungsvoll-beklommene Schumann sah „...*bei der Composition immer Leichenzüge, Särge, unglückliche, verzweifelte Menschen....*". Insgesamt waren bis dahin op.1 bis op. 23 als Klavierstücke entstanden.

Schumanns weitere Schaffensperioden, begleitet von einander unregelmäßig abwechselnden Phasen lähmender Erschöpftheit und fast manischem Tätigkeitsdrang, lassen sich schwerpunktmäßig in folgende Abschnitte gliedern: Kompositionen von Vokalmusik, Sinfonien, Kammermusik und Chorwerke während der Leipziger Zeit bis 1844, in Dresden Chorarbeit und Kompositionen von Klavierstücken, Märschen und Kammermusik, ab 1850 in Düsseldorf Ouvertüren, Streichkonzerte und geistliche Musik.

Im Jahr 1840 widmete sich Schumann weitgehend der Vertonung von Gedichten. In diesem „Liederjahr" schuf er in dichter Folge – Schumann arbeitete in hohem Tempo – insgesamt 138 Kompositionen von Sologesängen, denen hauptsächlich Gedichte von Heinrich Heine (op. 24 , 48 u. 57), Joseph von Eichendorff (op. 39), Emanuel Geibel (op. 29 u. 30), Justinus Kerner (op. 35), Robert Reinick (op. 36), Friedrich Rückert (op. 37) und Adelbert von Chamisso (op. 31 u. 42) zugrunde lagen. An Clara schrieb er am 24. Februar: „.....*Ich componire augenblicklich viel.... Es sind kleine Clavierstücke, ...hier schicke ich Dir ein kleines Liedchen zum Trost; sing' Dir es leise, einfach, wie Du bist. Bald schicke ich Dir mehr. Die vorigen Tage habe ich einen großen Cyklus (zusammenhängend) Heine'sche Lieder ganz fertig gemacht. Außerdem eine Ballade 'Belsazar', ein Heft aus dem West-Oestlichen Divan von Goethe; ein Heft von Burns.....Wie mir dies Alles leicht geworden, kann ich Dir nicht sagen, u. wie ich glüklich dabei war. Meistens mach` ich sie gehend oder stehend, nicht am Clavier.....*". Zur Hochzeit am 12. September schenkte er seiner Braut einen Liederstrauß unter dem Titel *Myrthen* (op. 25). Es handelte sich um zu einem Prachtband gebundene Vertonungen von 26 lyrischen Texten acht verschiedener Dichter, in erster Linie vom schottischen Lyriker Robert Burns und von Friedrich Rückert. Liszt sprach davon, dass Schumann „...*bezüglich der Wahl seiner Gedichte noch wählerischer als selbst Schubert sein mußte....*".

Werke für Solostimmen, Lieder, Duette, Trios und Quartette, Romanzen und Balladen entstanden aber auch in späteren Jahren, beispielsweise die *Lieder Mignons, des Harfners und Philinens* und *Requiem für Mignon* aus „Wilhelm Meister" von Goethe (op. 98 a und b) in den Jahren 1841 und 1849, *Minnespiel* (op. 101) im Jahr 1849, *Der Handschuh* nach Schiller (op. 87) im Jahr 1850, *Mädchenlieder* im Jahr 1851, *Schön Hedwig* (op. 106) und die *Ballade vom Haideknaben* (op. 122) nach

Hebbel in den Jahren 1849 bzw. 1853, und *Die Flüchtlinge* nach Shelley im Jahr 1852.

Lieder und folgende Chorwerke Schumanns zeigen besonders deutlich, dass er auch hier seine Idee, Sprache und Musik, Dichtkunst und Tonkunst miteinander in Einklang zu bringen, nicht aufgegeben hatte; einerseits wollte er letzterer eine festere Struktur geben, andererseits erstere poetischer gestalten. Da er zuvor jahrelang ganz überwiegend Klaviermusik komponiert hatte – noch 1839 hatte er sich über die *„Gesangscompositionen"* eher abschätzig geäußert – muss diese Entwicklung wohl als Ausdruck einer gereifteren Auffassung von Musikästhetik verstanden werden: *„.....Ach Clara, was das für eine Seligkeit ist für Gesang zu schreiben; die hatte ich lange entbehrt...."* teilte er im Februar 1840 seiner Braut mit. Vermutlich hatte er im Innersten seine innige Liebe zu Prosa und Lyrik, die ihn von Kindheit an begleitete, nie verloren; sein Leben lang blieb ihm die Literatur des deutschen Idealismus, wie sie etwa bei den Weimarer Klassikern und den Frühromantikern zu finden war, der geheimnisvolle Weiher, der aus den nie versiegenden Quellen antiker Ästhetik und den unergründlichen Zuflüssen einer poetisch-träumerischer Bilderwelt gespeist wurde.

Im „sinfonischen Jahr" 1841 entwarf Schumann Ende Januar und Februar die *Symphonie B-Dur* (op. 38), die *Frühlingssymphonie,* angeregt durch ein Gedicht von Adolph Böttger, der später mit Flechsig bei der Textbearbeitung des *Peri*-Oratoriums mithalf. *„.....Denken Sie, eine ganze Symphonie - und obendrein eine Frühlingssymphonie (Bdur) - ich kann es kaum selber glauben, daß sie fertig ist...."* teilte er erschöpft, aber glücklich dem Leipziger Klavierlehrer Ernst Wenzel mit. Die Uraufführung des in nur wenigen Wochen geschaffenen Werkes am 31. März 1841 im Gewandhaus unter Mendelssohn Bartholdy wurde vom Publikum begeistert aufgenommen. *„...Meines Mannes Symphonie* *errang sich einen Sieg über alle Kabalen und Intrigen -, nie hörte ich eine Symphonie mit solchem Beifall aufnehmen..."* urteilte die ebenfalls bei dem Konzert musizierende Clara. Das farbenfreudig-poetische und anschauliche Naturbild des Werkes erläuterte Schumann zwei Jahre später dem Kasseler Hofkapellmeister Ludwig Spohr: „*.....Ich schrieb die Symphonie zu Ende des Winters 1841, wenn ich es sagen darf, in jenem Frühlingsdrang, der den Menschen wohl bis in das höchste Alter hinauf und in jedem Jahre von Neuem überfällt. Schildern, malen wollte ich eben nicht; daß aber eben die Zeit, in der die Symphonie entstand, auf ihre Gestaltung und daß sie gerade so geworden, wie sie ist, eingewirkt hat, glaube ich wohl".*

Mitte April d.J. begann Schumann mit der Komposition der „Ouvertüre in E-Dur", deren letzten Satz er 1845 ganz überarbeitete und das Werk in *Ouvertüre, Scherzo und Finale* (op. 52) umbenannte, nachdem der Uraufführung am 6. Dezember 1841 unter Ferdinand David im Gewandhaus nur ein mäßiger Erfolg vergönnt war. Nach der „Phantasie für Pianoforte und Orchester", im Mai 1841 skizziert und nach Erweiterung um zwei Sätze Bestandteil des *Klavierkonzerts a-Moll* (op. 54) von 1845, komponierte Schumann im September die erste Fassung der *Symphonie d-Moll* (op. 120), die zusammen mit der vorgenannten E-Dur-Ouvertüre im Dezember – ebenfalls mit dürftiger Resonanz – der Öffentlichkeit präsentiert wurde. Erst zehn Jahre später nahm Schumann sich ihrer wieder an, so dass sie in überarbeiteter Form beim Düsseldorfer Musikfest im Jahr 1853 erneut erklang. Skizzen zu einer weiteren *Symphonie in c-Moll* sind lediglich als Fragmente erhalten.

1842 wurde zum „Jahr der Kammermusik". Nach Claras Rückkehr von der Konzerttournee nach Norddeutschland und Dänemark komponierte Schumann im Juni und Juli drei *Streichquartette* (op. 41), die er Mendelssohn widmete. Clara fand die Manuskripte am 13. September auf ihrem Geburtstagstisch und war begeistert: „*.....Ich kann über die Quartette Nichts sagen als* *daß sie mich entzückten bis in`s Kleinste. Da ist Alles neu, dabei klar, fein durchgearbeitet und immer quartettmäßig...*" vermerkte sie im Tagebuch. Das *Klavierquintett Es-Dur* (op. 44) sowie das *Klavierquartett Es-Dur* (op. 47) entstanden im September und Oktober, Werke voller Kraft und Lebendigkeit. Anschließend fertigte Schumann eine erste Fassung der 1850 so benannten *Phantasiestücke für Klavier, Violine und Violoncello* (op. 88) an.

Im April des folgenden Jahr 1843 erhielt Schumann auf Vermittlung von Mendelssohn Bartholdy, der im November zuvor von Berlin nach Leipzig zurückgekommen war und wieder die Leitung des Gewandhauses übernommen hatte, einen Lehrauftrag für Klavier und Komposition am neu gegründeten Leipziger Konservatorium. Aufgrund seiner didaktischen Unbeholfenheit und irritierenden Schweigsamkeit erwies er sich als ungeeigneter Musikpädagoge. Umso mehr widmete er sich einem *„neuen Genre für den Concertsaal"*, einer Mischung aus Oper und Oratorium, dessen Komposition er bereits zwei Jahre zuvor ins Auge gefasst hatte. Das Chorwerk *Das Paradies und die Peri* (op. 50) wurde im Februar 1843 in Angriff genommen und war nach intensiver Arbeit bereits im August des „Oratorienjahres" 1843 fertiggestellt.

Es geht in dem Stück um ein mythologisches Geschehen aus dem persischen Kulturkreis, in dem das geisterhafte Wesen Peri, ein gefallener Engel, sich um die Wiederaufnahme ins Paradies bemüht. Als Vorlage diente das 1817 erschienene Versepos „Lalla Rockh" von Thomas Moore, einem irischen Dichter und Schriftsteller. Jugendfreund Flechsig hatte den Text übersetzt und zusammen mit Adolph Böttger für Schumann bearbeitet.

Die vier Orchesterproben waren allerdings für die Mitwirkenden sehr anstrengend, da Schumann sie nicht straff genug führte und zudem nur undeutlich zu verstehen war; Clara musste ihm unterstützend zur Seite stehen. Nichtsdestoweniger wurden die Aufführungen am 4. und 11. Dezember unter Schumanns persönlicher Leitung im Gewandhaus – sein erster öffentlicher Auftritt als Dirigent – ein triumphaler Erfolg; neben der *Frühlingssymphonie* wurde das *Peri*-Oratorium am meisten gespielt.

Obgleich Schumann 1844 aufgrund der unglücklichen Russlandreise monatelang untätig war, begann er im Juli jenes Jahres mit der Arbeit an den *Faust-Szenen*, da er sich weiterhin – beflügelt von Erfolg der „Peri" – der Oper zuwenden wollte. Die Arbeiten am „Faust", einem dreiteiligen Chorwerk für Solostimmen, Chor und Orchester, sollten sich über fast zehn Jahre hinziehen; unter größten Mühen vollendete er den machtvollen Schlusschor „Alles Vergängliche ist nur ein Gleichnis", in dem Fausts Verklärung besungen wird. 1845 schrieb er an Mendelssohn: „....*Die Szene aus Faust ruht auch im Pult; ich sehne mich ordentlich, sie wieder anzusehen. Das Ergriffensein vor der sublimen Poesie gerade jenes Schlußes ließ mich die Arbeit wagen; ich weiß nicht, ob ich sie jemals veröffentlichen werde....* ". Die Ouvertüre wurde nach längeren Überlegungen als letztes Stück Mitte April 1853 aufgezeichnet: „....*Ich bin oft mit dem Gedanken umgegangen, eine Ouvertüre zu den Faustscenen zu schreiben, habe aber die Ueberzeugung gewonnen, daß diese Aufgabe, die ich mit für die schwierigste halte, kaum befriedigend zu lösen sein wird; es sind da zu viele und zu gigantische Elemente zu bewältigen*" reflektierte er noch Anfang 1851 in Düsseldorf. Das Gesamtwerk wurde erst 1858 veröffentlicht und 1862 von Ferdinand Hiller in Köln als Ganzes uraufgeführt.

Nach Erholung von seinem Zusammenbruch im Sommer 1844 entschloss Schumann sich endgültig zur Übersiedlung nach Dresden und gab die Redaktion der Musikzeitschrift ab. Nachdem er gemeinsam mit seiner Frau das „Kontrapunkt-Lehrbuch" des italienischen Opernkomponisten Luigi Cherubini durchgearbeitet hatte, komponierte er 1845 etliche Fugen; Clara zufolge entwickelte er eine regelrechte „*Fugenpassion*", in deren Gefolge *Sechs Fugen über den Namen BACH für Orgel oder Pedalflügel* (op. 60) und *Vier Fugen für das Pianoforte* (op. 72) entstanden, ferner *Studien für den Pedalflügel* (op. 56). Schumann hatte sich Ende April 1845 einen Pedalflügel verschafft, eine Kombination von Klavier und Harmonium, um daran das Orgelspiel zu üben. Er entdeckte indes eine neue Gestaltungsmöglichkeit seiner Kompositionen, die er als Entdecker für sich in Anspruch nahm: „...*Ich lege einiges Gewicht auf die Idee u. glaube, daß sie mit der Zeit einen neuen Schwung in die Claviermusik bringen könnte*" schrieb er dem Verleger und Musikalienhändler Friedrich Whistling nach Leipzig. Weitere Arbeiten waren *Fünf Lieder für gemischten Chor* (op. 55), ein Jahr später *Vier Gesänge für gemischten Chor* (op. 59); 1845 vollendete er zudem das *Konzert für Klavier und Orchester* (op. 54).

Im Dezember 1845 begann Schumann in Dresden mit der Komposition der *Zweiten Symphonie C-Dur* (op. 61), nachdem er Mendelssohn Bartholdy drei Monate zuvor gegenüber bereits entsprechende Andeutungen gemacht hatte: „...*In mir paukt und trompetet es seit einiger Zeit sehr (Trombe in C), ich weiß nicht, was daraus werden wird....*". Schon Ende des Jahres war der Entwurf fertig, die Instrumentation zog sich aber fast über das ganze nächste Jahr hin. Am 5. November 1846 wurde das Opus unter Mendelssohns Leitung in Leipzig uraufgeführt, ein weiteres Mal am 16. d.M. Für Schumann waren die „*Schmerzensklänge*" Ausdruck seiner schweren gesundheitlichen Krise, die er in Leipzig durchgemacht hatte: „...*Mir ist´s, als müßte man ihr dies anhören. Erst im letzten Satz fing ich an mich wieder zu fühlen.... Sonst aber erinnert sie mich an eine dunkle Zeit*" berichtete er 1849 dem Komponisten und Orchesterleiter Georg Dietrich Otten nach Hamburg. Er habe sie skizziert, „...*als ich noch halb krank gewesen bin....erst nach Beendigung des ganzen Werkes habe ich mich wieder wohler gefühlt*". Im Gegensatz zu den anderen Sinfonien Schumanns hinterlässt sie in der Tat einen zwiespältigen Eindruck, da sie weniger harmonisch und schwingend, auch nicht so frisch und ursprünglich wirkt.

Von Ferdinand Hiller, der nach Düsseldorf berufen worden war, übernahm Schumann 1847 den Dresdner Männerchor „Liedertafel" und gründete im Januar 1848 einen Verein für gemischten Chorgesang, den er bis 1850 dirigierte: „.... *Viel Freude macht mir mein Chorverein (60 – 70 Mitglieder), in dem ich mir alle Musik, die ich liebe, nach Lust und Gefallen zurecht machen kann...."* schrieb er 1849 seinem Vorgänger. 1847 komponierte er zudem in Anlehnung an Eichendorff, Rückert und Klopstock die – nicht veröffentlichten – *Drei Gesänge für Männerchor* (op. 62) : „Der Eidgenossen Nachtwache", „Freiheitslied" und „Schlachtgesang" .

1848 verwirklichte er endlich sein seit Jahren gehegtes Vorhaben, eine Oper zu produzieren, nicht nur, um sich größere Popularität zu verschaffen, sondern auch in Konsequenz seiner intendierten Transformation des gesprochenen Wortes in Musik.: „.....*Kaum kann ich Ihnen sagen, welcher Genuß es ist, für die Stimme zu schreiben im Verhältnis zur Instrumentalkomposition...... Da sind mir ganz neue Dinge aufgegangen und ich denke wohl auch an eine Oper"* hatte er schon im Februar 1840 dem Musikschriftsteller Gustav Keferstein, Mitarbeiter der Musikzeitschrift, anvertraut, und im September 1842 schrieb er dem Stettiner Kapellmeister Carl Koßmaly, ebenfalls Korrespondent der Zeitschrift: „...*Wissen Sie mein Morgen- und Abendliches Künstlergebet? Deutsche Oper heißt es. Da ist zu wirken...."* .

Schumann entschied sich schließlich für einen Stoff, der Hebbels Tragödie „Genoveva" zugrunde lag, eine Geschichte über Verleumdung und Leiden der treuen Frau des Pfalzgrafen Siegfried, der sich im Heer Karl Martells einem Feldzug gegen die in Frankreich eingefallenen Mauren angeschlossen hatte. Bei der Textgestaltung gab es Probleme, so hatte Friedrich Hebbel nach einem ziemlich misslichen Besuch am 27. Juli 1847 bei dem *„hartnäckigen* und *unangenehmen Schweiger"* in Dresden sein ursprüngliches Angebot, das Libretto nach Schumanns Wünschen zu erstellen, verstimmt zurückgezogen. Schumann hingegen war erstaunlicherweise von Hebbel sehr eingenommen und charakterisierte ihn in seinem Tagebuch als *„...genialste Natur unserer Tage,....sein Name... werde... den unsterblichen Künstlern beigesellt werden".*

Auch Richard Wagner, mit dem Schumann wiederholt über das Projekt diskutiert hatte, wies aus *„Besorgtheit"* auf *„große Fehler"* des Librettos hin. Dieser reagierte jedoch *„mit empfindlichem Trotz"* und kritisierte seinerseits – im Gegensatz zum „Tannhäuser" – Wagners Oper „Lohengrin", deren Musik er affektvoll als *„...geradezu dilettantisch, gehaltlos und widerwärtig...."* abqualifizierte.

Die schließlich im April 1847 in Angriff genommene Oper (op. 81) war zwar unter Mitarbeit von Robert Reinick im Spätsommer des folgenden Jahres 1848 fertiggestellt, wurde jedoch erst am 25. Juni 1850 in Leipzig vor prominentem Publikum aufgeführt. Unter den Gästen waren Franz Liszt, der Kasseler Musikdirektor und Komponist Ludwig Spohr, der Nachfolger Mendelssohns Niels Gade vom Leipziger Gewandhaus, der Musikschriftsteller und Komponist Ferdinand Hiller aus Köln, Ignaz Moscheles sowie der Komponist und Spohr-Schüler Moritz Hauptmann, damals Thomaskantor und Lehrer am Leipziger Konservatorium. Schumann dirigierte die beiden ersten Aufführungen selbst, die dritte Julius Rietz, seit 1848 Dirigent der Gewandhauskonzerte. Schumann notierte: *„28. Juni 1850: Sehr vergnügt.- 19. Juni: größere Freude als das erste Mal.- 30. Juni: Sehr belebt, dann vergnügt...."*.

Während die vorlaufende Uraufführung der Ouvertüre am 25. Februar sehr positiv aufgenommen worden war, war das Gesamtwerk *Genoveva* gleichwohl nicht erfolgreich; auch Bemühungen, das vierteilige Werk außerhalb Leipzigs aufzuführen, scheiterten. So blieb diese einzige vollständige Oper Schumanns letztlich ein Fehlschlag und geriet in Vergessenheit, obgleich er sehr an ihr hing und noch 1850 die Hoffnung äußerte: „...*mit der Zeit werden meine Bestrebungen auch auf diesem, dem dramatischen Felde, ihre richtige Würdigung erhalten*".

Ab Oktober 1848 widmete Schumann sich der weiteren, seit Monaten geplanten Oper *Manfred* (op. 115), einem „dramatischen Gedicht mit Musik" in Form einer Kombination von Instrumentalmusik und monologischer Rezitation. Die Ouvertüre wurde im November im Leipziger Gewandhaus aufgeführt, das Gesamtwerk am 13. und 17. Juni 1852 am Hoftheater Weimar unter Leitung von Franz Liszt. Es handelte sich bei *Manfred* um die 1849 fertig gestellte Vertonung eines dramatischen, dreiteiligen Gedichtes von Lord Byron, das 1817 in London erschienen war. Im Mittelpunkt dieses Seelendramas steht ein schuldbeladener und zerrissener Mensch, der enttäuscht und schließlich verzweifelt am Leben scheitert. Schumann fand sich vermutlich selbst teilweise in der Hauptperson wieder; zumindest war er von dem Stück sehr gefangen genommen: „...*Noch nie habe ich mich mit der Liebe und dem Aufwand von Kraft einer Composition hingegeben, als der zu Manfred*".

Schumann war 1849 überhaupt sehr produktiv. Er schuf etwa 20 Werke, darunter zahlreiche Vokal- und Instrumentalwerke. Bemerkenswert ist, dass er während der Dresdner Revolutionswirren im Frühjahr 1849 in Kreischa, wohin er sich zurückgezogen hatte, *Lieder für die Jugend* (op.79) und *Vierhändige Kinderstücke* (op. 85) schrieb. Clara war verwundert über den „...*Hauch der höchsten Friedfertigkeit in diesem Zyklus.....wie Frühling, lachend wie die Blüten.... Merkwürdig erscheint es mir, wie die Schrecknisse von außen, seine innern poetischen Gefühle in so ganz entgegengesetzter Weise erwecken*" schrieb sie ins Tagebuch. Auch die ebenfalls entstandene Liedfolge *Minnespiel* (op. 101) und die übrigen Lieder, Klavierstücke und Chöre lassen nichts von den Begleiterscheinungen und Folgen des niedergeschlagenen Maiaufstands spüren.

In Düsseldorf, wohin er schließlich im September 1850 in der Hoffnung auf eine bessere berufliche Existenz – wiederum in der Nachfolge Hillers als Städtischer Musikdirektor – gegangen war, übernahm Schumann ab dem 24. Oktober die Leitung der Abonnementskonzerte. Als Einstand komponierte er für die erste dieser Veranstaltungen am 11. Januar des folgenden Jahres das elegisch-getragene *Cellokonzert a-Moll* (op. 129). Noch in Dresden war 1849 das *Konzertstück für vier Hörner und großes Orchester* (op. 86) fertig gestellt worden.

Angeregt durch den Anblick des majestätischen Kölner Domes anlässlich der bevorstehenden Feierlichkeiten zur Erhebung des dortigen Erzbischofs in den Kardinalsrang skizzierte und instrumentierte Schumann für das Abonnementskonzert am 5. Februar 1851 im November 1850 die fünf Sätze der *Symphonie Es-Dur* (op. 97), der sog. *Rheinischen Symphonie*.

Diese musikalische Bilderfolge aus dem Rheinland hat einen ebenso feierlichen wie auch heiteren, fröhlichen und beschwingten Charakter. Sie endet im turbulenten, ja lärmenden fünften Satz, jedoch fehlt ihr die symmetrische Periodik der früheren Sinfonien. Den Ouvertüren zu Schillers *Braut von Messina* (op. 100), zu Shakespeares *Julius Cäsar* (op. 128) und zu Goethes *Hermann und Dorothea* (op. 136) war demgegenüber nur ein dürftiger Erfolg beschieden. *Die Festouvertüre* über das Rheinweinlied nach Matthias Claudius (op. 123) war eine Gelegenheitsarbeit für das Niederrheinische Musikfest vom 15. bis 17. März 1853 in Düsseldorf.

Im April und Mai 1851 versuchte Schumann sich an einer Art Balladenform mit Klavier- und Orchesterbegleitung: *Der Rose*

Pilgerfahrt (op. 112), einem „Märchen für Solostimmen, Chor und Orchester". Die Erstaufführung fand schon am 6. Juli 1851 in der Düsseldorfer Wohnung statt, die öffentliche erst am 6. Mai 1852 im Rahmen der Abonnementskonzerte. Dem rätselhaft-idyllischen, sentimentalen Werk mit Ähnlichkeit zur „Peri" lag ein Gedicht des dilettierenden Chemnitzer Gerichtsschreibers Moritz Horn zugrunde; es handelt von einer Mensch gewordenen Elfe, die als Lebenspfand eine magischen Rose erhält, die sie an ihre kleine Tochter weitergibt. 1851 entstanden außerdem drei Kammermusikwerke: die *Sonaten a-Moll* und *d-Moll für Klavier und Violine* (op. 105 u. 121) sowie das *Klaviertrio g-Moll* (op. 110). Ein geplantes Oratorium über Martin Luther kam nicht mehr zustande.

Großen Beifall erhielt Schumann – neben dem ungarischen Geiger Joseph Joachim für das Beethovensche Violinkonzert – beim Niederrheinischen Musikfest 1853 für die Aufführung seiner bereits erwähnten, 1851 überarbeiteten *Symphonie d-Moll* (op. 120) - Clara zufolge „...*ein Werk aus tiefster Seele geschaffen*".

Wie Johannes Brahms wurde der hochbegabte 22-jährige Joachim ein Freund der Familie; beide wurden von Schumann überschwänglich gelobt und gefördert, beide blieben mit ihrem Vorbild und Meister auch später in dessen schwersten Lebensphase in Verbindung. Joachim – in Budapest und Wien geschult – war bereits mit 12 Jahren Schüler des Leipziger Konservatoriums und wurde 1853 nach einem Intermezzo bei Liszt in Weimar Hofkonzertmeister in Hannover, fünfzehn Jahre später Direktor der Berliner Musikhochschule. Er kam nun häufiger zu Besuch nach Düsseldorf. Man musi-zierte gemeinsam; im Sommer 1853 schrieb Schumann ge-meinsam mit Brahms und dem Düsseldorfer Komponisten Albert Dietrich für Joachim die *Phantasie für Violine und Orchester* (op. 131).

Brahms kam als 20-jähriger auf Empfehlung Joachims mit einer Mappe voller Kompositionen Ende September 1853 von Hamburg nach Düsseldorf und blieb einen Monat lang bei der Familie Schumann, von Robert als „*Genius*" gefeiert: „*.... Es ist hier ein junger Mann erschienen, der uns mit wunderbarer Musik auf das Allertiefste ergriffen hat und, wie ich überzeugt bin, die größte Bewegung in der musikalischen Welt hervorrufen wird....Johannes ist der wahre Apostel, der auch Offenbarungen schreiben wird, die viele Pharisäer auch nach Jahrhunderten nicht enträtseln werden*" schrieb er im Oktober 1853 an den Verleger Hermann Härtel nach Leipzig. In einem Beitrag, der am 28. Oktober in der „Neuen Zeitschrift für Musik" erschien, schilderte er, wie sich Brahms am Klavier anschickte, „*....wunderbare Regionen zu enthüllen*". Der jugendliche, unkonventionelle Gast wurde in der Familie wie ein Angehöriger aufgenommen. Er war später einer der wenigen Besucher Schumanns in der Endenicher Heilanstalt, kümmerte sich auch nach dessen Tod um die Familie und wurde ein enger Freund und Vertrauter Claras.

Vor seinem letzten, fünfteiligen Klavierwerk *Gesänge der Frühe* (op. 133) von Oktober 1853, das er Bettina von Arnim widmete, komponierte Schumann noch Kammermusik, Chorwerke und Lieder, so die *Messe für Soli, Chor und Orchester* (op. 147) und *Requiem für Soli, Chor und Orchester* (op. 148) im Frühjahr des vorlaufenden Jahres. Als Chorballaden entstanden – nach Gedichten von Ludwig Uhland – im Jahr 1851 *Der Königssohn* (op. 116), 1852 *Des Sängers Fluch* (op. 139) und 1853 *Das Glück von Edenhall* (op. 143). *Der Page und die Königstochter* (op. 140) von Emanuel Geibel wurde ebenfalls 1852 vertont. Im Juni 1853 schrieb Schumann die sechs Klavierstücke der Sammlung *Kinderball* (op. 130). Die *Faust*-Ouvertüre wurde vollendet; die *Phantasie für Violine und Orchester* (op. 131) wurde in der ersten Septemberwoche 1853 abgeschlossen.

Im Herbst des Jahres 1853 arbeitete Schumann schließlich weiter an dem *Violinkonzert d-Moll,* das jedoch nicht mehr aufgeführt wurde. Erst 1937 wurde das Manuskript, das sich in der preußischen Staatsbibliothek befand, gegen den Protest der Schumanntochter Eugenie veröffentlicht und von den Berliner Philharmonikern unter Karl Böhm uraufgeführt; Solist war seinerzeit Georg Kulenkampff.

Nach Aufgabe seines Dirigentenamtes im November 1853 verlor Schumann – nach drei Jahrzehnten – auch das Interesse am Komponieren; das Anfang 1854 unter der Bezeichnung *Geister-Variationen* bekannt gewordene Fragment *Variationen über ein eigenes Thema (Es-Dur)* signalisiert bereits deutlich den kurz bevorstehenden Zusammenbruch. Stattdessen beschäftigte er sich wieder vermehrt mit seiner Anthologie „Dichtergarten", für die er Äußerungen über Musik in der Weltliteratur seit der Antike zusammentrug. Außerdem begleitete er Clara auf einer erfolgreichen Konzertreise nach Hannover und nahm an häuslichen Musizierabenden mit Joachim und Brahms teil, bis der paralytische Zerstörungsprozess ihn endgültig verstummen ließ.

Insgesamt wandelte sich Schumanns Kompositionsstil während seiner letzten zehn Lebensjahre. Während anfangs noch der wechselseitige Einfluss des träumerisch-nachdenklichen Eusebius und des mitreißend-kämpferischen Florestan erkennbar wird, standen später Stücke mit mehr gefühlsseliger, harmonisierender und angepasster Melodik im Vordergrund; hiermit waren Florestan und Eusebius für immer unsichtbar geworden.

Christel und Clara

Schumann war zweifellos dem anderen Geschlecht sehr zugetan. Er hatte zahlreiche Bekanntschaften, angefangen von den jünglingshaften Schwärmereien zu den schon genannten Jugendfreundinnen Liddy Hempel und Nanni Petsch, die er als *„feurige Liebschaften"* bezeichnete. Glühende Verehrung des 18-jährigen angehenden Studenten genoss die *„Einzige seiner Träume und Sehnsüchte"*, die sieben Jahre ältere, mit dem Colditzer Arzt Dr. Ernst August Carus verheiratete Agnes, das *„...Ideal einer Frau, so weiblich in allem, so hold und lieblich..."*. Für sie schrieb er Lieder nach Texten von Lord Byron und Ernst Friedrich Schulze. Der reizenden Meta Abegg, Tochter eines Mannheimer Hofbeamten, die er auf einem Ball kennen gelernt hatte, widmete er 1831 sein im Jahr zuvor verfasstes Opus 1: die *Abegg-Variationen.* Näheres Interesse zeigte er auch für die mit Clara Wieck befreundete 15-jährige Tochter Emilie des Nationalökonomen Friedrich List. Eine enge Herzensfreundin wurde 1833 die 24-jährige Leipziger Kaufmannsgattin Henriette Voigt, in deren Haus regelmäßig Musikabende stattfanden; über sie – im „Davidsbund" mit dem Namen „Eleonora" oder „Aspasia" belegt – lernte Schumann seine spätere Verlobte Ernestine von Fricken kennen. Die Ausstrahlung junger Künstlerinnen wie Robena Laidlaw, Amalie Rieffel oder Camilla Pleyel nahm ihn immer wieder gefangen. Daneben gab es – nicht näher bekannte – flüchtige Romanzen, Abenteuer auf Reisen, auch Kontakte zu Prostituierten.

Mit großer Zutraulichkeit hing er an seinen drei Schwägerinnen Therese, Emilie und Rosalie; ihnen widmete er die Klavierstücke *Papillons.* Dem steten Einfluss seiner gleichermaßen geliebten wie gefürchteten Mutter vermochte er sich nur mit Mühen zu entziehen.

Seine beiden – so unterschiedlichen – Schicksalsgefährtinnen wurden jedoch Christel und Clara. Zu ersterer entwickelte sich eine sowohl emotional als auch sexuell besonders intensive, über Jahre erstreckende Beziehung, die – in sehr wechselnden Abständen – bis 1837 in seinen Tagebüchern erwähnt wurde.

Außer dem Vornamen Christel ist von der Geliebten nichts Näheres bekannt. Sie war offenbar Kellnerin bei dem Wirt Johann Poppe im schon erwähnten „Kaffeebaum", wo Schumann als Leipziger Student regelmäßig im geselligen Kreis einer Künstlerstammtisches verkehrte und sie allem Anschein nach im Herbst 1830 kennen lernte. Obgleich er sie später unter dem bezeichnenden Namen „Charitas" – die liebevoll Barmherzige – in den virtuellen Kreis der „Davidsbündler" aufnahm, bleiben ihre Herkunft, ihre Persönlichkeit, ihr Alter und ihr weiteres Schicksal im Dunkeln.

Schumann wurde ihr in gewisser Weise hörig und geriet durch ihr Beisammensein immer wieder in Konflikte. Sie suchte ihn unregelmäßig – meistens nachmittags oder abends – in seiner Wohnung auf. Als Träumer von einer utopisch reinen, klaren und seligen Liebe machte er sich immer wieder Vorwürfe, wenn er ihr aufgrund seiner eigenen vitalen Sinnlichkeit erlag. So blieb sein Verhältnis zu ihr letzten Endes zwiespältig, als schäme er sich seiner Geliebten, die er doch nicht entbehren konnte und die sogar bisweilen während seiner Konzerte anwesend war.

Die Beziehung wurde insofern zu einer verhängnisvollen Affäre, als Schumann sich zu jener Zeit mit Syphilis infizierte. Erst viel später – 1855 in der Endenicher Anstalt – gab Schumann gegenüber dem behandelnden Arzt den Hinweis, dass er 1831 auch mit „Arsenik" behandelt worden sei. Wahrscheinlich handelte es sich dabei um einen der damaligen vielen Versuche, die für Leib und Seele zerstörerische Infektionskrankheit zum Stillstand zu bringen.

Typischerweise begann die Erkrankung mit einem schmerzenden Hautgeschwür am Genitale. Am 11. Mai 1831 bat er einen seiner Freunde, den damaligen Medizinstudenten Christian Glock um Hilfe, der daraufhin die eitrige Wunde mit Narzissenwasser zu behandeln suchte. Am 12. Mai notierte Schumann: „.....*Früh ging's schlecht mit der Wunde u. Glock machte ein verlegenes Gesicht – Schmerzen beißend u. fressend – es ist so ein halber – gebt so mir einen ganzen, einen Löwen, der zerfleischt, aber nur keinen kleinen nagenden! – .... Nachmittag Chr. blaß – Mittheilungen – nur Schuld gebiert die Nemesis....- krank u. todt – in der Nacht Schmerzen....".* Einen Tag später hieß es: „.....*Um 4 Glock mit der Chr. - Entdeckungen - ich in der Kammer - sehr wenig Schmerzen, im Geist ungemein frisch u. scharf. – Verband – dann zu....",* und ein paar Tage später: „*Die Wunde gut u. ohne Schmerzen...".*

In der Folgezeit heilte die Entzündung - so Schumanns Aufzeichnungen - allmählich ab. Am 23. Mai erschien wieder „*Chr. auf die Minute".* Die weiteren Kontakte zu ihr waren jedoch nicht ungetrübt; sie bereiteten Schumann, wie er z. B. am 16. Juni 1831 notierte, „*Angst u. wenig Vergnügen -".*

Die Behandlung mit dem brennenden Narzissenextrakt zog sich bis zum 18. Juni hin; jedenfalls beendete „*die medicinische Muse Glock"* wohl zu jenem Zeitpunkt offiziell die Behandlung. In Schumanns Tagebuch finden sich im Juni weitere Eintragungen wie: „.....*Ich sinke, ich sinke in den alten Schlamm zurück; kommt keine Hand aus Wolken, die mich hält? Die Hand muß ich seyn...."* oder: „*Böse Tage, die mir Gott u. mein Herz vergeben möge".*

Auch nach dieser unerfreulichen Episode traf er sich gleichwohl weiterhin von Zeit zu Zeit mit seiner Geliebten „...*fast wie mit eine Italienen"* und war „*voller Feuer u. Flamme",* soweit dies seinen Aufzeichnungen für Juli, Oktober und November 1831 zu entnehmen ist. Am 22. Mai 1832 traf seine Schwägerin Rosalie Christel bei Robert an, der darüber in Verlegenheit geriet. Nach längerer Pause lautete der letzte Eintrag am 8.

Oktober 1836: „....*Abends Charitas aufgesucht"*, und für den Sommer 1836 notierte er rückblickend: „....*Charitas vorgesucht und Folgen davon Januar 1837. Im uebrigen sehr mäßig gelebt u. ordentlich"*. Dieser Eintrag ist rätselhaft – war Christel von ihm schwanger geworden? Am 7. Januar 1837 brachte sie jedenfalls ein Mädchen zur Welt, von dem nicht bekannt ist, ob es sich möglicherweise um Schumanns Tochter handelte. Da allem Anschein nach keinerlei Aufzeichnungen hierzu existieren, bleiben Spekulationen Tür und Tor geöffnet. Am 18. November 1837 machte Schumann Christel ein Geldgeschenk von zwei Talern sowie nochmals ein gleiches zu Weihnachten 1837; nähere Erklärungen hierzu lassen sich nicht finden.

Im Juni 1834 lernte Schumann in Leipzig im Hause Voigt die damals knapp 18-jährige Ernestine von Fricken aus Asch in Böhmen kennen, die am 21. April als Klavierschülerin und Pensionsgast bei Wieck in der Grimmaischen Gasse eingezogen war. Seiner Mutter hatte Schumann am 2. Juli 1834 von *„zwei herrlichen weiblichen Wesen"* geschrieben, die nach Leipzig gekommen seien, wobei es sich zum einen um die oben genannte Emilie List handelte, zum anderen um Ernestine von Fricken: „....*Ernestine.....Tochter eines reichen böhmischen Barons.... ist ein herrlich reines, kindliches Gemüt, zart u. sinnig, mit der innigsten Liebe an mir und allem Künstlerischen hängend, außerordentlich musikalisch - kurz ganz so, wie ich mir etwa meine Frau wünsche...."* hieß es weiter..

Er verliebte sich in sie; von einer engeren Beziehung versprach er sich wohl auch eine Stabilisierung seiner damaligen problematischen psychischen Situation. Später, im Februar 1838, teilte er seiner Braut Clara mit: *„Da kam nun Ernestine – ein Mädchen, so gut wie die Welt je eines getragen. – Die, dachte ich, ist es: die werde ich retten. Ich wollte mich mit aller Gewalt an ein weibliches Wesen klammern...."*.

Schumanns Sympathie für Ernestine wurde spontan und innig erwidert. Sie verlobten sich heimlich im August 1834. Ende des Monats erschien Ernestines unehelicher Vater, Hauptmann Ignaz Ferdinand Freiherr von Fricken, in Leipzig und Zwickau, um sich mit Robert und dessen Mutter bekannt zu machen; anschließend nahm er Anfang September seine Stieftochter nach Hause mit. Nachdem von Fricken die offizielle Zustimmung zur Verlobung gegeben hatte, war Schumann am 25. Oktober zum ersten Mal in Asch selbst zu Besuch. Von dort begab er sich nach Zwickau und kehrte mit seiner Schwägerin Therese Anfang Dezember nach Asch zurück.

Im August des nächsten Jahres erfuhr Schumann zu seiner Enttäuschung, dass Ernestine nicht die leibliche Tochter, sondern lediglich eine adoptierte des Barons Fricken war, und keineswegs so vermögend, wie er sich vorgestellt hatte: „.....*Als ich ihre Armuth erfuhr, ich selbst, so fleißig ich auch war, nur wenig vor mich brachte, so fing es mich an wie Fesseln zu drücken.... Meine Künstlerlaufbahn erschien mir verrückt....Ich sollte für's tägliche Brod wie ein Handwerker nun arbeiten; Ernestine konnte sich nichts verdienen; ich sprach mit meiner Mutter und wir kamen überein, daß dies nach vielen Sorgen nur wieder zu neuen führen würde....*" gestand er Clara drei Jahre später.

Schumann zog sich zunächst frustriert zu seiner Mutter nach Zwickau zurück; seine Gefühle für Ernestine kühlten zu deren großen Kummer merklich ab. Am Neujahrstag 1836 löste er schließlich die Verlobung und wandte sich Clara zu, die darüber froh war, da sie inzwischen ebenfalls an Schumann Gefallen gefunden hatte.

Nachdem Ernestine als Schülerin in das Wiecksche Haus gekommen war und sich eine innige Freundschaft zu Robert Schumann entwickelt hatte, war Clara eifersüchtig geworden und hatte sich darüber geärgert, dass ihr Vater sie im Mai 1834 für längere Zeit zur Unterweisung in Musiktheorie und

Gesang nach Dresden geschickt hatte. Als sie Ende Juli 1834 zur Taufe ihrer Halbschwester Cäcilie von Dresden nach Leipzig gekommen war, war ihr die enge Verbindung zwischen Robert und Ernestine vollends aufgegangen; dem Hausmädchen vertraute sie unter Tränen an: *„....Ach, ich liebe doch Keinen so wie Den, und er hat mich noch nicht einmal angesehn".* Clara revanchierte sich, indem sie mit dem Komponisten und Mitarbeiter der „Neuen Zeitschrift für Musik", Carl Banck, seit Mai 1836 zudem ihr Gesangslehrer, flirtete und ihn Robert gegenüber einen *„....höchst gebildeten Musiker und Gesangskomponisten und Lehrer, der mir meinen Aufenthalt sehr angenehm macht"....*nannte. Banck wollte Schumann späterhin Clara abspenstig machen und äußerte sich daher auf gemeinsamen Konzertreisen über ihn abfällig.

Erst Jahre später gestand Clara Robert: *„Als ich aber nach Leipzig zurückkam ward ich aus meinem Himmel gerissen! Ernestine war sehr kleinsylbig gegen mich, mißtrauisch, was sie wahrhaft bei mir nicht Ursache hatte, die Mutter sagte mir von einem wunderschönen Brief, den Du ihr am Tauftag der Cäcilie geschrieben, und zuletzt hört ich, ihr seid verlobt".*

Als Ernestine im November 1838 den Grafen Wilhelm von Zedwitz heiratete, reagierte Schumann am 26.1.1839 gegenüber Clara mit Erleichterung: *„.....Die Nachricht über Ernestine ist wichtig, so sehr sie mich überrascht (es ist noch nicht das rechte Wort). Es war das einzige, was manchmal einen dunklen Schatten in unsre Liebe warf.... ".* Wenige Tage später kam er auf diese Angelegenheit zurück: *„....Viel hab ich in den letzten Tagen über Ernestine nachgedacht und Gott aus innigem Herzen gedankt, dass er alles so gütig mit einmal geschlichtet hat....",* und 1841 widmete er ihr seine *Drei Gesänge.* Aber auch Clara selbst ließ im Januar 1839 erkennen: *„....Ach, ich bin so ruhig geworden durch diese Nachricht, und mein Vertrauen auf unser Glück steigt immer mehr – als ich die Nachricht erhielt, konnte ich vor Freude den ganzen Tag nichts essen".*

Nach Rückkehr von einer längeren Konzertreise Claras mit ihrem Vater über Magdeburg, Halberstadt, Braunschweig, Hannover, Bremen, Hamburg und Berlin am 10. April 1835 sah Schumann das allmählich zur jungen Frau herangereifte Mädchen mit anderen Augen als zuvor, obgleich ihn Claras Heiterkeit, Anmut und Begabung schon früher beeindruckt hatten: *„...Was ist Clara für ein Wesen! Gewiß sprach sie am geistreichsten von uns allen.- Kaum drei Schuh hoch liegt ihr Herz schon in einer Entwicklung, vor der mir bangt...."* bemerkte er über das knapp zwölfjährige Mädchen im Sommer 1831. Robert verfolgte nun mit wachsendem Interesse Claras weiteren Lebensweg; er gab ihr die davidsbündlerischen Namen „Cilia" und „Chiara".

Zum ersten Mal hatte Schumann Clara als neunjähriges Kind anlässlich einer musikalischen Soirée am 31. März 1828 im Hause des Arztes Dr. Carus gesehen, wo sie in einem Trio von Johann Nepomuk Hummel den Klavierpart übernommen hatte. Immerhin war dem 18-jährigen Studenten Schumann aufgefallen, dass Clara *„.....damals ein kleines eigenes Mädchen mit einem Trotzkopf, u. ...einem Paar schöner Augen..."* war. Durch Vermittlung von Frau Carus war Schumann Klavierschüler von Friedrich Wieck geworden, wo er bald fast täglich ein und aus ging. Nachdem er im Oktober 1830 dort eingezogen war, pflegte er bis zum Zerwürfnis mit seinem Lehrer einen familiären Umgang, und er musizierte mit Clara und den beiden Söhnen aus der ersten Ehe Wiecks, dem zehnjährigen Alwin und dem zwei Jahre jüngeren Gustav.

Clara Josephine Wieck selbst entstammte einem weniger behüteten Elternhaus als Schumann. Die Mutter Marianne, eine Enkelin des berühmten Leipziger Flötisten Johann Georg Tromlitz, war Klavierschülerin Wiecks, den sie 1816 mit 19 Jahren geheiratet hatte. Sie hatten sich getrennt, als Clara vier Jahre alt war; Wieck charakterisierte sie später als roh, gemein,

lügenhaft und kleinlich. Johann Friedrich Gottlob Wieck –
gelernter Theologe – war Besitzer einer Klavierfabrik und einer
Musikalienhandlung in Leipzig; bekannt wurde er jedoch als
Klavierlehrer, der nach modernen, fortschrittlichen Methoden
unterrichtete. Er betätigte sich auch als Musikschriftsteller und
Journalist; später wurde er Mitarbeiter an der von Schumann
ins Leben gerufenen „Neuen Zeitschrift für Musik". Unter
dem Namen „Meister Raro" gehörte er ebenfalls zum Kreis
der „Davidsbündler."

Bis zum 5. Lebensjahr durfte Clara bei ihrer Mutter bleiben,
die mit dem Musiker Adolf Bargiel eine neue Ehe einging
und nach Berlin zog. Auf Drängen des leiblichen Vaters wuchs
Clara sodann bei ihm auf. Er nahm deren Erziehung energisch
in die Hand; sein festes Ziel war, Clara zu einer berühmten
Pianistin zu machen. In einem Tagebuch, das er von Claras
Geburt am 13. September 1819 an bis 1838 führte, notierte
er akribisch deren Fortschritte im Musikunterricht.

Auch Wieck war seit 1828 neu mit der Pfarrerstochter Clementine Fechner verheiratet, mit der er die beiden Töchter Cäcilie
und Marie hatte, die ebenfalls intensiv musikpädagogisch
erzogen wurden.

Clara lernte erst zwischen dem 4. und 5. Lebensjahr sprechen,
war allerdings frühzeitig mit der Musik vertraut. Neben ihrem
Schulunterricht hatte sie täglich zu Hause eine Musiklektion
und musste außerdem zwei Stunden Klavier üben; mit sieben
Jahren konnte sie ohne Schwierigkeiten alle Noten lesen und
mit ihrem Vater vierhändig spielen. Mit acht Jahren bot Clara
vor geladenen Zuhörern in Begleitung eines kleinen Orchesters
mit beachtlichem Erfolg das Es-Dur-Konzert von Mozart dar:
„...Es ging recht gut, und ich hab gar nicht gestokt. Nur meine Cadänz
wollte nicht gleich gehen, wo ich eine chromatische Tonleiter drei mahl
spielen mußte. Angst hatte ich gar nicht, das Klatschen hat mich aber
verdrossen....." berichtete sie der Mutter anschließend.

Clara beherrschte alle Tonarten, konnte zwischen ihnen modulierend wechseln und ihre Ober- und Unterdominanten angeben. Am 12. März 1830 schrieb Wieck seiner Frau aus Dresden, wo Clara gerade in Privatkreisen spielte: „...*Claras musikalische Ausbildung.... findet hier jeder fabelhaft und so will denn jeder ausgezeichnete Spieler dieselbe auch hören und sich von dem nie Gehörten überzeugen. Auch wissen nachher die Leute nicht, wen sie mehr bewundern sollen, ob das Kind oder den Vater als Lehrer...*".

Am 20. Oktober 1828 trat Clara zum ersten Mal mit einem vierhändigen Stück von Friedrich Kalkbrenner im Gewandhaus auf. Hierzu schrieb die Leipziger „Allgemeine musikalische Zeitung": „*In demselben Konzerte war es uns noch besonders angenehm, die erst 9-jährige, mit vielen Musikanlagen ausgestattete Clara Wieck vierhändige Variationen über einen Marsch aus 'Moses' von Kalkbrenner, mit allgemeinem und verdientem Beifalle vortragen zu hören. Unter der Leitung ihres musikerfahrenen, die Kunst die Pianofortespiels wohl verstehenden und dafür mit Liebe sehr tätigen Vaters dürfen wir von ihr die größten Hoffnungen hegen*".

Am 8. November 1830 hatte die 11-jährige Clara ihr erstes selbständiges Konzert im Leipziger Gewandhaus und wurde dadurch schlagartig bekannt. Sie spielte Werke von Kalkbrenner, Herz und Czerny, zum Schluss auch eine eigene Komposition: „...*Ich spielte zur Zufriedenheit des Vaters und des Publikums. Meine Complimente wollten außer dem ersten nicht recht glücken, denn sie wurden sehr geschwind....*" hieß es hierzu im Tagebuch. Ein Drittel des Honorars von 30 Talern durfte sie behalten.

Die positive Resonanz von Seiten des Publikums beflügelte ihren Vater zu einer Intensivierung ihrer Ausbildung; Clara erhielt Unterricht im Instrumentieren, Partiturlesen und Komponieren bei Heinrich Dorn und dem Thomaskantor Christian Weinlig, übte Violine und komponierte 1829/30 ihr op. Nr. 1, die *Quatre Polonaises für Klavier*. Von den 1830 geschriebenen *Variationen über ein Tyroler Lied für Klavier* schenkte sie ein

Exemplar auch Herrn Schumann, „...*der seit Michael bei uns wohnt....*". Sie widmete ihm 1831 ihre *Romanze für Klavier* (op. 3) mit der listig-humorvollen Bitte, er möge den „*kleinen musikalischen Gedanken..... geistreich*" bearbeiten. Tatsächlich übernahm Schumann das musikalische Leitthema in sein *Impromptus über eine Romanze von Clara Wieck,* mit dem er sich bei ihr 1833 revanchierte. Seiner Mutter schrieb er: „*Clara ist die alte - wild und schwärmerisch - rennt und springt und spielt wie ein Kind und spricht wieder einmal die tiefsinnigsten Dinge. Es macht Freude, wie sich ihre Herzensanlage jetzt immer schneller aber gleichsam Blatt für Blatt entwickeln...*".

Clara ging mit ihrem Vater immer wieder auf Konzertreisen. Anlässlich einer solchen Tournee ab Ende September 1831 nach Paris verbanden sie einen Aufenthalt in Weimar am 26. September mit einem Besuch Goethes. Wieck schrieb hierzu in sein Tagebuch: „*Den 1. Oktober mittags 12 Uhr hatten wir Audienz bei dem 82jährigen Minister Exzellenz von Goethe. Wir fanden ihn lesend, und der Bediente führte uns ein ohne weitere Anmeldung, nachdem er uns den Tag vorher zu dieser Zeit hatte bestellen lassen. Er empfing uns sehr freundlich; Clara mußte sich zu ihm auf das Sopha setzen. Bald darauf kam seine Schwiegertochter mit ihren beiden sehr geistreich aussehenden Kindern von zehn bis zwölf Jahren. Clara wurde aufgefordert zu spielen und da der Stuhl vor dem Klavier zu niedrig war, holte Goethe selbst aus dem Vorzimmer ein Kissen und legte es ihr zurecht....Goethe fällte über die Kompositionen und das Spiel der Clara ein sehr richtiges Urtheil, nannte die Komposition heiter und französisch pikant und rühmte Claras Eindringen in diesen Character*".
Am 9. Oktober kamen sie nochmals und spielten vierhändig; Goethe schenkte Clara eine Bronzemedaille und eine Widmung mit der Bemerkung, Clara habe „*...mehr Kraft als sechs Knaben zusammen*".
Über Kassel, Frankfurt, Darmstadt und Mainz ging es per viertägiger Kutschfahrt weiter nach Paris: „*Gott, welche Reise,*

welche Strapazen in diesen vier Nächten bis Paris! Und hier, welche Beschwerlichkeit, daß wir nicht französisch sprechen!".

Wiecks Schwager Eduard Fechner, in Paris lebender Maler und Grafiker, kümmerte sich um die Reisenden und besorgte ihnen ein Hotelquartier. Clara machte sich dem Publikum auf Soireen mit Werken von Frédéric Chopin, Henri Herz, Friedrich Kalkbrenner und Theodor Pixis bekannt; Meyerbeer äusserte sich anerkennend über ihr Spiel. Für die damals erst 12-jährige Clara waren die vielen Auftritte, die oft erst sehr spät abends zu Ende waren, recht anstrengend; das verwöhnte Publikum bestand aus hochgestellten, anspruchsvollen Persönlichkeiten – Adligen, höheren Beamten und Diplomaten. Als in Paris plötzlich die Cholera ausbrach, beendeten Wiecks die Reise vorzeitig und trafen am 1. Mai 1832 wieder in Leipzig ein.

Robert Schumann hatte auch während der Reisen den brieflichen Kontakt zur *„lieben, verehrten Clara"* aufrechterhalten und ihr von seinen Arbeiten berichtet. Bei ihrer Rückkehr registrierte er, dass sie *„hübscher und größer, kräftiger und gewandter geworden ist...."*, und er lobte ihr Klavierspiel. Der Maler Johann Peter Lyser aus dem Freundeskreis Schumanns – auch „Davidsbündler" – beschrieb Clara 1833 im „Taschenbuch für Freunde der Tonkunst" wie folgt: *„Das feine hübsche Gesichtchen mit den etwas fremdartig geschnittenen Augen, der freundliche Mund mit dem sentimentalen Zug, der dann und wann etwas spöttisch oder schmerzlich - besonders, wenn sie antwortet - sich verzieht, dazu das Graziös-nachlässige in ihren Bewegungen - nicht studirt, aber weit über ihre Jahre hinausgehend -...".*

An Roberts 22. Geburtstag, dem 8. Juni 1832, spielte Clara eigens für ihn zwei seiner *Paganini-Capricen* und überreichte ihm ein kleines Geschenk, das sie aus Paris mitgebracht hatte. Im Winter 1832/33 konzertierte sie auch in Zwickau, wo Schumanns Mutter die 13-jährige Clara besonders ins Herz schloss und ihr zu erkennen gab: „....*Du mußt einmal meinen Robert heiraten!"* Mit ihm, der gerade in Zwickau zu Besuch war, scherzte Clara etwas provozierend: „*Ich wollte Sie bloß neugierig machen, damit Sie sich nach Leipzig sehnen sollen....Hören Sie, Herr Wagner hat Sie überflügelt; es wurde eine Symphonie von ihm ausgeführt, die aufs Haar wie die A-dur-Sinfonie von Beethoven ausgesehen haben soll....".* Sie versprach ihm auch, ein Stück Weihnachtsstollen für ihn aufzuheben.

Am 25. Juli bis zum 7. August 1834 weilte Clara zur Taufe ihrer Stiefschwester Cecilie in Leipzig. Paten waren Ernestine von Fricken und Robert Schumann, der darüber glücklich war, Clara wieder zu sehen. Sie kamen einander näher und gestanden sich ihre gegenseitige Liebe; zu ihrem 16. Geburtstag am 13. September 1835 wurde auch Robert eingeladen. Zu Claras größter Freude hatte er sich an dem gemeinschaftlichen Geschenk der „Davidsbündler" Louis Rakemann, Ernst Wenzel, Wilhelm Ulex, Ernst Pfundt und Moritz Reuter, einer Gartenblume und einer goldenen Zylinderuhr, beteiligt und ihr außerdem das zugehörige Porzellankörbchen geschenkt. Zum Dank spielte sie Sätze aus dessen neuen *Klaviersonate fis-Moll*. „*Oh....wärst Du nur hier gewesen. Es war prächtig. Ich vergesse den Tag nicht wieder....."* schrieb Clara ihrer Freundin Emilie List.

Im November 1835 gaben Clara und Robert sich, begleitet von einem ersten Kuss, ein geheimes Heiratsversprechen; sie war selig: „*Als Du mir den ersten Kuß gabst, da glaubt`ich mich einer Ohnmacht nahe, vor meinen Augen wurde es schwarz, das Licht, das ich Dir leuchten sollte, hielt ich kaum...."* bekannte sie später. Ab dem 26. November 1835 war Clara zu einer Konzertreise nach Plauen, Glauchau und Chemnitz unterwegs; am 6. Dezember gab sie ein Konzert in Zwickau, zu dem auch Schumann von Leipzig angereist war.

Friedrich Wieck war das immer herzlicher werdende Verhältnis zwischen seiner Tochter und Robert Schumann – insbesondere nach dessen Trennung von Ernestine – nicht entgangen. Ihm missfiel die offensichtlich enger werdende Verbindung, da sie seinen ehrgeizigen Plänen mit Clara im Wege stand. Er beschloss daher, sie dem Einfluss Schumanns zu entziehen und schickte sie am 14. Januar 1836 wiederum nach Dresden; außerdem verbot er ihr jeden weiteren – auch brieflichen – Kontakt und kontrollierte diesbezüglich ihre Korrespondenz und sogar ihr Tagebuch. Als nach dem Tod der Mutter Schumanns am 4. Februar 1836 deren Hinterlassenschaft in Zwickau geregelt werden musste – zur Beerdigung war der Sohn nicht erschienen –, nutzte dieser die Gelegenheit zu einem heimlichen Rendezvous. Während Wiecks Abwesenheit vom 7. bis zum 11. Februar 1836 aus geschäftlichen Gründen machte er sich mit seinem Freund Ulex, Musiklehrer in Leipzig, zu einem Besuch Claras nach Dresden auf. Anschließend schrieb er ihr von Zwickau aus am 13. Februar 1836 vor der Rückreise nach Leipzig:

„....Schon seit zwei Stunden warte ich auf die Eilpost. Die Wege sind so zerstört, daß ich vielleicht erst um 2 Uhr fortkomme. - Wie Du vor mir stehst, meine geliebte, geliebte Clara, ach so nah dünkt es mir, als ob ich Dich fassen könnte....Mein heutiger Tag war von mancherlei bewegt - ein offenes Testament meiner Mutter, Erzählungen von ihrem Sterben. Hinter allem Dunkeln steht aber immer Dein blühend Bild und ich trag alles leichter. Auch darf ich Dir wohl sagen, daß meine Zukunft jetzt um vieles sicherer steht. Zwar darf ich nicht die Hände in den Schoß legen und muß noch viel schaffen, um das zu erringen, was Du kennst, wenn Du zufällig an dem Spiegel vorbei gehst....In Leipzig wird mein erstes sein, meine äußeren Angelegenheiten in Ordnung zu bringen; mit den inneren bin ich im Reinen; vielleicht daß der Vater nicht die Hand zurückzieht, wenn ich ihn um seinen Segen bitte....Wir sind vom Schicksal schon füreinander bestimmt; schon lange wußt ich das, aber mein Hoffen war nicht so kühn, Dir es früher zu sagen und von Dir verstanden zu *werden....Wisse nur, dass ich Dich recht unsäglich liebe. Es wird dunkel in der Stube. Passagiere schlafen neben mir. Draußen stöberts und schneits. Ich aber will mich recht tief in eine Ecke bergen, mit dem Kopf in das Kissen, und an nichts denken als Dich. – Lebe wohl, meine Clara. Dein Robert".*

Als Wieck von der Zusammenkunft erfuhr, reagierte er mit heftigen Wutausbrüchen. Er betrieb nunmehr mit allem Druck einen endgültigen Bruch zwischen seiner Tochter und Schumann, gegen den sich sein zunehmend giftiger werdende Zorn richtete; er schrieb ihm beleidigende Briefe und drohte sogar, ihn „...*zu erschießen, falls er ihm vor Augen käme....*". Clara überschüttete er mit groben Vorwürfen; seine gehorsame Tochter, für deren Karriere er große Opfer gebracht hatte, wurde in seinen Augen zu einer undankbaren und unerzogenen, ja abtrünnigen Person.

Wieck organisierte umgehend eine längere Konzertreise, um Clara für längere Zeit aus Leipzig fernzuhalten. Clara fügte sich – zumindest äußerlich – zunächst. Die Tournee, die ab dem 23. Februar 1836 über Dresden nach Görlitz und Breslau führte, verlief recht anstrengend. Friedrich Wieck nörgelte über das geizige Dresdner Publikum, die teuren Unterkünfte, die ungezogenen Dienstboten, die schlechten Pianos und die stümperhafte Orchesterbegleitung. Dennoch war schon das erste Konzert am 24. Februar sehr erfolgreich. Clara erhielt stürmischen Beifall; Musikverleger bemühten sich um die Lizenz für ihre *Klaviervariationen.* Auch nach der Rückkehr im April war Clara weiterhin wiederholt auf Konzertreisen, wobei sie ein für damalige Verhältnisse gigantisches organisatorisches und logistisches Programm abwickelte.

Die monatelangen Trennungen wurden für beide Seiten sehr schwer. Schumann bemühte sich, seinen Liebeskummer mit Komponieren, Schreiben und auch Alkoholtrinken zu bewältigen. Er suchte häufiger die Nähe von guten Bekannten wie Felix Mendelssohn Batholdy, Konzertmeister Ferdinand David, Familie Voigt, Hausarzt Dr. Moritz Reuter, Wilhelm Ulex und Komponist William Bennett.

Im Mai 1836 schickte er Clara ein Exemplar seiner *fis-Moll-Klaviersonate* mit dem pseudonymen Zusatz *„Clara zugeeignet von Florestan und Eusebius".* Wieck verbot ihr, sich zu bedanken und bestand sogar darauf, außer dem Widmungsexemplar auch Roberts Briefe zurückzugeben. Schumann – zutiefst gekränkt und deprimiert, zudem eifersüchtig, da Carl Banck umso penetranter Clara den Hof machte –, nahm wieder Kontakt zu Christel auf. Frustriert und verärgert stimmte er dem Abdruck einer ironisierenden Kritik an Claras *Klavierkonzert a-Moll* im Februar 1837 in seiner Musikzeitschrift zu *„...Hier soll von einer Reszension gar nicht die Rede sein – und warum nicht? – Weil wir es mit dem Werk einer Dame zu tun haben...."*.

Zu jener Zeit, während des Winters 1836/37, ging es Schumann seelisch sehr schlecht; er fühlte sich mutlos und deprimiert. *„...Die dunkelste Zeit, wo ich gar nichts mehr von Dir wußte und Dich mit Gewalt vergeßen wollte....Dachtest Du da nicht mehr an mich? wir müßen um jene Zeit uns fremd gewesen sein. Ich hatte resignirt...."* bekannte er Clara ein Jahr später.

Im Februar 1837 brach Clara mit ihrem Vater nach Berlin auf, wo sie auch ihre Mutter und ihren Stiefvater besuchten. Trotz aller Widrigkeiten wurden ihre Auftritte bejubelt und erwiesen sich auch in finanzieller Hinsicht als einträglich. Über Hamburg und Bremen traten sie Anfang Mai die Rückreise an; die Stiefmutter Clementine und Banck kamen ihnen bis vor die Tore Leipzigs entgegen. Letzterer bemühte sich derart aufdringlich um Clara, dass Vater Wieck selbst daran Anstoß nahm und Banck zur Freude Schumanns – *„...heitere Stimmung...."* – aus dem Haus wies.

Am 13. August 1837 gab Clara in der Buchhändlerbörse ein Konzert, auf dem sie auch – mit ausdrücklicher Einwilligung ihres Vaters – drei der zwölf *Symphonischen Etüden für Klavier* von Schumann vortrug. Auf Vermittlung des gemeinsamen Freundes Ernst Adolph Becker, damals Untersuchungsrichter am Freiberger Bergamt, war Schumann anwesend und sah so Clara nach eineinhalbjähriger Pause wieder; er erlebte das Konzert als „...*das Vollendetste, was man sich nur denken kann*". Über Becker ließ er anschließend folgenden Brief übergeben: „*Sind Sie noch treu und fest? So unerschütterlich ich an Sie glaube, so wird auch der stärkste Muth an sich irre, wenn man gar nichts von dem hört, was einem das Liebste auf der Welt. Und das sind Sie mir. Tausendmal habe ich mir alles überlegt und Alles sagt mir: es muß werden, wenn wir wollen und handeln. Schreiben Sie mir nur ein einfaches 'Ja', ob Sie Ihrem Vater gerade an Ihrem Geburtstag ...einen Brief von mir selbst geben wollen. Er ist jetzt gut gegen mich gesinnt und wird mich nicht verstoßen, wenn Sie noch für mich bitten....Vergessen Sie also das 'Ja' nicht. Ich muß erst diese Versicherung haben, ehe ich an etwas Weiteres denken kann....Alles dies meine ich aus voller Seele so, wie es dasteht, und unterschreibe es mit meinem Namen Robert Schumann*".

Clara betrachtete diesen Brief als einen Heiratsantrag und das Datum des folgenden Tages, den 14. August, fortan als Verlobungstag; sie antwortete zwei Tage später: „*Nur ein einfaches 'Ja' verlangen Sie? So ein kleines Wörtchen – so wichtig! doch – sollte nicht ein Herz so voll unaussprechlicher Liebe, wie das meine, dies kleine Wörtchen von ganzer Seele aussprechen können? Ich thue es, und mein Innerstes flüstert es Ihnen ewig zu.... Ihr Vorhaben scheint mir riskiert, doch ein liebend Herz achtet der Gefahren nicht viel. Also abermals sage ich 'Ja'......*".

An einen konspirativen Treff am 9. September in Riedels Garten erinnerte sich Clara später: „*...Beim ersten Wiedersehen warst Du so steif, so kalt; ich wäre auch gern herzlicher gewesen, doch ich war zu sehr erregt....Der Mond schien so schön auf Dein Gesicht, wenn Du* den Hut abnahmst und mit der Hand über die Stirn strichst, ich hatte das schönste Gefühl, das ich je gehabt, ich hatte mein Liebstes wiedergefunden".

Am 13. September 1837, dem 18. Geburtstag Claras, richtete Schumann auf deren ausdrücklichen Wunsch hin an Wieck ein offizielles Schreiben, in dem er förmlich um die Hand der Tochter anhielt. Er legte darin seine finanzielle Situation und seine Tätigkeitsbereiche dar, und bat abschließend um Verständnis für sein Anliegen: „.....Mit dem tiefsten Ausdruck, dessen ein geängstigtes, liebendes Herz fähig ist, flehe ich Sie an: Seyn Sie segnend, einem ihrer ältesten Freunde wieder Freund und dem besten Kinde der beste Vater!". Für Frau Wieck fügte er eine Anlage bei, in der auch um deren Unterstützung warb: „.....Ihnen vor allem, meine gütige Frau, lege ich unser künftiges Geschick ans Herz - an kein stiefmütterliches, glaub ich. Ihr klarer Blick, Ihr wohlwollender Sinn, Ihre hohe Achtung und Liebe für Clara werden Sie das Beste finden lassen....".
Zuvor hatte er sich von Becker intensiv beraten lassen: „.....Besten Dank für Alles, mein Theurer. Es soll Alles genau befolgt werden......Nun so geschieht`s mit Gott! Ich wandle wie unter lauter Seeligen und ich möchte Sie wohl bei mir haben.....Der Alte behandelt mich mit der größten Zartheit und Herzlichkeit....".

Dieser oberflächliche Eindruck täuschte allerdings. Nach Eintreffen des Briefes war von vermeintlicher Freundlichkeit nichts mehr zu spüren. Anlässlich der am nächsten Tag stattfindenden Unterredung mit Wieck bezog dieser keine klare Stellung, war aber insgesamt in harscher Form ablehnend. Schumann teilte Becker umgehend mit: „W.s Antwort war so verwirrt, so zweifelhaft ablehnend u. zugebend, daß ich nun gar nicht weiß, was ich anfangen soll. Gar nicht. ... Wesentliches konnte er ja nicht einwenden......Wollen Sie einige Zeilen an W. schreiben, ihm seine

große Verantwortlichkeit vorstellen ?....Ich bin schwer niedergedrückt u.
vermag nichts zu denken.".

Clara berichtete er darüber am 18. September 1837:

„Die Unterhaltung mit Ihrem Vater war fürchterlich. Diese Kälte, dieser
böse Willen, diese Verworrenheit, diese Widersprüche – er hat eine neue
Art zu vernichten, er stößt einem das Messer mit dem Griff in das
Herz....Was denn nun, meine liebe Clara? Ich weiß nicht, was ich anfangen
soll. Gar nicht. Mein Verstand geht hier zu Nichte, u. mit dem Gefühl
ist ja vollends nicht anzufangen bei Ihrem Vater. Was denn nun, was
denn nun?.... Also waffnen Sie sich; er wird Ihnen , wenn ihm der Zufall
einmal einen reichen Banquier oder dergleichen in die Hände spielen
sollte, so fein beizukommen wissen, daß Sie gar nichts merken.....Ich bin
heute so todt, so erniedrigt, daß ich kaum einen schönen guten Gedanken
fassen kann; selbst Ihr Bild ist mir zerflossen, das ich mir kaum Ihr
Auge denken kann. Kleinmüthig, daß ich Sie aufgäbe, bin ich nicht
worden; aber so erbittert, so gekränkt in meinen heiligsten Gefühlen, so
über einen Leisten geschlagen mit dem Gewöhnlichsten!......Vergebens
suchte ich nach einer Entschuldigung für Ihren Vater, den ich doch immer
für einen edelen, menschlichen Mann gehalten. Vergebens suchte ich in
seiner Weigerung einen schöneren tieferen Grund......Ich könnte Tagelang
fortschreiben.
Adieu, meine Clara, ich küsse Dich. Tröste mich, bitte Gott, daß er
mich nicht in Verzweiflung untergehn lässt. Ich bin angegriffen an der
Wurzel meines Lebens".

Clara antwortete: *„...Zweifeln Sie noch an mir ? Ich verzeih es Ihnen,*
bin ich doch ein schwaches Mädchen! ja schwach aber eine starke Seele
hab ich – ein Herz, das fest und unveränderlich ist.....Sprechen können
wir uns nicht allein, so sehr ich diesen Wunsch in mir herumtrage....Seien
Sie um Gottes willen vorsichtig mit dem Ring....meine Angst ist oft sehr
groß. Kann ich bauen auf Ihre Vorsicht?".

Nachdem er festgestellt hatte, daß Clara sich ihm zuliebe über
das Besuchsverbot ihres Vater hinweggesetzte, um während
dessen Abwesenheit Robert heimlich zu besuchen – *„...gestern*

Abend seeliges Beisammensein....." – schrieb Schumann drei Monate später durchaus selbstkritisch, aber auch zuversichtlicher
seiner Schwägerin Therese nach Zwickau: *"...Der Alte will Clara
noch nicht aus den Händen geben, an der er zu sehr hängt. Und dann
hat er doch wohl auch einiges Recht, wenn er meint, wir müßten erst noch
mehr verdienen, um anständig zu leben. Mit des Himmels Segen soll u.
wird sich noch Alles einem schönen Ende nahen. Clara läßt nicht von
mir; sie ist unerschüttert u. ein charakterfestes Mädchen...."*.

Als hauptsächlichen Grund für dessen schroffe Ablehnung
vermutete Schumann Wiecks Geldgier, der sich in der Folgezeit – unterstützt von seiner Frau – darauf verlegte, Verleumdungen über ihn zu verbreiten.
Friedrich Wiecks Widerstand gegen eine Verheiratung seiner
Tochter mit Robert Schumann war indes nachvollziehbar, da
er zum einen die angestrebte ruhmreiche Karriere seiner Tochter gefährdet sah. Zum anderen hatte Schumann bislang keine
sichere materielle Basis für eine Familie aufzuweisen. Außerdem missfiel Wieck der unsolide Lebenswandel Schumanns,
vor allem dessen Trinkereien, Schulden und Frauengeschich-
ten. Er scheute sich aber auch nicht, persönliche Eigentüm-
lichkeiten wie Schumanns Ungeselligkeit, schlechte Hand-
schrift und sein leises Sprechen als Makel herabsetzend publik
zu machen.

Die Reaktion Wiecks und die offenbar intrigante Haltung
seiner Frau führten nicht nur zu einer Entfremdung zwischen
Clara und ihrer Familie, sondern vergifteten auch die Atmosphäre zwischen ihr und Robert. Die Korrespondenz zwischen
beiden wurde konspirativ postlagernd oder unter wechselnden und verschlüsselten Adressen geführt, da Wieck auf allen
erdenklichen Wegen Kontakte zwischen ihnen unterbinden
wollte; die Briefe lassen dennoch immer wieder Zeichen von

Entfremdung, Misstrauen und Zweifel mit unterschwelligen Gereiztheiten erkennen.

Am 20. Oktober 1837 begab sich Wieck mit seiner Tochter per Postwagen auf eine siebenmonatige, sehr erfolgreiche Konzertreise über Dresden, Teplitz, Preßburg und Prag nach Wien, wo sie eine Woche später eintrafen. Clara gab in Wien sechs ausverkaufte Konzerte; Franz Grillparzer und Nikolaus Lenau waren unter ihren Zuhörern. Zwischendurch konzertierte sie Ende April/Anfang Mai 1838 zwei Wochen in Graz. Sie spielte vor allem Werke von Bach und Schubert, aber auch – von ihrem Vater stillschweigend geduldet – den *Carnaval* von Schumann. Den größten Eindruck auf sie machte Franz Liszt: *„......Als ich Liszt das erste Mal in Wien hörte, da konnte ich's nicht mehr aushalten, so hat es mich erschüttert....Er ist mit gar keinem Spieler zu vergleichen – steht einzig da....Er zieht einen in sich hinein – man geht mit ihm unter...."* bekannte sie noch Jahre später. Liszt seinerseits lobte öffentlich ihre *„vollendete technische Beherrschung, Tiefe und Wahrheit des Gefühls und durchaus edle Haltung"*.
Clara wurde schlagartig berühmt; von Kaiser Ferdinand I. wurde ihr am 15. März der Titel einer k. u. k. Kammervirtuosin verliehen. Eine weitere Anerkennung wurde ihr – neben Franz Liszt und Sigismund Thalberg – durch Verleihung der Ehrenmitgliedschaft seitens der „Gesellschaft der Musikfreunde" in Wien am 1. Mai zuteil, eine Auszeichnung, die Schumann erst Ende 1852 zugedacht wurde!

Zweifellos war Clara zeitlebens die bekannte und berühmte Pianistin, in deren Schatten Schumann stand; auch von den wenigen Komponistinnen des 19. Jahrhunderts war sie die Profilierteste. Vor allem auf den Konzertreisen stand sie stets im Mittelpunkt von Lob und Bewunderung, so dass sie sich Schumanns wegen sogar Vorwürfe machte und immer wieder ihre Achtung und sogar Ehrfurcht vor seinen Werken bekundete. Schumann, der brieflich über Claras Erfolge informiert war, freute sich einerseits mit ihr, fühlte sich künstlerisch inspiriert und komponierte: *„Seit vier Wochen habe ich fast nichts als componiert....Es strömt mir zu, ich sang immer mit.....".* Andererseits quälten ihn Minderwertigkeitsgefühle; er zweifelte an seinen eigenen Fähigkeiten und Begabungen und glaubte, für Clara nicht gut genug zu sein: *„Du weißt kaum, wer ich bin; manchmal könnte ich doch aufschreien gleich vor Schmerz....Spiele doch manchmal ein wenig schlechter, damit sie's nicht gar zu toll machen...."* schrieb er ihr am 5. Januar 1838 nach Wien, und am 6. Februar fügte er hinzu: *„....Alle Blätter sind von Dir voll – u. ich geh deshalb täglich ins Museum u. suche nach den Wiener Artikeln. Das war ja vorauszusehen...".* Er schrieb sich aber auch selbst ins Stammbuch: *„....vergiß nie, was Clara um Dich geduldet!".*

Voller Spannung sah Schumann, der immerzu sehnsüchtig auf Post wartete, Mitte Mai 1838 Claras Rückkehr nach Leipzig entgegen. Zu seiner Überraschung verhielt sich Wieck, der ihn am 22. Mai aufsuchte, unerwartet freundlich. *„....Hab` ich den alten Kerl doch lieb wie meinen Vater!....Der Himmel klärt sich auf...."* schrieb Schumann ins Tagebuch, und dass er Clara per Zufall am Nachmittag des 27. endlich wiedergetroffen habe. Schon am 21. Mai hatte er sie bei einem Konzert im Gewandhaus spielen hören. Ab dann verabredeten sie sich immer wieder – teils von Wieck in seinem Haus geduldet, teils unter besonderen Vorsichtsmaßnahmen – außerhalb: *„.....Sey punct 9 Uhr vor unsrem Fenster; winke ich mit einem weißen Tuch, so geh langsam hinauf nach dem alten Neumarkt; ich komme dann nach und geh mit Dir...Geh aber ganz langsam, weil ich mich dann erst zurechtmachen muß. Du kannst ja auf einmal wieder umdrehen"*...ließ sie ihm mit weiblicher List über ihre Zofe Nanny ausrichten.

Im Grunde genommen zeigte Wieck jedoch bezüglich Schumanns unverändertem eigentlichem Anliegen – Heiratserlaubnis für Clara – keinerlei Entgegenkommen, so dass die Situation weiterhin unberechenbar und angespannt blieb. Um seine Position zu verbessern, ging Schumann, von Clara darin bestärkt, im September 1838 selbst nach Wien, um dort seine Zeitschrift zu etablieren und vielleicht auch beruflich Fuß zu fassen. Nach anfänglichen Hoffnungen kam er indes Anfang April 1839 mit leeren Händen entmutigt und niedergeschlagen zurück. Clara war in Wien weitaus bekannter als er: „...*Wie man hier noch gut von Dir spricht, wie Du geliebt u. verehrt bist - ich will Dich nicht eitler machen, als Du schon bist - Aber komme nur nach Wien, ich kann Dir eine gute Aufnahme versprechen – jetzt hab ich einen Kuß verdient....*" berichtete er ihr noch am 23. Oktober 1838 voller Zukunftspläne.

Inzwischen war Clara am 8. Januar 1839 in Begleitung einer französischen Anstandsdame per Postkutsche bei eisiger Kälte und Schneetreiben zu einer Konzerttournee nach Paris aufgebrochen, diesmal ohne ihren Vater, der ihr die Unterstützung versagt hatte. Nach Konzerten in einigen deutschen Städten wie Nürnberg kam sie am 6. Februar in Paris an und fand Unterkunft bei der Familie ihrer Freundin Emilie List, später in einer Pension. Sie trat nicht nur mit Stücken von Henselt, Liszt und Thalberg auf, sondern nahm auch selbst Gesangsstunden bei dem gefeierten Opernkomponisten Meyerbeer. Anregende Begegnungen gab es mit den Musikern Alkan, Auber, Berlioz, Cherubini und Onslow. Mit Schumann blieb sie in brieflichem Kontakt, wobei sie Besorgnisse bezüglich ihrer zukünftigen Existenz äußerte, die ihr Verlobter zu zerstreuen suchte:: „...*ob ich wohl Nachrungssorgen ertragen könnte? Wir haben keine zu erwarten; aber wäre es auch, u. hätten wir die Hälfte weniger als wir haben – das könnte mich nie betrüben...*".

Bei ihrer – von Schumann erbetenen – vorzeitigen Rückkehr sahen sie sich endlich am 18. August 1839 schon in Altenburg wieder, wohin er ihr entgegengekommen war. Zwischenzeitlich hatte er sich bei Claras Mutter Marianne Bargiel in Berlin vorgestellt, die ihrer Tochter vorbehaltlos den Rücken stärkte und über Robert bemerkte, dass sie „...*ihn stündlich immer mehr lieb....*" gewinne.

Beide verbrachten ein paar Tage in Schneeberg und besuchten anschließend Schumanns Schwägerin Therese in Zwickau, ehe sie nach Leipzig fuhren. Clara war überglücklich. Ihrem Tagebuch sind zu jener Zeit zutiefst kluge und weitsichtige Überlegungen zu einer künftigen Partnerschaft mit Robert zu entnehmen. Ihr schwebte eine Verbindung von Hausfrauentätigkeit und Künstlertum vor, wobei sie sich durchaus der Kompliziertheit dieses Unterfangens bewusst war: „*Das ist eine schwere Aufgabe! Meine Kunst lasse ich nicht liegen, ich müßte mir ewige Vorwürfe machen. Sehr schwer denke ich mir die Führung einer Wirtschaft, immer das rechte Maß und Ziel zu treffen, nicht zuviel auszugeben, aber auch nicht in Geiz zu verfallen. Ich denke mit der Zeit alles das zu lernen...*".

Auch den Umgang mit dem nicht einfachen Menschen und Künstler Schumann klammerte sie nicht aus: „*Sehr schwer denke ich mir die Behandlung eines Mannes, besonders Roberts, daß man ihn immer zu nehmen weiß. Eine Frau hat zu vieles zu beobachten, besonders muß sie eine gewisse Zurückgezogenheit behaupten, was sehr schwer ist bei so großer Liebe. Ich denke Robert ganz zu verstehen, und das ist wohl die Hauptsache!.... Meine größte Sorge ist seine Gesundheit! Sollte ich den Schmerz erfahren müssen, ihn zu verlieren - ich wüßte nicht, ob ich den Mut hätte, noch zu leben....*".

Schließlich verbarg sie nicht ihre Betrübtheit über das nach wie vor unnachgiebige Verhalten des Vaters: „*......Hätte der Vater manchmal in mein Inneres sehen können, er hätte Mitleid gehabt; er ist sehr gut, und hat an mir gethan, was kein Vater so leicht thut, aber eine edle, schöne Liebe kennt er nicht und versteht sie auch nicht....Ich fühle manchmal das tiefste Mitleid für ihn....Ich denke Vaters Herz wird sich erweichen lassen, wenn er sich überzeugt, daß meine Liebe nicht bloß leidenschaftlich ist. Ich will ihn noch eines anderen zu überzeugen suchen - ich denke, seine väterliche Liebe soll noch siegen über seinen Starrsinn.*

Seine Absichten waren die, ich sollte einen reichen Mann heiraten, um meine Kunst dann bloß zum Vergnügen treiben zu können....".

Als Clara nach Leipzig zurückkam, wurde sie zu Hause nicht wieder aufgenommen. Mit den Worten: „*....Wer ist denn die Mamsell Wieck? Ich kenne zwei Fräulein Wieck nur, das sind meine beiden kleinen Töchter, eine andere kenne ich nicht"* verweigerte ihr der Vater den Zutritt. Clara wohnte daher einige Tage bei der Familie ihrer Tante Emilie Carl und begab sich sodann am 13. September mit Robert zu ihrer Mutter nach Berlin, in deren Familie sie nun bis zur Eheschließung 1840 eine Bleibe fand, ohne Unterstützung von zu Hause, da ihr Vater die von ihr eingebrachten Honorare unter fadenscheinigen Gründen nicht freigab. Familie Bargiel ging es finanziell selbst nicht gut. Außerdem hatte sich die inzwischen verwitwete und verarmte Ernestine von Fricken mit einem Bittbrief an Clara gewandt. Schumann schickte seiner Braut daher fortlaufend Geld für den Lebensunterhalt und andere Aufwendungen; bereits am 3. September hatte er ihr preußische Staatsschuldscheine im Wert von 400 Talern überschrieben.

Die Lage entspannte sich, nachdem Clara ab Anfang des Jahres in Berlin als Pianistin auftrat und sich von Februar bis März 1840 mit ihrer Mutter auf eine Konzertreise nach Stettin und Stargard, dann nach Hamburg, Bremen und Lübeck begab, so dass sie wieder eigene Einkünfte hatte: „*....ich will Dir`s sagen, obgleich ich nicht gern davon spreche. Ich hatte Einnahmen 970 Thaler, davon gingen soviel für Reisekosten, Einkäufe ab für mich und Mutter und das ganze Haus ab, daß mir 490 Thlr. blieben...."* teilte sie anschließend ihrem Verlobten mit.

Das Verhältnis zu ihrem Vater und zur Stiefmutter war inzwischen mehr als gespannt, zumal jener einen nochmaligen Versuch Roberts zur Einwilligung in die Heirat mit unannehmbaren, ja grotesken Bedingungen verknüpfte. Wieck stellte im

(Abb. 4: Clara Wieck mit 21 Jahren)

April 1839 einen ganzen Katalog von unerfüllbaren, teils skurril, teils schikanös anmutenden Forderungen auf. So sollten

1. Robert und Clara nicht in Sachsen wohnen, solange Wieck lebte,

2. Claras Vermögen erst nach fünf Jahren freigegeben werden,

3. Robert sein dargelegtes Einkommen notariell beglaubigen lassen,

4. er sich weder mündlich noch schriftlich an Wieck wenden dürfen, geschweige denn irgendwelche Unterstützung von ihm erbitten,

5. Clara auf ihr Erbe verzichten, und

6. die Heirat bereits zu Michaelis 1839 stattfinden.

Schumann sah realistischerweise keinerlei Basis für eine Einigung und warnte Clara vor jeglicher Nachgiebigkeit. Nachdem von ihrer Seite ein letzter Vermittlungsversuch im Juni fehlgeschlagen und auch eine Intervention von Marianne Bargiel erfolglos geblieben waren, wandte Schumann sich schließlich mit schriftlichem Einverständnis seiner Verlobten – „...*der Augenblick des Unterschreibens war der wichtigste meines Lebens...*", so Clara – am 15. Juli 1839 an das Königliche Appellationsgericht zu Leipzig, um die Genehmigung zur Eheschließung auf dem Klageweg durchzusetzen:

„Wir Endesunterzeichnete hegen seit langen Jahren bereits den gemeinsamen und innigen Wunsch, uns ehelich miteinander zu verbinden. Doch steht der Ausführung dieses Entschlusses noch zur Zeit ein Hindernis entgegen, dessen Beseitigung ebenso notwendig zur Erreichung unseres Zweckes, als es uns mit tiefsten Schmerz erfüllt, dieselbe auf diesem Weg suchen zu müssen. Der mitunterzeichneten Clara Wieck Vater verweigert uns nämlich, wiederholt an ihn gerichteter freundlicher Bitte ungeachtet, seine Zustimmung. Die Gründe seiner Weigerung wissen wir uns nicht zu erklären; wir sind uns keiner Fehler bewußt; unsere Vermögenszustände sind derart, daß wir einer sorgenlosen Zukunft entgegensehen dürfen. Was daher Herrn Wieck abhält, diesem Bunde seine Zustimmung zu geben, kann lediglich eine persönliche feindselige Gesinnung gegen den Mitunterzeichneten sein. Wie dem sei, wir sind nicht willens, deshalb von unserem wohlerwogenen Entschlusse abzustehen, und nahen uns daher dem Hohen Gerichte mit der ergebendsten Bitte, Hochdasselbe wolle Herrn Wieck zur Erteilung seiner väterlichen Zustimmung zu unserem ehelichen Bündnis veranlassen....".

Wieck verwies in seiner schriftlichen Erwiderung zunächst auf das unreife, ja undankbare und unsinnige Ansinnen seiner Tochter, ehe er „*größte Zweifel*" an Schumanns Charakter äußerte: „...*Wie soll ein Mann, der im höchsten Grade träge, unzuverlässig, unfügsam, trotzig, widerspenstig, eigensinnig, kindisch, unmännlich, mit einem Worte für das soziale Leben völlig verloren ist, der nicht verständlich sprechen und nicht leserlich schreiben, sich in kein Verhältnis fügen und nichts zur rechten Zeit thun kann; der seine Zusagen und Versprechungen nicht hält und der musikalischen Virtuosität abhold ist, als Begleiter der Clara auf Kunstreisen dienen....*".

Er sprach des weiteren von der „*unerklärlichen, ja wahnsinnigen Idee*", dass Schumann sich möglicherweise noch ändern könne, und prophezeite seiner Tochter ein unglückliches Leben, falls die Heirat realisiert würde. Seine Tochter – so Wieck – sei zur Künstlerin ausgebildet und nicht imstande, einen Haushalt zu führen, überdies brauche sie als Künstlerin mehr Geld als Frauen in gewöhnlichen Lebensumständen.

Es schloss sich ein zermürbendes Hin und Her an, das sich über ein Jahr hinzog. Wieck verweigerte die Teilnahme an den gerichtlicherseits vorgeschlagenen Aussöhnungsgesprächen, stattdessen überhäufte er Schumann mit zahlreichen Vorwürfen und Beleidigungen, die er dem Gericht am 18. Dezember derart erregt mündlich vortrug, dass der Vorsitzende ihm das Wort entziehen musste. Er warf Schumann Unzuverlässigkeit, Fehlen eines soliden Studiums, Faulheit, Verantwortungslosigkeit und Trunksucht vor und ließ diese Erklärung sogar unter Bekannten verteilen.

Das Gericht entschied Mitte Januar 1840, lediglich dem Vorwurf der Trunksucht nachzugehen. In einer Stellungnahme am 13. Februar 1840 legte Schumann zunächst ausführlich seine Vermögensverhältnisse offen: bei festen jährlichen Einnahmen von 1500 Reichstalern ein Gesamtvermögen von insgesamt 12.688 Talern, überwiegend bezogen aus der musikalischen Zeitschrift. Vorwürfen bezüglich seiner vermeintlichen Charakterlosigkeit trat er mit Leumundszeugnissen und Ehrenerklärungen entgegen, vor allem mit dem Hinweis auf den Doktortitel, der ihm ehrenhalber als *„Auszeichnung und Ehrung für sein Genie, seine Gelehrsamkeit und seine bewährte Tüchtigkeit"* im Februar 1840 von der Philosophischen Fakultät der Universität Jena verliehen worden war. Wieck hielt er vor, dass er selbst regelmäßig an den abendlichen Geselligkeiten im „Kaffeebaum" und in den anderen Gaststätten teilgenommen habe.

Nachdem Wieck alle Rechtsmittel ausgeschöpft hatte, erteilte als nächsthöhere Instanz das Oberappellationsgericht am 7. Juli 1840 die Erlaubnis zur Eheschließung, die im August rechtskräftig wurde. Es könne *„nichts Ungehöriges oder Unpassendes darin gefunden werden"* – so hieß es – wenn eine Hausfrau auch positiv den Erwerb des Mannes vermehren helfe. Was Wieck gegen die Persönlichkeit einwende, sei um so unerheblicher, als Clara Wieck selbst in ihrer Zuneigung zu Schumann standhaft geblieben sei. Wieck musste die Prozesskosten tragen und eine Entschädigung zahlen; im April 1841 wurde zudem über ihn auf Schumanns Klage hin wegen Verleumdungen eine 18-tägige Haftstrafe verhängt. Clara und Robert bereiteten sich auf die Hochzeit vor; *„....ich zittere und bebe vor dem Tag, aus Freude und Angst....von unserer Trauung haben wir Niemand gesagt – wir wollen die Sache ganz im Stillen machen"* hielt Clara am 19. Juli im Tagebuch fest.

Endlich frei unternahm sie ab dem 20. Oktober in Begleitung ihrer Tante eine Konzertreise durch Thüringen. In Jena durfte sie am 24. Oktober im „Akademischen Rosensaal" spielen, in Weimar wurde sie an den Großherzoglichen Hof geladen, wo sich unter den Zuhörern auch die russische Kaiserin befand. Unter ihrem Mädchennamen trat sie am 6. September in Weimar zum letzten Male auf, von wo Robert sie zwei Tage später nach Leipzig zurückbegleitete. Am 12. September wurden Clara Wieck und Robert Schumann vormittags in der Schönefelder Gedächtniskirche bei Leipzig von Pastor August Wildenhahn, einem ehemaligen Schulfreund Roberts, miteinander vermählt:

„Im Jahre Christi.... 1840.... den 12. September wurden nach vorangegangenem dreimaligen öffentlichen Aufgebot...in hiesiger Kirche, mit Dimissoriale aus Leipzig, mit Orgelspiel ohne Gesang, getraut: Dr. Robert Schumann, ...musical. Componist u. Einwohner in Leipzig..... mit Jgfr. Clara Josephine Wieck, älteste Tochter, erster Ehe von Herrn Friedrich Wieck....“.

Trauzeugen waren die treuen Gefährten Moritz Reuter und Ernst Becker. Schumann schenkte seiner Frau den prachtvollen „Myrthen-Band", wovon schon an derer Stelle die Rede war. Clara Schumann hielt ihre Eindrücke und Empfindungen folgendermaßen fest:

„Was soll ich über diesen Tag sagen! Er wird mir der unvergeßlichste meines Lebens sein! - Um 10 Uhr ging die Trauung vor sich, ein Choral begann, dann sprach der Herr Prediger Wildenhahn eine kurze einfache, aber von Herz zu Herzen gehende Rede. Mein ganzes Innere war von Dank erfüllt zu dem, der uns doch endlich über so viele Felsen und Klippen zueinandergeführt; mein inbrünstiges Gebet war, daß es ihm gefallen möchte, mir meinen Robert recht lange, lange Jahre zu erhalten - Ach! der Gedanke, ich möchte ihn einmal verlieren, wenn er über mich kommt, dann verwirren sich gleich alle meine Sinne - der Himmel schütze mich vor solchem Unglück, ich trüge es nicht...“.

Sie beendete ihr Tagebuch wie folgt: *„Nichts störte uns an diesem Tag, und so sei er denn auch in diesem Buche als der schönste und wichtigste meines Lebens aufgezeichnet. Eine Periode meines Lebens ist nun beschloßen; erfuhr ich gleich auch viel Trübes in meinen jungen Jahren schon, so doch auch manches Freudige, das ich nie vergessen will. Jetzt geht ein neues Leben an, ein schönes Leben, das Leben mit dem, den man über alles und sich selbst liebt, aber auch schwere Pflichten ruhen* *auch auf mir, und der Himmel verleihe mir Kraft, sie getreulich ein gutes Weib zu erfüllen...".*

Nachmittags wanderte das Ehepaar zum Gut Möckern; den Abend verbrachten Schumanns bei Familie Julius und Emilie Carl in Leipzig.

Für die Zeit ihres gemeinsamen Lebens bis zur Internierung Schumanns in der Endenicher Anstalt 1854 bzw. seinem dortigen Tod zweieinhalb Jahre später blieb Clara eine zielstrebige, umsichtige und tapfere Ehefrau, die allen Widrigkeiten zum Trotz die anwachsende Familie versorgte. Sie schaffte es zudem, – gegen anfängliche Widerstände ihres Mannes – ihren erfolgreichen beruflichen Weg als Pianistin und Komponistin fortzusetzen. Trotz aller Beschwernisse hatte sie die Kraft und den Willen, ihrem Mann für seine Arbeit den Rücken frei zu halten und ihm stets zur Seite zu stehen, wenn er angegriffen wurde. Die Bürde wurde desto schwerer, je weniger er in der Lage war, sich selbst, geschweige denn die Famillie angemessen zu versorgen.

Hilfreich war sicher, dass Robert sich bemühte, ihr mit Verständnis, Toleranz und Großzügigkeit hinsichtlich ihres Künstlertums begegnen – für die damalige Zeit eine sicher nicht selbstverständliche Haltung. In den Briefen zwischen Clara und Robert wird durchgehend eine bewegend liebevolle und zärtliche gegenseitige Zuneigung sichtbar, die sich durch Offenheit und Ehrlichkeit auszeichnet. Nichts spricht dafür, dass die tiefe Verbundenheit zwischen diesen beiden ungewöhnlichen, in der Persönlichkeit so unterschiedlichen, im künstlerischen Schaffen so wesenverwandten Menschen, durch das Auf und Ab im Glück und Unglück jemals in Frage gestellt war. Ihr Ehebündnis beruhte – obgleich schließlich auf eine harte Probe gestellt – wortwörtlich auf dem Gelöbnis zum Zusammenhalt „bis dass der Tod Euch scheidet". Nicht vorauszusehen war, dass Clara den ungleich schwereren Teil des gemeinsamen „Ehejochs" zu tragen hatte, und dass ihre Befürchtungen, Robert früh zu verlieren, leider bittere Wirklichkeit wurden.

Kurz vor der Hochzeit hatte Wieck seinen Instrumentenhandel in Leipzig aufgegeben und war nach Dresden umgezogen. Durch Vermittlung des Majors Anton von Serre aus Schloss Maxen bekam Clara im Februar 1841 endlich ihren Hammerflügel von Wieck zurück, den sie nach der Wien-Tournee geschenkt bekommen hatte. Nach Schumanns Tod 1856 wurde er an Brahms weitergegeben, von dort kam er ins Wiener Museum.

Auf ihre Geburtstagsglückwünsche im August 1841 reagierte Wieck nicht, auf die Geburtsanzeige über seine erste Enkelin Marie am 1. September 1841 nur einsilbig und mürrisch. Stattdessen verbreitete er weiterhin abwertende Gerüchte über Tochter und Schwiegersohn.

Im Januar 1843 lud er jedoch überraschend Familie Schumann zu einer Soiree nach Dresden ein, auf der von Clara Schumann das von ihrem Mann im Herbst zuvor komponierte *Klavierquintett Es-Dur* vorgetragen werden sollte.

Die Vergangenheit solle begraben werden: „*.....Dein Mann und ich, wir sind zwei harte Köpfe – die muß man gehen lassen, aber gesinnungsvoll sind wir. Folglich kann ihn nicht wundern, wenn ich immer wieder seinem Fleiß und seiner Schöpferkraft Gerechtigkeit widerfahren zu lassen wünsche. Komme bald nach Dresden und führe Deines Mannes Quintett auf...*" schrieb er seiner Tochter. Clara war erleichtert und froh über die Zeichen einer sich anbahnenden Aussöhnung, da sie stets einen Rest von Dankbarkeit und Loyalität gegenüber ihrem Vater bewahrt hatte. Es folgte Mitte Februar ein einwöchiger Besuch Claras in Dresden, und Wieck war nach dem Privatkonzert am 14. Februar 1843 – wie Clara schrieb – „*...Feuer und Flamme für Roberts Compositionen*".

Schumann hingegen blieb infolge seiner bitteren Erfahrungen reserviert, was Wieck am 15. Dezember 1843 zu einem persönlichen Brief an seinen Schwiegersohn veranlaßte: *„Lieber Schumann, Tempora mutantur et nos mutamus in eis. Wir können uns, der Clara und der Welt gegenüber, nicht mehr fernstehen. Sie sind jetzt auch Familienvater – warum lange Erklärung? In der Kunst waren wir uns immer einig – ich war sogar Ihr Lehrer – mein Ausspruch entschied für Ihre jetzige Laufbahn. Meiner Teilnahme für Ihr Talent und Ihre schönen und wahren Bestrebungen brauche ich Sie nicht zu versichern. Mit Freuden erwartet Sie in Dresden Ihr Vater Fr. Wieck".*

So verbrachten die jungen Schumanns nach der triumphalen Dresdner Aufführung des neusten Werkes *Das Paradies und die Peri* im Dezember die Weihnachtstage 1843 bei Familie Wieck, allerdings wurde aus dieser verwandtschaftlichen Pflichtübung nie ein herzliches und unbefangenes familiäres Verhältnis.

Auf Schumanns Wunsch wurde ab September 1840 ein gemeinsames „Ehetagebuch" geführt, mit jeweils wechselseitigen, wöchentlichen Eintragungen bei sonntäglicher Übergabe. In dem Buch sollten Schumanns genauen Vorstellungen zufolge Gedanken über den Haus- und Ehestand in Form von Mitteilungen, Anmerkungen, Kommentaren und auch Bitten niedergelegt werden:

„....Mein herzliebstes junges Weib, laß Dich vor allem auf das zärtlichste küssen am heutigen Tage, dem ersten Deiner Frauenschaft, dem ersten deines 22ten Jahres. Das Büchlein, das ich heute eröffne, hat eine gar innige Bedeutung; es soll ein Tagebuch werden über alles, was uns gemeinsam berührt in unserem Haus- und Ehestand; unsre Wünsche, unsre Hoffnungen sollen darin aufgezeichnet werden; auch soll es ein Büchlein der Bitten werden, die wir aneinander zu richten haben, wo das Wort nicht ausreicht; auch eines der Vermittlung und Versöhnung, wenn wir uns etwas verkannt hatten; kurz ein guter wahrer Freund soll es uns sein, dem wir alles vertrauen, dem unsere Herzen offen stehen. Bist du damit einverstanden, liebes Weib, so versprich mir auch, dass Du Dich

streng an die Statuten unsres geheimen Eheordens halten willst, wie ich es dir selbst hier verspreche....Bist Du mit all diesem einverstanden, mein Herzensweib, so schreibe Deinen Namen unter meinen, u. laß uns als Talisman noch die drei Worte aussprechen, worauf alles Glück des Lebens beruht: Fleiß, Sparsamkeit und Treue".

Robert Schumann und Clara Wieck sahen sich endlich am Ziel ihrer Wünsche. Beide bemühten sich nun gemeinsam um eine Sicherung der beruflichen Existenz. Clara wurde nicht nur geliebte Begleiterin und inspirierende Muse, sondern auch Mutter vieler Kinder, so dass sie bald eine große Familie zu dirigieren hatte und ihre Organisationsfähigkeit, Tatkraft, Zähigkeit und Kompromissfähigkeit sehr gefordert wurden. Nach einem Vierteljahr im Ehestand schrieb Clara am 5. Dezember ins Ehetagebuch: „*....Wohl mein glücklichstes Vierteljahr, das ich noch erlebt. Ich stehe täglich in neuer Liebe zu meinem Robert auf und schein ich auch manchmal trübe....so sind es nur Sorgen, deren Ursprung doch immer die Liebe ist...*". Die Bilanz nach einem Ehejahr lautete: „*.....Ich dank Gott innig, daß er uns diesen ersten 8. Juni unser Ehe so glücklich verleben ließ, und vor allem mir und der Welt einen so lieben ausgezeichneten Menschen schuf....Was ich meinem Robert schenken konnte war wenig, doch lächelte er immer freundlich, weil er wohl wußte mit welchem Herzen es gegeben war*".
Es gab aber auch düstere Tage der Bedrücktheit, Frustration und Selbstzweifel: „*...es hat mich seit einigen Tagen ein unbeschreiblicher Trübsinn befallen — ich denke Du liebst mich nicht mehr wie sonst, ich fühle es oft so klar, daß ich Dir nicht genügen kann, und Du bist zärtlich, so dünkt mir zuweilen, ich müßte dies Deinem guten Herzen zuschreiben, das mir nicht wehe thuen möchte....*" empfand Clara im November 1842.
Sie las die Klassiker, studierte Notentexte, gab Klavierstunden und komponierte; so vertonte sie zu Roberts 31. Geburtstag im Jahr 1841 vier Lieder. Nach längerer Pause gab es am 31. März 1841 im Gewandhaus ein Benefizkonzert für den Or-

chesterpensionsfonds, bei dem Schumanns gerade fertig gestellte *Frühlingssymphonie* den Höhepunkt bildete. Daneben wurden von Clara und anderen Interpreten unter viel Beifall auch kleinere Klavierstücke vorgetragen: *„Ich wurde empfangen mit einem so anhaltenden Enthusiasmus, daß ich blaß und rot wurde, es hörte nicht auf, selbst als ich schon am Klavier saß...."* berichtete sie ihrer Freundin Emilie List. Sie war damals bereits schwanger; am 1. September 1841 wurde die erste Tochter Marie geboren.

Die Schumannsche Wohnung im ersten Stock der Inselstraße Nr. 5 im Haus des Maurermeisters Scheitel wurde zu einem Treffpunkt der Leipziger Musikerszene. Dem Familienfreund Dr. Gustav Adolph Keferstein schrieb Clara am 22. Oktober 1840: *„... Nur einen schönen Gruß lassen Sie sich, lieber Herr Doctor sagen, und mich Ihnen als junge Frau vorstellen. Ja, endlich haben wir denn unser Ziel erreicht, und genießen ein großes Glück. Wir lieben täglich einander mehr, und leben nur für Einander....wir haben jetzt viele musikalische Genüsse.... vergangene Woche war Moscheles hier, dem zu Ehren Mendelssohn im Gewandhaus, David und wir in unseren Behausungen Soiréen gaben....nun erwartet man Ole Bull...."*. Letzterer trat am 30. November 1840 im Gewandhaus auf, und Clara entdeckte ...*„in ihm einen höchst originellen, interessanten Künstler..."*.

Es gab also vielerlei Besuch, umgekehrt auch Einladungen zu den Familien von Felix Mendelssohn, Ferdinand David, dem Konzertmeister des Leipziger Gewandhausorchesters, von Dr. Hermann Härtel und dessen Bruder Raimund, Besitzer der Klavierfabrik und des Musikverlages Breitkopf & Härtel, vom Verlagsbuchhändler Heinrich Brockhaus, von dem Ökonomen und amerikanischen Konsul Friedrich List und dem Eisenwarenfabrikanten Karl Friedrich Harkort. Regelmäßige Gäste waren die Sängerin Amalie Rieffel, Dr. Moritz Reuter und Familie Woldemar und Livia Frege. Am 1. Dezember kam Franz Liszt für eine paar Tage von Weimar nach

Leipzig. Man machte Spaziergänge in die Umgebung und unternahm Reisen mit der neuen Eisenbahn nach Halle und Dresden. Nach zwölf Jahren erlebte Schumann zu seiner Enttäuschung Giuditta Pasta, die ihn einst an der Mailänder Scala begeistert hatte, nun im Konzertsaal als alternde Künstlerin, deren Ruhm verblasst war.

Auch in Dresden, wohin die inzwischen gewachsene Familie Schumann – am 25. April 1843 war das zweite Kind Elise geboren worden – im Dezember 1844 umgezogen war, gab es bald Besuche von allen Seiten. Clara brachte in häuslichen Musikabenden in der Großen Reitbahngasse Nr. 20 die neuesten Stücke ihres Mannes zur Aufführung und veranstaltete Kammermusiksoireen im Hotel de Saxe am Neumarkt. Großen Anteil nahm Clara an den Dresdner Maiaufständen; sie widmete ihnen längere Eintragungen im Tagebuch: *„...Freitag, den 4. fanden ....wir alle Straßen verbarrikadiert, auf den Barrkaden standen Sensenmänner und Republikaner....überall herrschte die größte Gesetzlosigkeit. Straßenpflaster sowie die Steine auf den Straßen wurden aufgerissen und zu Barrikaden verwendet, ...auf dem Rathaus saßen die Demokraten beisammen und wählten eine provisorische Regierung....Auf unsrer Promenade durch die Stadt wurde uns auch der schrekliche Anblick von 14 Toten, die tags vorher gefallen und schrecklich zugerichtet zur Schau des Publikums im Hofe des Klinikums lagen zutheil.....Donnerstag, den 10., hörten wir von schreklichen Greueltaten, die das Militär verübte; alles schossen sie nieder, was sie an Insurgenten fanden, unsre Wirtin in der Stadt erzählte uns später, daß ihr Bruder.....zusehen mußte, wie die Soldaten 26 Studenten, einen nach dem andern, erschoßen......Dann sollen sie die Menschen zu Dutzenden von den dritten und vierten Stockwerken auf die Straße geworfen haben.....Wann wird einmal die Zeit komen, wo die Menschen alle die gleichen Rechte haben werden?...".* Clara verleugnete mutig an der Haustür ihren Mann, als er zu den Sicherheitswachen eingezogen werden sollte und flüchtete mit ihm aufs Land.

In Dresden wie auch später in Düsseldorf, wo Schumanns ebenfalls bald Kontakt zu einem Freundes- und Bekanntenkreis von Musikern und Malern hatte, war Clara der organisatorische Dreh- und Angelpunkt der Familie. Sie spielte bereits wenige Wochen nach dem Umzug im September 1850 im ersten Abonnentenkonzert unter der Direktion ihres Mannes mit großem Erfolg Mendelssohns g-Moll-Konzert. Wie zuvor trat sie öffentlich auf und gab Klavierunterricht; ihre Schüler kamen auch aus Düsseldorfs weiterer Umgebung, bis von Elberfeld, Köln, Bonn und sogar Krefeld. Von ihren Konzertreisen war bereits die Rede.

Dessen ungeachtet verlief die Ehe nicht spannungsfrei. Es gab Eifersüchteleien wegen Schumanns Kontakten zu jungen Pianistinnen wie Camilla Pleyel und Amalie Rieffel; Schumann hingegen war eifersüchtig auf Mendelssohn.
Mit seinen anfänglichen Vorstellungen von einer mütterlichen Frau, die sich vorrangig um das Wohl der Familie zu kümmern habe, waren Claras emanzipatorischen Bestrebungen nur schwer vereinbar. Schumann wünschte sich eine treu umsorgende Ehefrau: „.....*Eben las ich deinen Brief, bleibe ich ein Jahr in Dresden, so bin ich als Künstlerin vergeßen – Clärchen, das ist doch nicht dein Ernst – würdest du auch als Künstlerin vergeßen, wirst du denn nicht als Weib geliebt?.... Das erste Jahr unserer Ehe sollst du die Künstlerin vergeßen, sollst nichts als dir u. deinem Mann leben, u. warte du nur, wie ich dir die Künstlerin vergeßen machen will – nein das Weib steht doch noch höher als die Künstlerin, u. erreiche ich nur das, daß du gar nichts mehr mit der Oeffentlichkeit zu thun hättest, so wäre mein innigster Wunsch erreicht*" antwortete er auf einen Brief Claras.

Obgleich zwei Flügel vorhanden waren, durfte Clara in der Leipziger Wohnung wegen der hellhörigen Wände nicht Klavier spielen, wenn ihr Mann zu Hause war: „*Robert wünscht es nicht*" hieß es. Clara beklagte sich: „...*Zum Spielen komme ich jetzt gar nicht....Wäre es doch nur möglich, dem Übel mit den dünnen Wänden abzuhelfen, ich verlerne alles, und werde noch ganz melancholisch darüber"*. Erst in Düsseldorf erhielt Clara nach dem Umzug in die Bilkerstraße ein eigenes Studier- und Musikzimmer im zweiten Stock, *"....wo Robert nichts hören kann. Zum ersten Mal nach unsrer Verheirathung treffen wir es so glücklich...."* schrieb sie im September 1852 ins Tagebuch.

Clara richtete sich, so gut es ging, nach ihrem Mann. Sie nahm anfänglich keine Einladungen zu Konzertreisen mehr an, bis sie schließlich im Februar 1842 den Plan einer Konzerttournee nach Norddeutschland und Dänemark realisierte, die immerhin einen Reingewinn von 500 Talern erbrachte. Angesichts der häufigen Geldsorgen in der anwachsenden Familie - Schumanns Honorar reichte nicht aus - war dies eine willkommene Unterstützung.

Ihr Mann war zweifellos von Claras Konzerterfolgen gekränkt, umso mehr, als er nach und nach immer zurückgezogener und kränklicher wurde. Er war aber nicht taub gegenüber Claras Wünschen und sah durchaus die Notwendigkeit, dass sie mehr Klavier spielen müsse: *"....Sie hat Recht, es ist das wenigste, was sie spielen darf, um nicht geradezu an Fertigkeit zu verlieren. Wir müssen uns später anders einrichten, daß Clara spielen kann, so oft sie Lust hat....".*

Clara blieb beharrlich bei ihren eigenen Vorstellungen, was Schumann schließlich nach Abschluß seiner ersten Sinfonie im März 1841 wohl auch akzeptieren konnte; zumindest schien er einsichtig: *"....Klara studirt mit aechter Liebe viel Beethoven'sches (auch Schu- u. ehemännisches).... hat mir viel beigestanden im Ordnen meiner Symphonie....Liest nebenbei Göthe's Leben, schneidet auch Bohnen, wenn's sein muß - die Musik geht ihr aber über alles, u. das ist eine Freude für mich".*

Clara versicherte ihrem Mann wiederholt, wie wichtig ihr seine Musik sei, zumal er darunter litt, dass sie diese weniger häufig öffentlich spielte, als er es sich wünschte. Der Grund hierfür lag hauptsächlich darin, dass Schumanns Musik damals noch zu neu war und oft auf Unverständnis, wenn nicht sogar auf Ablehnung stieß. Claras Antwort auf seine diesbezüglichen Vorwürfe war: „.....*Ich weiß gar nicht, lieber Robert, warum du mir immer sagst, ich spiele nicht gern von deinen Compositionen, das ist Unrecht, und schmerzt mich; eben weil ich deine Compositionen so sehr verehre und liebe, darum spiele ich sie nur Auserwählten.... Du thust, als sey ich immer unzufrieden mit dir und Gott weiß was noch! Kann jemand in der Welt dich mehr anerkennen als ich? Eben meine große Verehrung deiner Compositionen lässt es mir nicht zu, sie zu spielen vor Welchen die sie nicht verstehen, die sind es nicht werth zu hören...*".

Clara war es, die sein über Jahre entwickeltes *Konzert für Klavier und Orchester* zum ersten Mal am 4. Dezember 1845 in Dresden und am 1. Januar 1846 in Leipzig der Öffentlichkeit präsentierte. Beschwichtigend betonte sie immer die Gemeinsamkeit ihrer Arbeit, in der sein Werk im Mittelpunkt stehe, und unterstützte ihn jahrelang bei der zeitraubenden Herstellung von Klavierauszügen. Sie nahm sich taktisch klug zurück, um Schumanns Missmutigkeiten zu glätten. Anfangs waren beide aufeinander angewiesen, um sich im Gleichgewicht zu halten, später musste Clara mehr und mehr – neben ihrer künstlerischen Tätigkeit – den großen Haushalt, die Erziehung der Kinder, die finanzielle Sicherstellung der Familie und den gesamten externen Verkehr mit Besuchern, Bekannten, Freunden und Verwandten managen.

Unersetzlich wurde sie ihrem Mann auf den Konzertreisen und bei den Proben und Aufführungen, bei denen sie oft als verlängertes Sprachrohr auftreten musste. Tapfer ertrug sie die Begleiterscheinungen und Auswirkungen der zunehmenden Persönlichkeitsveränderungen ihres Mannes bis zu dessen katastrophalem Zusammenbruch im Februar 1854, der einen vollständigen und irreversiblen Bruch des vertrauten Miteinanders zur Folge hatte.

Krisenzeiten

Robert Schumann war von Kind auf ein lebendiger, phantasievoller und einfallsreicher Mensch. Gleichzeitig war er allem Anschein nach besonders empfindsam und empfänglich, was bisweilen zu übersteigerten emotionalen Reaktionen führte, zu schwärmerischer Bewegtheit ebenso wie zu schweigsamem Rückzug. Wie ein roter Faden ziehen sich durch Schumanns Leben Ambivalenzen seiner Gefühle und Befindlichkeiten. Es handelte sich zum einen teils um durchaus verständliche Reaktionen auf Konflikte und seelische Belastungen, teils um pubertäre Disharmonien, zum anderen aber auch um kaum nachvollziehbare Zustände von unangemessener, ja uneinfühlbarer Angst und Schwermütigkeit. Immer wieder gab es derartige Stimmungsschwankungen zwischen Trübsinn und Hochgefühl, dass ihm unter dem Schlagwort „himmelhochjauchzend-zu-Tode-betrübt" später sogar ein manisch-depressives Gemütsleiden attestiert wurde; eine eindeutige Grenze zwischen oberflächlicheren Verstimmungen und tiefer greifenden seelischen Störungen ist wohl nicht zu ziehen.

Auf den bemerkenswerten Wandel seiner Persönlichkeit während der Reifezeit wurde bereits hingewiesen. Der junge Schumann, bis dahin eher lustig, aufgeschlossen und gesellig, wurde verschlossen und schweigsam, in sich gekehrt und kontaktscheu – noch bevor seine Schwester Emilie sich das Leben nahm.

Der unerwartete Tod der offenbar psychisch kranken Emilie im Jahr 1825, mehr jedoch noch der des geliebten Vaters am 10. August des folgenden Jahres, erschütterten den Jüngling jedoch zutiefst. Er äußerte sich – soweit bekannt – nicht weiter über den höchstwahrscheinlichen Suizid seiner Schwester, den er offensichtlich ausblendete, während er über den Tod des kränkelnden Vaters, der ihn stets gefördert und unterstützt hatte, 1827 in sein Tagebuch schrieb: *„.....Diese Trauer ist mir ekelhaft: Kann das Aeußere trauern, wenn das Innere vielleicht jauchzt: Oder bedingt die aeußere Trauer die innere? Ich fühle gewiß tief u. innig, was mir verlorengegangen ist, ich verachte nichts desto weniger die Sitte unserer Vorfahren, die Verstorbenen aeußerlich zu betrauern..., ist es nicht schreklich genug, eines solchen Menschen, eines so herzlichen Vaters, lieblichen Dichters, feines Menschenkenners, tüchtigen Geschäfts- mannes.... eines Vaters beraubt zu seyn....".*

Am 4. Januar 1827 bilanzierte Schumann – er notierte ab dem 14. Lebensjahr *„Hauptereignisse meines Lebens"* als biographische Skizzen, in denen von Verlassenheit und anderen schmerzli- chen Erfahrungen die Rede ist – in seinem erst neu angelegtem Tagebuch: *„....Wenn ich mein ganzes Leben durchgehe, so bleibe ich fast imer bey der Frage stehen: Bist du's oder bist du es nicht?.... Zwey geliebte Wesen wurden mir entrissen, das eine, mir theurer als Alles, auf ewig: es entschlummerte: das andere bestimt auch in einer Hinsicht auf ewig....Ich war eine aufgeschäumte Woge: ich rief im Steigen, warum muss ich gerade so von den Stürmen herumgeschleudert werden u. wie der Sturm nachgelassen hat, sieh! Da ward die Welle reiner und klarer u. sie sah, daß der Staub, der auf den Boden lag, vorgerissen....Ich habe viel erfahren: Ich habe das Leben erkannt: Ich habe die Ansichten u. Ideen über das Leben bekomen, mit einem Wort: Ich bin mir heller geworden...".*

Trotz aller mehr oder weniger oberflächlichen Kontakte und Geselligkeiten fühlte Schumann sich oft einsam, teils aus dem Gefühl, nicht verstanden zu werden, teils wohl aber auch in der Vorstellung – in der Familie verwöhnt und gehätschelt – ein besonderer Mensch zu sein. Er fürchtete sich zeitlebens davor, verlassen zu werden: *„....Die Einsamkeit ist der vertraute Umgang mit uns selbst, sie ist ein Enttäuschtseyn von allen äußern Eindrüken, die die Welt auf uns äußert... Die Einsamkeit ist die Amme* *aller großen Geister, die Mutter der Heroen, die Gespielin des Dichters, die Freundinn der Künste...*". An anderer Stelle heißt es aber auch: *„Sonderbar ist's: ...Ich liebe die Menschen so sehr u. ich fliehe sie doch!*".

In düsteren Worten schrieb der damals 18-jährige Schumann an seinen knapp zwei Jahre älteren Freund Gisbert Rosen, der bereits seit Oktober 1826 in Leipzig Jura studierte:

„In Familien habe ich mich nicht eingenistet u. fliehe überhaupt, ich weiß nicht warum, die erbärmlichen Menschen, komme nur wenig aus u. bin manchmal so recht zerknirscht über die Winzigkeiten u. Erbärmlichkeiten dieser egoistischen Welt. Ach eine Welt ohne Menschen, was wäre sie? Ein unendlicher Friedhof - ein Totenschlaf ohne Träume, eine Natur ohne Blumen u. ohne Frühling, ein toter Guckkasten ohne Figuren — und doch! Diese Welt mit Menschen, was ist sie? - Ein ungeheurer Gottesacker eingesunkener Träume — ein Garten mit Zypressen u. Tränenweiden, ein stummer Guckkasten mit weinenden Figuren. Oh Gott — das ist sie — ja!".

Erst mit dem Abitur schien sich Robert wieder derart stabilisiert zu haben, dass er schließlich sogar voller Elan und durchaus optimistisch dem neuen Lebensabschnitt entgegensah. Seinem Schulkameraden Emil Flechsig teilte er nach dem Abitur im März 1828 hoffnungsvoll mit: *„...Die Welt liegt vor mir: Ich konnte mich kaum der Thränen enthalten, wie ich zum letzten Male aus der Schule ging; aber die Freude war doch größer als der Schmerz. Nun muß der innere, wahre Mensch hervortreten u. zeigen, wer er ist... So stehe ich nun da u. doch lag die ganze Welt nie in schönerem Lichte vor mir als gerade jetzt, wo ich vor ihr stehe...*".

Die Reisen bis zur Aufnahme des Studiums in Leipzig und das sich anschließende dortige Studentenleben waren – zumindest anfänglich – gekennzeichnet von Tatendrang und Lebensfreude, bis eine gewisse Unzufriedenheit und Langeweile ihn zum Wechsel an die Heidelberger Universität im folgenden

Jahr drängten. Bisweilen kroch die *„Lebensschneke"* – so bezeichnete Schumann den einförmigen Ablauf der Tage, Wochen und Monate seines Lebens – recht phlegmatisch dahin. Zwischenzeitlich stiegen jedoch immer wieder trübe Zweifel auf, sogar Befürchtungen, einmal wahnsinnig zu werden oder, wie er im Mai 1828 selbstkritisch konstatierte, dass man ihn für melancholisch halte, dass er ein *„wunderlicher Kauz"* sei, ein *„wirklich...rechter närrischer Kauz"*.

Wenige Wochen zuvor hatte Schumann anlässlich einer Reise nach Zwickau festgestellt: *„Der Mensch ist sein ewiger gordischer Knoten; er knüppelt u. knüppelt u. kann ihn doch nicht aufwickeln u. verwirrt sich noch mehr.... Der Mensch ist nie glüklich, sondern war es nur; u. sobald er sein Glük fühlt, ist er es nicht mehr u. unglüklich.... Ich kann nie wieder ordentlich lieben; einmal brannte mein Herz u. dann ward es Asche u. Asche brennt nicht mehr"*. In einem Brief nach Hause brachte der junge Robert es am 28. April 1832 auf den Punkt: *„...liegt das Leben auch felsenschwer auf uns, so wiegen wir uns morgen darauf, wie der Schmetterling auf einer Blume"*.

Zahlreichen Tagebucheintragungen ist zu entnehmen, dass Schumann seine Niedergeschlagenheit und seinen Weltschmerz mit Bier, Wein oder Champagner auszufüllen suchte, vor allem in Krisensituationen. Selbstkritisch bemerkte er im Sommer 1831 über seinen Alkoholkonsum während Claras Abwesenheit aufgrund einer Konzertreise mit ihrem Vater: *„Nun Meister Raro fort ist, fühl` ich doch eine Leere, die seit einigen Tagen das Bierglas ausfüllen sollte"*. Im Hinblick auf seine labile Gefühlswelt mit einem Hang zum Extremen ist nachvollziehbar, dass Schumann den Alkohol – neben Kaffee und Nikotin – nicht nur als Anregungsmittel nutzte, sondern auch zur Bekämpfung seiner Verstimmungen und Ängste einsetzte, wie dies von vielen Betroffenen zur Verbesserung des seelischen Befindens praktiziert wird. Er selbst bekannte mehrfach, so beispielsweise am 22. Juli 1828: *„.....Schwere Cigarren stimmen mich* *hoch; je mehr bey mir der Körper abgespannt ist, desto mehr ist der Geist überspannt. Wenn ich betrunken bin oder mich gebrochen habe, so war am andern Tage die Phantasie schwebender u. erhöhter. Während der Trunkenheit kann ich nichts machen, aber nach ihr. Schwarzer Caffee macht mich auch betrunken, wenn auch nicht schwarz".*

Auch das Musizieren setzte er immer wieder – bisweilen fast obsessiv – als Stimmungsstabilisator ein. So schrieb er im August 1828 seiner Mutter: *„Was mir die Menschen nicht geben können, gibt mir die Tonkunst, alle hohen Gefühle, die ich nicht aussprechen kann, sagt mir der Flügel....".*

Die Heidelberger Zeit war anfänglich charakterisiert durch Reisen und Abwechslungen infolge Schumanns reger Teilnahme am gesellschaftlichen Leben. Er wohnte zusammen mit Gisbert Rosen und seinem Schwager Carl Moritz Semmel, ebenfalls Jurastudent und späterer Davidsbündler unter dem Pseudonym „Abrecher". Gesundheitlich ging es ihm damals offensichtlich einigermaßen gut, wenngleich der bereits mehrfach erwähnte Alkohol – zwangsläufig in reichlichem Maße in der Burschenschaft genossen – nach wie vor ein Problem blieb. *„....Große Knillität....Kopfweh... Katzenjammer ....seit einigen Tagen trinke ich viel Bier wieder - schäme mich.... Donnerstag mit Champagner.... Schreklich viel getrunken.... Abends große Kneipe... Burgunder.... Mit wüstem Kopf aufgestanden.... Das Bier goss in Strömen.... Unglückliches Trinken....Ungeheuere Kopfschmerzen ....Abends viel getrunken, was mich heute ärgert.... Degen u. Schramm finden mich unter dem Flügel u. das Licht brennend...."* waren zu jener Zeit häufige Tagebucheintragungen.

Trotz aller Abwechslungen zog es Schumann nach drei Semestern zurück nach Leipzig. Er widmete sich fortan mit Eifer und Hingabe dem Klavierspielen und nahm – wie oben beschrieben – im Oktober 1830 den Unterricht bei Friedrich Wieck wieder auf. Infolge intensiven Klavierspielens bekam

Schumann allerdings im Spätsommer 1830 Probleme mit der rechten Hand; an Dr. Gustav Carus, der mit ihm befreundet war und ihn auch ärztlich beriet, schrieb er am 25. September 1830, dass er bisweilen schon „...*nach sechs Minuten Fingerübungenspiel....die unendlichsten Schmerzen im Arm....*" gefühlt habe und „*wie zerschlagen*" gewesen sei. Er mußte sein Übungspensum von täglich sechs bis sieben Stunden auf die Hälfte reduzieren, bis ihn die zunehmende Funktionsuntüchtigkeit der rechten Hand 1832 schließlich zur Aufgabe der Pianistenlaufbahn zwang.

Im übrigen sprach er weiterhin dem Alkohol zu. In seinem Stammlokal „Zum Arabischen Coffee-Baum" lernte er wahrscheinlich im Frühjahr 1831 seine Freundin und Sexualpartnerin Christel kennen, von der bereits die Rede war. Als er kurze Zeit später an einem Genitalgeschwür erkrankte, war er über längere Zeit deprimiert. Ihn quälten düstere Ahnungen; er sprach von Schuld und Strafe, da ihm wohl der Zusammenhang mit seinen sexuellen Aktivitäten bewusst war. Offenbar hatte Schumann damals auch Selbstmordgedanken. Er machte sich – niedergedrückt und auch körperlich mitgenommen – Vorwürfe, umso mehr, als er seiner sexuellen Impulse nicht Herr zu werden wusste. Angesichts der nachdenklich-empfindsamen Natur Schumanns ist davon auszugehen, dass ihn von jetzt ab – mal mehr, mal weniger bewusst – bohrende Befürchtungen bezüglich des weiteren Verlaufs der unberechenbaren Infektionskrankheit begleiteten. Auf Außenstehende machten sie wahrscheinlich eher den Eindruck übertrieben hypochondrischer Besorgnisse eines an sich Gesunden.

Ein Schlaglicht auf Schumanns vermeintliche oder tatsächliche Hypochondrie wirft dessen Verhalten anlässlich der Choleraepidemie, die sich - von Indien über Osteuropa kommend - um Ostern 1831 auch in Deutschland ausgebreitet hatte.

An seine Mutter schrieb er im Mai 1831: „*Sechs Tage hüte ich fast unaufhörlich die Stube, es liegt mir im Magen, im Herzen, im Kopf ach überall....Auch zittert meine Hand beim Schreiben. Es liegt etwas choleraartiges in mir....".* Vier Monate später bekannte er seinen Brüdern: *„Ich muß euch gestehen, daß ich eine peinliche, fast kindliche Furcht vor der Cholera habe....Der Gedanke, jetzt zu sterben, nachdem ich 20 Jahre auf der Welt gelebt habe...kann mich außer mir bringen. Ich bin seit einigen Tagen in einer Art Fieberstimmung: Tausend Pläne gehen mir durch den Kopf, zerfließen wieder und kommen wieder.....Ich hatte mir himmelfest eingebildet, ich bekäme die Cholera, und ich müßte daher reisen, weit, sehr weit, etwa nach Neapel oder Sicilien....".* Am 21. Juli 1831 gab er Wieck und dessen Tochter bei einem zufälligen Zusammentreffen zu verstehen: *„...Wir sind vielleicht zum letzten Mal zusammen - die Cholera, die Cholera".*

Tatsächlich war er im Juli und August 1833 fieberkrank und begab sich in ärztliche Behandlung, klagte sehr, sprach vom *„kalten Fieber"* und einer *„martervollen Krankheit".* Es stehe *„...nicht blühend"* um ihn, da *„... fast jeder Luftzug (seit 14 Tagen darf ich nicht ausgehen) Anfälle mit sich bringt. Nicht einmal waschen darf ich mich...."* teilte er im Juli 1833 seiner Mutter mit.

Ein herber Schlag war für Schumann die teilweise Versteifung des rechten Mittelfingers infolge exzessiver Übungen im Frühsommer 1831. Zur schnelleren Verbesserung seiner Klaviertechnik hatte er sich – entgegen Wiecks Rat – einer von ihm selbst entwickelten mechanischen Vorrichtung bedient, durch die der rechte Mittel- und Zeigefinger fixiert bzw. derart überdehnt wurden, dass die rechte Hand erheblich an Geschicklichkeit einbüßte. Er unterzog sich verschiedentlichen Behandlungen. Dr. Karl August Kuhl empfahl Handbäder in Ochsenblut und heißem Branntwein, Dr. Moritz Müller verordnete Reizstrom und Salben, und Dr. Franz Hartmann riet Schumann zu Diät sowie Alkohol- und Koffeinabstinenz und setzte homöopathische Mittel ein: *„...klein, klein Pulverchen und strenge Diät";* eine durchgreifende Besserung bleib aus.

Noch Anfang Mai 1832 hatte Schumann auf Heilung gehofft: „*...Mit dem dritten geht's durch die Cigarrenmechanik leidlich. Der Anschlag ist unabhängig jetzt....Die Schwachheit des Dritten fängt an zu vergehen. Schön gespielt u. componirt an den Intermezzis.....*". Im November 1832 äußerte er sich allerdings der Mutter gegenüber ziemlich skeptisch: „*Ich für mein Teil habe völlig resigniert und halte es für unheilbar.*" Im März 1833 schrieb er seinem Freund und angehenden Juristen Theodor Töpken nach Heidelberg, dass er nur noch wenig Klavier spiele; er sei resigniert und halte es „*für eine Fügung*", dass er „*...an der rechten Hand einen lahmen, gebrochenen Finger....*" habe.

Damit musste Schumann seine Pläne einer Virtuosenlaufbahn begraben und verlegte sich aufs Komponieren. Seiner Mutter schrieb er scheinbar gefaßt: „*....Componieren kann ich auch ohne den Finger u. als reisender Virtuose würde ich kaum glücklicher sein. Beim Phantasieren stört es mich nicht...*". Dennoch erinnerte er sich bei Claras Klavierspiel immer wieder mit Bitterkeit an sein Mißgeschick, und 1838 klagte er aus Wien: „*...unglüklich fühle ich mich manchmal, u. hier gerade, daß ich eine leidende Hand habe. Und Dir will ich`s sagen, es wird immer schlimmer....Wer weiß, was ich ohne diesen Umstand jetzt vielleicht wäre? Ich wäre Virtuos geworden wie Liszt, wäre gleichzeitig nach Paris gekommen. Gewiß, es stünde alles ganz anders...*". Wie nachhaltig er sich in seinem Innersten getroffen fühlte, zeigte noch zehn Jahre später ein Beitrag für die „Neue Zeitschrift für Musik", in dem es voller Resignation hieß: „*Ein Künstler, der seine Compositionen nicht selbst dem Publikum vorführen kann, braucht die Hälfte der Zeit mehr, um Ruf zu erlangen*".

Nachfolgend versuchte Schumann, mit Hilfe eines Attestes seines Vertrauten und späteren Hausarztes der Familie Dr. Reuter vergeblich, wegen dieser vermeintlichen Behinderung vom Militärdienst befreit zu werden. Reuter begleitete Schumanns Leben stets als hilfsbereiter und unterstützender Freund, der bis zu seinem Tod im Juli 1853 an Schumanns Leben lebhaften Anteil nahm. Er kümmerte sich sogar um dessen Lebensführung, Wohnung, Kleidung und Ernährung und riet ihm 1834 wegen seiner melancholischen Neigungen zu einer Heirat.

Das Jahr 1833 wurde für Schumann überhaupt ein besonders schwieriger Lebensabschnitt. Während des Herbstes erreichte ihn die Nachricht von einem schweren Krankheitsrückfall seines 28-jährigen Bruders Julius in Schneeberg.
Die Nacht vom 17. auf den 18. Oktober bezeichnete er als die *„fürchterlichste meines Lebens"*. Er litt unter schweren Angstattacken, gefolgt von Apathie und Depressionen. Am folgenden Tag verstarb, erst 25 Jahre alt, seine Schwägerin Rosalie, an der er mit inniger Liebe hing, an Malaria. Ihr Tod hatte katastrophale Auswirkungen auf Schumanns seelische Verfassung, verstärkt durch das Ableben seines Bruders am 18. November, der einer Tuberkulose erlag. Aussagen seiner Freunde zufolge musste er festgehalten werden, da er aus dem Fenster zu springen versuchte.
Schumann war bereits zuvor seelisch derart mitgenommen, dass er trotz Bitten der Mutter den bereits seit längerem tuberkulosekranken Bruder nicht mehr besucht hatte, sondern sich lediglich brieflich nach seinem Zustand erkundigt hatte: *„....Und dann erfahre ich gar nichts von Julius – wie es eigentlich mit ihm steht, ob er noch Bewußtsein und Sprache, ob er noch Hoffnung hat, ob er gewünscht hat, mich zu sehen, ob er sich öfters meiner erinnert...."*.
Schumann geriet in eine schwere, ja existentielle Krise. In seinem Tagebuch notierte er 1833: *„....Qualen der fürchterlichsten Melancholie von October bis December - Eine fixe Idee, die wahnsinnig zu werden hatte mich gepakt... Vom vierten Stok, wo ich es nicht mehr aushalten konnte, in den ersten zu Günz gezogen...."*.
Clara Wieck beschrieb er erst Jahre später – am 11. Februar 1838 – diesen düsteren Lebensabschnitt wie folgt: *„.....Schon*

damals, um 1833, fing sich ein Trübsinn einzustellen an, von dem ich mich wohl hütete, mir Rechenschaft abzulegen; es waren die Täuschungen, die jeder Künstler an sich erfährt, wenn nicht alles so schnell geht, wie er sich's träumte. Anerkennung fand ich nur wenig; dazu kam der Verlust meiner rechten Hand zum spielen....Dies war im Sommer 1833....Die Melancholie, durch den Tod eines lieben Bruders noch mehr über mich herrschend, nahm auch noch immer zu. Und so sah's in meinem Herzen aus, als ich den Tod von Rosalien erfuhr. - Nur wenige Worte hierüber – In der Nacht vom 17. zum 18. October 1833 kam mir auf einmal der fürchterlichste Gedanke, den je ein Mensch haben kann, – der fürchterlichste, mit dem der Himmel strafen kann – der, den Verstand zu verlieren – Er bemächtigte sich meiner mit so einer Heftigkeit, daß aller Trost, alles Gebet wie Hohn und Spott dagegen verstummte. - Diese Angst aber trieb mich von Ort zu Ort - der Athem verging mir bei dem Gedanken, wenn es würde, daß du nicht mehr denken könntest....– Clara, der kennt keine Leiden, keine Krankheit, keine Verzweiflung, der einmal so vernichtet war – damals lief ich denn auch in einer ewigen fürchterlichen Aufregung zu einem Arzt – sagte ihm alles, daß mir oft die Sinne vergingen, daß ich nicht wüßte, wohin vor der Angst, ja daß ich nicht dafür einstehen könne, daß ich in so einem Zustand der äußersten Hilflosigkeit Hand an mein Leben lege...".

Schumann befürchtete, seine über alles geliebte Musik aufgeben und nach Hause zurückkehren zu müssen. Andererseits vermied er es, wegen seiner Angstattacken zu reisen. Im November 1833 schrieb er seiner Mutter nach Zwickau:

„...Ich war kaum mehr als eine Statue ohne Kälte, ohne Wärme; durch gewaltsames Arbeiten kam nach und nach das Leben wieder. Aber ich bin noch so scheu und schüchtern, daß ich nicht allein schlafen kann, habe auch einen grundgutmütigen Menschen zu mir genommen.....Glaubst Du wohl, daß ich nicht den Mut habe, allein nach Zw. zu reisen, aus Furcht, es könne mir etwas geschehen. Heftiger Blutandrang, unaussprechliche Angst, Vergehen des Athems, augenblickliche Sinnesohnmacht wechseln rasch, obgleich jetzt weniger als in den vergangenen Tagen....Wenn

*Du eine Ahnung dieses ganz durch Melancholie eingesunkenen Seelen-
schlafes hättest....".*
Offensichtlich hatte sich bei Schumann zusätzlich eine Höhenangst eingestellt, einhergehend mit Panikzuständen, die ihn
dazu trieben, aus dem vierten Stock in „Helfers Haus" an der
Burgstraße Nr.139, wohin er im September des Jahres gezogen
war, Hals über Kopf hinunter in den ersten zu wechseln, wo
der Medizinstudent Emil Günz wohnte. Er hatte Angst, allein
zu schlafen, weswegen der mit ihm befreundete Carl Moritz
Günther, angehender Jurist, nachts bei ihm blieb.

Angst- und und Beklemmungsgefühle bei einem Aufenthalt
in höher gelegenen Räumen begleiteten ihn auch weiterhin.
Er bezeichnete sie als *„Unwohlsein"* auf großen Höhen bzw.
Brücken: *„.....es ist kindisch, aber man kann gegen gewisse Einbildun-
gen nicht ankämpfen"* sagte er. Später, vor seiner Reise nach Wien
im Herbst 1838, erkundigte er sich vorsichtshalber bei seinem
dort lebenden Freund Joseph Fischhof: *„Wie hoch wohnen Sie?
Ich bekomme an hohen Stellen Schwindel und Ueblichkeiten, und kann
mich in hohen Stoks nicht lange aufhalten...".*
Seine Panikattacken beschrieb Schumann in typischer Weise
als zwanghaft sich aufdrängende Zustände von *„unaussprechlicher Todesangst, Athemnot und Erstarrung"* mit dem Gefühl, jeden
Augenblick das Bewusstsein zu verlieren oder tot umzufallen;
sie entsprechen weitgehend den Symptomen, wie sie von der
sog. Angstkrankheit als klassifizierbare psychische Störung
bekannt sind. Auffallend sind für die folgende Zeit die häufigen
Wohnungswechsel bis 1835, auf die bereits hingewiesen wurde; sie waren möglicherweise Ausdruck einer gewissen Orientierungslosigkeit in Schumanns Leben, einhergehend mit
Unsicherheit und beunruhigenden Phantasien.

Zurr Beerdigung seines Bruders und seiner Schwägerin kam
Schumann nicht. Er bat sogar am 4. Januar 1834 in einem

Brief an die Mutter nachdrücklich, deren Tod nicht mehr zu erwähnen: *„...Da jetzt nur der Gedanke an fremde Leiden so vernichtend für mich ist, daß er mir alle Tatkraft nimmt, so hütet euch, mich irgend etwas wissen zu lassen, was mir im geringsten Unruhe macht – ich muß sonst ganz auf Eure Briefe verzichten. Namentlich bitte ich Euch herzlich, auch durch nichts mündlich oder schriftlich an Julius u. Rosalie zu erinnern. Ich habe keinen Schmerz gekannt – nun ist er gekommen, aber ich habe ihn nicht zerdrücken können, u. er hat mich tausendfach....".* Und an Baron Fricken schrieb er nach Asch: *„.....Ich kann kaum meiner Krankheit Herr werden, die eine recht niederdrückende Melancholie ist. Das Wort schreibt sich leicht hin, aber es zu erleben u. auszuhalten, übersteigt oft menschliche Kraft".*

Nachdem sich sein Gesundheitszustand einigermaßen gebessert hatte, befaßte Schumann sich ab dem Herbst 1833 mit konkreten Vorbereitungen zur Herausgabe der „Neuen Zeitschrift für Musik", die im folgenden Jahr erscheinen sollte. Hierzu organisierte er als fiktiven „Davidsbund" einen Kreis von Mitarbeitern und Freunden, eine verschworene Gemeinschaft gleichgesinnter Vorkämpfer für eine erneuerte neue deutsche Musik, die ihre Vorbilder in Bach, Beethoven, Schubert und Mendelssohn sah. Er stürzte sich mit Eifer in die neue Aufgabe und nahm auch das Komponieren wieder auf, beflügelt von der engen Freundschaft mit Ludwig Schuncke und der Liaison mit Ernestine von Fricken. Ende 1834 gab es jedoch einen herben Rückschlag, da Schuncke – an Tuberkulose erkrankt – am 7. Dezember starb, während Schumann sich nach Zwickau zurückgezogen hatte. Außerdem legte sein Freund Julius Knorr die Redaktion der Musikzeitschrift aus Krankheitsgründen nieder. Schunckes Tod nahm den angespannten und verängstigten Schumann sehr mit; er löste er unverzüglich die gemeinsame Wohnung in der Leipziger Quergasse auf und blieb bis Juli 1835 zu Hause.

Während der Zeit des Kräfte zehrenden Werbens um Clara Wieck und den damit verbundenen zermürbenden Auseinandersetzungen mit deren Vater erreichte ihn mit der Nachricht vom Tod seiner Mutter am 4. Februar 1836 eine neue Hiobsbotschaft, die eine sich monatelang andauernde Depression nach sich zog. Trotz der engen, zeitweilig sogar klammernden Mutter-Sohn-Verbindung kam Schumann auch diesmal nicht zum Begräbnis, sondern traf sich mit Clara; erst Tage später traf er zur Testamentseröffnung in Zwickau ein. Möglicherweise war er – wie auch bei den anderen schon erwähnten Ereignissen – nicht in der Lage, die traumatisierende Erfahrung des Todes als endgültigem Abschied zu ertragen. Bereits am 13. Februar 1836 fuhr er zurück nach Leipzig. Unmittelbar zuvor schrieb er an Clara: „...*In Leipzig wird mein erstes sein, meine äußeren Angelegenheiten in Ordnung zu bringen; mit dem innern bin ich im reinen; vielleicht daß der Vater nicht die Hand zurückzieht, wenn ich ihn um seinen Segen bitte...*".

Sowohl die Frustration infolge der kränkenden Zurückweisung durch Friedrich Wieck wie auch das sich daran anschließende, quälende Wartenmüssen auf die Eheschließung weiteten sich zu einer abermaligen, lang hingezogenen Krise in Schumanns Leben aus. Vor allem die Zeit von Anfang Februar 1836 bis August 1837 war angefüllt mit Ungewissheit, Zweifeln und Resignation, zumal seine geliebte Clara, die er infolge Wiecks Verdikt nicht sehen durfte, nur wenige Straßen entfernt wohnte.

Schumann ging es während dieser Zeit zeitweilig sehr schlecht, auch aufgrund wiederum erhöhten Alkoholkonsums. In seinem Tagebuch ist die Rede von reichlichem Trinken und von häufigen Kopfschmerzen. Am 6. September 1836 hieß es beispielsweise: „*Früh schlimm im Kopf u. Herz. Herumgeirrt...*". An anderer Stelle notierte er: „*Trübes Jahr 1836, trüber Sommer*". Über die diffamierenden Intrigen Wiecks *beklagte* er sich am 12.

November 1839 bei Clara: *„....So verwundbar wie ich bin fühl' ich mich den Gemeinheiten dieses Mannes ausgesetzt, kann mich nicht dagegen wehren – meinen Ruf befleckt er, Dich beschimpft er – soll das einen nicht manchmal außer sich bringen...".*

Schumann charakterisierte diese Periode als *„dunkelste Zeit"* seines Lebens, und er schrieb später an Clara: *„Aber dann brach der alte Schmerz wieder auf – dann rang ich die Hände – da sagte ich oft des Nachts zu Gott – nur das Eine laß geduldig vorüber gehen, ohne daß ich wahnsinnig werde – ich dachte einmal Deine Verlobung in den Zeitungen zu finden, da zog es mich am Nacken zu Boden, daß ich laut schrie....".*

Die eskalierenden Auseinandersetzungen mit Friedrich Wieck belasteten Schumann enorm; Wieck verlangte von Clara sogar im Juli 1836 die Rücksendung von dessen Briefen Schumanns und der ihr gewidmeten *fis-Moll-Sonate.*

Äußerst deprimiert vermerkte Schumann wiederholt in seinem Tagebuch Phasen von Niedergeschlagenheit, Verzweiflung und Mutlosigkeit, die ihn immer wieder befielen, so am 7. Oktober 1837: *„.....Gestern wieder fürchterliche Gemüthszustände. So zerstreut u. zerstört. Woher kommt das? Nichts ordentliches gearbeitet. Böse, böse Nacht mit blutigen Gedanken....",* am 8. Oktober*: „.....unfähig zur Arbeit....",* am 10. Oktober: *„....mir ist genauso, als würde ich Armer von Sinnen kommen...ich krank u. melancholisch und katzenjammervoll.....".* Im Brief an Clara vom 28. November 1837 deutete er an: *„Was aber diese ganze dunkle Seite meines Lebens anbelangt, so möchte ich Dir ein tiefes Geheimnis eines schweren psychischen Leidens, das mich früher befallen hatte, einmal offenbaren; es gehört aber viel Zeit dazu und umschließt die Jahre vom Sommer 1833 an. Du sollst es aber noch erfahren einmal und hast dann den Schlüssel zu allen meinen Handlungen, meinem ganzen sonderbaren Wesen".*

Diese mysteriösen Andeutungen geben Anlass zu der Frage, ob es wohl noch weitere – unbekannt gebliebene – verstörende Ereignisse in Schumanns Leben gab.

Vor seiner Reise nach Wien schrieb er am 20. Juni 1838: *„....Krank bin ich. Und wie lange wird dies alles währen. Es steht alles so schreckhaft still jetzt...* ", am 1. August: *„.....Ich war die Tage hier so schrecklich traurig, krank u. angegriffen, daß ich dachte, meine Auflösung wäre nahe.... Ich war in einer Art hellsehendem Zustand – mir schien's als wüsste ich alles im voraus. Dienstag den ganzen Tag u. die Nacht darauf die fürchterlichste meines Lebens, ich dachte, ich müsste verbrennen vor Unruhe, etwas schrekliches.... – ein Moment, u. ich hätte die Nacht nicht mehr ertragen können, kein Auge zugethan unter dem schrecklichsten Sinnen und ewig singender, quälender Musik.... Gott behüte mich, dass ich so einmal sterbe!".*

Ob es sich bei letzteren Wahrnehmungen um echte psychotisch-halluzinatorische Erlebnisse handelte, die ihn später immer mehr peinigten, oder um intensive eidetische Erlebnisse angesichts Schumanns lebhafter Phantasie, ist schwer zu sagen. Denkbar sind auch alkoholbedingte Einflüsse, zumal Schumann damals wieder in größerem Maß trank, was, wie geschildert, Wieck vor Gericht als Argument gegen die Heiratserlaubnis zu nutzen suchte.

Nach anfänglichem Enthusiasmus – es war ihm inzwischen wieder besser gegangen – verlief Schumanns Aufenthalt von September 1838 bis März 1839 in Wien im Ganzen enttäuschend. Nach sorgfältiger Vorbereitung hatte er fest mit einer Genehmigung seiner Zeitschrift gerechnet und sich sogar eine Musikprofessur am dortigen Konservatorium erhofft. Beides scheiterte an den Zensurbehörden, aber auch an hintergründigen Rivalitäten und Intrigen. Erfolg hatte er lediglich mit der bereits erwähnten Entdeckung bis dahin unbekannter Manuskripte aus Franz Schuberts Nachlass, die ihm dessen Bruder Ferdinand überlassen hatte. Im November 1838 schrieb er betrübt aus Wien an Clara: *„.....Dann kommt die Melancholie. Es ist, als holten u. packten sie mich in lauter schwarze Tücher u.*

Gewänder; ein unbeschreiblicher Zustand....". Entmutigt kehrte Schumann über Prag aus Wien zurück, umso mehr, als er auch gegenüber Wieck einen Zuwachs an beruflicher Anerkennung sehr benötigt hätte.

Nachdem im April 1839 sein ältester Bruder Eduard gestorben war, musste sich Schumann zusätzlich um die Buchhandlung in Zwickau kümmern; er spielte sogar mit dem Gedanken an eine Übernahme. Ihn quälten Todesahnungen. Niedergeschlagen bis zur Lebensmüdigkeit schrieb er voller düsterer Befürchtungen an seinem Geburtstag im Juni 1839 an Clara: *„....Ich bin heute in mein 29. Lebensjahr getreten, vielleicht schon die größte Hälfte von meinem Leben liegt hinter mir. Sehr alt werde ich ohne dies nicht, dies weiß ich genau...."*.

Im Sommer 1839 fühlte er sich zeitweilig *„....schwach im ganzen Körper und namentlich auch im Kopf....."*. Der Tod seiner Mäzenin und Vertrauten Henriette Voigt aus dem Kreis der „Davidsbündler" am 15. September 1839 war für Schumann nach Schunckes Ableben die zweite Tragödie innerhalb seines künstlerischen Lebensraumes. Er registrierte *„....schwere Anfälle von Melancholie....manches versucht, angefangen, ohne Kraft zur Vollendung; einsam für mich hin gebrütet...."*. Ende des Jahres schloss er sich tagelang ein. Von Ende 1839 bis zum Februar 1840 lebte er gänzlich zurückgezogen. Er war wie gelähmt, sprach kaum oder murmelte allenfalls Unverständliches vor sich hin.

Aus der Zeit größerer Verzweiflung stammt bemerkenswerterweise die *Phantasie für Klavier* – sein op. 17, begonnen 1836 und ursprünglich gedacht als Beitrag zur Errichtung eines von Franz Liszt angeregten Beethovendenkmals in Bonn. Im Grunde war jedoch das Werk Schumann zufolge ein *„....einziger Liebesschrei"* nach Clara, eine *„tiefe Klage um Dich"*. Überhaupt gelang es Schumann bis zu seiner Hospitalisierung in Endenich immer wieder mit erstaunlich unbeirrbarer Zähigkeit, die kürzer werdenden Intervalle gesundheitlicher Besserung und Erholung zum Komponieren zu nutzen, als wolle er für die noch verbleibende Lebensspanne so viel wie möglich aus seiner musikalischen Ideenwelt umsetzen.

Obgleich mit der Gründung einer eigenen Familie Robert Schumanns Leben unter Claras umsichtiger Organisation zunächst in ein ruhigeres Fahrwasser geriet, war ihm keine längere Zeitspanne von Wohlbefinden und Gesundheit vergönnt. Spätestens im Laufe der 1840er Jahre – rund 10 Jahre nach der syphilitischen Infektion – machten sich die ersten Anzeichen der Lueserkrankung bemerkbar, die sich inzwischen im zentralen Nervensystem ausgebreitet hatte. Möglicherweise waren bereits die vorlaufenden Phasen von Reizbarkeit, Stimmungslabilität, Müdigkeit und Unlustgefühl Begleiterscheinungen einer sich anbahnenden organischen Psychoseerkrankung infolge der voranschreitenden, entzündlichen Veränderungen im Gehirn.

Unter diesem Eindruck schrieb Clara, die sich selbst gesundheitlich angegriffen fühlte, am 19. Oktober 1840: „...*Daß Robert meint, jetzt nichts schaffen zu können, und dies ihn schwermüthig stimmt, betrübt mich sehr....*". Trotzdem arbeitete er mit großer Hingabe bis zur Bessenheit an verschiedenen Projekten: „*Mein Robert componirt sehr fleißig....*" vermerkte Clara schon wenige Tage später. Im „Liederjahr" 1840 war er sogar ungewöhnlich produktiv. Anfang 1841 hatte Schumann – meistens in der Nacht geschrieben – „*im Sturmschritt*" die *Frühlingssymphonie* fertig gestellt, anschließend widmete er sich wiederum den Gedichtvertonungen, Klavierkonzerten und der ersten Fassung der *Sinfonie in d-Moll,* die er am 16. August 1841 abgeben konnte. Frei von gesundheitlichen Beschwerden war er allerdings fast nie; ab Februar 1841 hieß es Tagebuch immer wieder „*.....Unwohlsein. Schlimmes Befinden. Krankhafte Spannung. Immerwährende Melancholie und übles Befinden....*".

Am 1. Februar 1841 stellte Schumann einen Antrag auf Befreiung vom Dienst in der Leipziger Communalgarde, den er mit *„zwei ganz schwachen und gelähmten Fingern an der rechten Hand"* und *„Kurzsichtigkeit"* begründete. Im beigefügten Gutachten seines Hausarztes Dr. Moritz Reuter hieß es: *„Im Jünglingsalter bemerkte er zuerst, daß der Zeigefinger und der Mittelfinger seiner rechten Hand auffallend weniger Kraft und Gelenkigkeit als die übrigen besaßen. Die längere Zeit fortgesetzte Anwendung einer Maschine, mittels welcher die genannten Finger stark nach dem Handrücken angezogen und gehalten wurden, hatte zur Folge, daß dieselben von nun an in einen lähmungsartigen Zustand verfielen...., die Finger sind aber seitdem trotz vielfältiger Heilungsversuche in dem selben lähmungsartigen Zustand verblieben, dergestalt, daß Herr Schumann beim Pianospielen den Mittelfinger gar nicht, den Zeigefinger nur unvollkommen gebrauchen kann, aber einen Gegenstand zu fassen und festzuhalten gänzlich außerstande ist...".*
Der Leipziger Amtsarzt Dr. Eduard Güntz, von dem Schumann daraufhin am 19. Juli 1841 untersucht wurde, bestätigte den Befund und gutachtete, dass Schumann *„....zuverlässig die Gewehrgriffe nicht exerciren"* könne. Trotzdem wurde dessen Freistellungsgesuch abgelehnt, so dass er ein erneutes Attest von Dr. Reuter beibrachte, in dem von einer *„apoplectischen Constitution"* und *„häufigem Schwindel mit der Gefahr eines Schlagflusses"* die Rede war. Eine abermalige Begutachtung durch einen dritten Arzt, Dr. Raimund Brachmann, verwies indes auf eine nur *„unvollkommene"* Lähmung der Hand, die ebenso wenig die Bedienung eines Gewehrs behindere wie sie das Klavierspielen beeinträchtige. Größere Bedeutung wurde allerdings der Fehlsichtigkeit und dem *„Blutandrang nach dem Kopf"* beigemessen mit dem Ergebnis, dass Schumann schließlich nur Reservistentauglichkeit zugebilligt wurde.
Die zwischenzeitlichen Besserungsphasen waren unberechenbar; Clara und Robert Schumann unternahmen bei solchen Gelegenheiten zusammen immer wieder kleinere Reisen, so im Juli 1841 in die Sächsische Schweiz und im November nach

Thüringen. Ende 1841 wandte sich Schumann jedoch wegen Depressionen erneut an Dr. Müller, der zur Heilung von Gemütsstörungen auch homöopathische Mittel einsetzte. Schumann blieb bis zu seinem Wechsel nach Dresden Müllers Patient bzw. der dessen Sohnes und Nachfolgers Clothar Müller.

Die gemeinsam mit ihrem Mann am 18. Februar 1842 gestartete Konzertreise Claras nach Norddeutschland ging für Robert Schumann mit einer zunehmenden seelischen Krise einher. Bereits Wochen vor dieser Reise fühlte er sich krank und deprimiert. Im Februar, März und April 1842 war im Ehetagebuch immer wieder die Rede von einem Krankheitsgefühl und von *„Trübsinn... und ...Schlechtem Befinden"*. Eine tiefe Kränkung bedeutete für ihn die separate Einladung Claras an den Oldenburger Hof, was Schumann als bewusste Demütigung auffasste. In Hamburg brach er die Reise ab und kehrte nach Leipzig zurück; verstimmt und niedergeschlagen blieb er dort bis zur Rückkunft Claras am 26. April 1842 allein. Er war *„....Traurig, voll Verzweiflung, ...weinte viel"* Andererseits machte er sich Vorwürfe, Clara im Stich gelassen zu haben.
Er fühlte sich ausgelaugt und sprach von einer *„Leidenszeit"*; gegen seine innere Leere trank er wieder vermehrt Alkohol und verspielte Geld. Die erhofften *„....besseren Tage ..."* kamen indes auch nach Claras Rückkehr im April nicht; am 24. April klagte Schumann weiterhin: *„....miserables Leben – trübsinnige Zeit – an Componiren nicht zu denken"*.
Im Juni 1842 litt Schumann unter *„finsterer Melancholie"*, so dass er sich mit Clara vom 6. bis zum 22. August zu einer knapp dreiwöchigen Erholungsreise nach Böhmen aufmachte, verbunden mit einem Besuch des Dresdner Gesangsfestes, einer Wasserkur in Karlsbad und einem Empfang bei Fürst Metternich auf Schloss Königswart. Im Herbst 1842 weitete sich die Depression zu einer *„Nervenschwäche"* – wie er es selbst

formulierte – aus, seiner Ansicht nach durch Überarbeitung hervorgerufen. Schumann fühlte sich zutiefst erschöpft und litt unter Schlaflosigkeit. Auf Außenstehende wirkte er unstet, sprunghaft und zerstreut. Im Oktober, November und Dezember 1842 vermerkte er: „....*Melancholisch.... Immer schlaflose Nächte....Unwohl.....Mehrfach unwohl*".

Zwischenzeitlich zwang er sich immer wieder zur Arbeit; so entstanden im Sommer 1842 immerhin die drei *Streichquartette*, im Herbst das *Klavierquintett* und das *Klavierquartett* sowie im Dezember das erste *Klaviertrio*, Vorläufer der späteren *Phantasiestücke* – sämtliche Werke waren Beethoven gewidmet.

Erst im Frühjahr 1843 ging es Schumann spürbar besser und er konnte seine Arbeit wieder mit größerer Ausdauer fortsetzen. Nach Einrichtung des Leipziger Konservatoriums, an das Schumann dank Mendelssohn als Lehrer berufen worden war, begann er dort Anfang April 1843 mit sechs Schülern den Unterricht in Klavier, Komposition und Partitur. Er griff das *Peri*-Oratoriumsprojekt wieder auf und komponierte die *Variationen für zwei Klaviere*. Schon während des Sommers 1843 klagte Schumann jedoch wieder u.a.: „...*fürchterliche Melancholie.....sehr krank......tagelang anhaltender Schwindel.... Gestern wußte ich mich vor Melancholie kaum zu lassen...*".

Ab Ende 1843 hatte er sich an die Weiterbearbeitung des seit längerem geplanten Oratoriums gemacht, dem er – wie bereits im Vorausgegangenen geschildert – den Namen *Das Paradies und die Peri* gab. Die Proben hierzu ab Oktober 1843 verliefen offenbar für alle Beteiligten anstrengend. Schumann dirigierte sehr unprofessionell, so dass seine Frau ihre zeitgleichen Konzertauftritte in Dresden unterbrechen musste, um ihm zur Seite zu stehen. Die Sängerin Livia Frege, welche die Rolle der Peri übernommen hatte, gab Clara u. a. zu verstehen: „*Könnte sich nur Ihr lieber Mann einmal entschließen, ein wenig zu zanken und auf größere Aufmerksamkeit zu dringen, dann ging's gewiß gleich".* Erschwerend wirkte sich Schumanns von Jugend an beste-hende Kurzsichtigkeit aus, zumal er sich nicht mit einer Brille anfreunden konnte. Der Konzertmeister Ferdinand David beschwerte sich bei Felix Mendelssohn schriftlich über Schumanns mangelhafte Führung: *„.....Schumann hat vier Orchesterpro-ben von der Peri gemacht, und er hätte ebenso gut noch zehn machen können, ohne daß es besser geworden wäre. ....Madame donnerte den ganzen Clavierauszug, er dirigirte mit der Lorgnette paradiesische Takt-arten, die ich mir nicht in`s Irdische übersetzten konnte, weshalb ich mich denn an das Clavier hielt...".* Er halte – so David – beim Sprechen immer den Taktstock vor den Mund, wodurch kein Spieler seine Anweisungen verstehe, alle Orchesterproben sei-en *„umsonst"* gewesen. Wegen des hohen Ansehens der Familie Schumann in Leipzig wurde ansonsten sicherlich an diesen merkwürdigen Eigenheiten nur verhalten Kritik geübt.

Derlei Verhaltensauffälligkeiten verstärkten sich bei Schumann in der Folgezeit. Abgesehen davon war er zunehmend weniger in der Lage, sich mit anderen Menschen normal ins Benehmen zu setzen. Er war schwer zugänglich, wortkarg und verschlos-sen; vorlaufend wurde schon auf die allmählich, aber unüber-sehbar deutlicher in Erscheinung tretenden Persönlichkeits-veränderungen während der letzten ein bis zwei Lebensde-kaden hingewiesen.

Schumanns Schweigsamkeit, ja Unfähigkeit zu normaler Kom-munikation war bekannt und auch gefürchtet. Sie lief dessen pädagogischer Arbeit zuwider, beispielsweise als Komposi-tions- und Klavierlehrer an der genannten Musikhochschu-le, die Mendelssohn sehr am Herzen lag. Von dem Schüler Carl Ritter wurde Schumanns Kontaktscheu später wie folgt beschrieben: *„.....Im Unterricht verhielt sich Schumann äußerst schweig-sam. Gewöhnlich setzte er sich mit einer Arbeit ans Klavier, las sie mit* *den Augen, und wenn ihm etwas mißfiel, so griff er es auf dem Klaviere, wobei er mich nur mit einem mißbilligenden Blicke ansah...".*

Um so beachtlicher ist, mit welch hoher Motivation und großer Beharrlichkeit Schumann sich immer wieder dem Komponieren und Schreiben zuwandte, sobald es seine seelische Verfassung zuließ. Clara berichtete, dass er an dem Oratorium *„mit Leib und Seele"* gearbeitet habe, *„....mit einer Glut, daß es mir zuweilen bangt, es möchte ihm schaden....".* Die Uraufführung des Oratoriums 4. Dezember im Gewandhaus wurde enthusiastisch gefeiert, obgleich sie von Robert Schumann selbst eher unbeholfen dirigiert worden war; ihm wurde ein Lorbeerkranz überreicht und – was ihm bedeutend wichtiger war – Mendelssohn Bartholdy äußerte großes Lob. Schumann betrachtete die Anerkennung als eine Art Empfehlung für die Dirigentenstelle im Gewandhausorchester, die nach Mendelssohns Wechsel nach Berlin frei wurde. Seine diesbezüglichen Erwartungen waren jedoch, wie sich bald erweisen würde, unrealistisch.

Auslöser eines Zusammenbruchs, der im Herbst 1844 die größte Intensität erreichte, war die am 25. Januar desselben Jahres gestartete Konzertreise nach Russland. Sie dauerte bis zum 30. Mai 1844 und führte über Berlin, Königsberg, Tilsit, Riga, Mitau, Dorpat nach St. Petersburg und Moskau. Schumann, der widerstrebend seiner Frau zuliebe seine Kompositionsarbeit unterbrochen hatte, um mitzufahren, wurde unterwegs zunehmend bedrückter und einsilbiger. Einerseits litt er unter Heimweh, anderseits fühlte er sich durch Claras Erfolge zurückgesetzt. Bereits in Dorpat musste er wegen rheumatischer Schmerzen, Angstzuständen und Depressionsanfällen über eine Woche lang das Bett hüten; die aus der dortigen Medizinischen Akademie herbeigerufenen Ärzte sprachen von einem „Nervenfieber". Im Tagebuch ist fortlaufend von Schwäche, Lustlosigkeit, Traurigkeit und schlechtem Befinden die Rede; am 1. März hieß es: *„Ungeheure Mattigkeit in den Gliedern".*

Nach vorübergehender Besserung während des Aufenthaltes in St. Petersburg traten in Moskau heftigste Schwindelanfälle auf; Schumann war nicht in der Lage, seine Frau zu Antrittsbesuchen und Empfängen zu begleiten. Er versuchte, sich durch einsame Spaziergänge abzulenken und war dankbar über die Aufführung seines *Klavierquintetts* in privatem Kreis. Fast den ganzen April litt er weiterhin unter *„fortwährendem Unwohlsein",* Schmerzen in den Gliedmaßen und Ängsten. Er war zudem darüber verstimmt, dass seine Frau als Pianistin hofiert und gefeiert wurde, während er – trotz durchaus freundlicher Aufnahme – sich missachtet und vernachlässigt glaubte, um so mehr, als Clara sich keiner Schuld bewusst war. In sein Tagebuch schrieb er: *„Kränkungen, kaum zu ertragen.... Und Klara's Benehmen dabei...."*. Eine vorübergehende Sehstörung ließ ihn eine Erblindung befürchten. Er sprach noch seltener als sonst, oder manchmal in befremdlicher Weise allenfalls *„im Flüsterton",* so dass Clara bei Fragen für ihren Mann antworten musste: *„....Schumann war den ganzen Abend wie üblich schweigsam und verschlossen.....er saß meist in einer Ecke neben dem Klavier....mit gesenktem Haupt, die Haare hingen ihm ins Gesicht.....es schien, als würde er vor sich hinpfeifen...."*. Nur mit Claras unermüdlicher Unterstützung überstand er, mehr schlecht als recht, die viermonatige Tournee.

Ende Mai nach Leipzig zurückgekehrt, war Schumann weiterhin depressiv. Am 24. Juni 1844 teilte er seinem Freund und Mitarbeiter Carl Koßmaly nach Stettin mit, dass er noch an den *„Nachwehen der Reise"* leide, aber nun wieder arbeiten müsse. Er vermisste schmerzlich seinen Freund Mendelssohn, der Ende November 1843 – einem Angebot des preußischen

Königs Wilhelm IV. folgend – in Berlin Generalmusikdirektor geworden war.

Mitte August 1844 brach Schumann indes vollends zusammen und musste das Bett hüten: *„schwerer Anfall von Congestion....schwerer Tag....schlimmer Zustand...schlechtes Befinden...."* waren die aktuellen Gründe. Er war nicht mehr in der Lage zu komponieren, konnte nicht einmal mehr Musik hören: *„Großes Uebelbefinden nach d. Arbeiten...."*. Nur mit größter Anstrengung vermochte er den Schlusschor „Alles Vergängliche ist nur ein Gleichnis" seiner *Faust-Szenen* fertig zu stellen – Clara beschrieb eine *„...gänzliche Abspannung der Nerven, die ihm jede Arbeit unmöglich...."* mache.

Der Gedanke, die Wohnung des nach Dorpat berufenen Professor Ernst August Carus zu übernehmen, wurde fallengelassen. Weder die Behandlung durch Dr. Müller einschließlich Bädern in der Pleiße und einer Kur mit Karlsbader Salz und Biliner Wasser noch eine empfohlene Erholungsreise vom 10. bis zum 18. September in den Harz besserten seinen Zustand. Zu der Höhenangst gesellten sich paranoid anmutende Ängste vor Metallgegenständen und Arzneimitteln. Höchst irritiert las Schumann in der „Magdeburger Zeitung" vom 12. September unter der Überschrift „Opfer der Geisteskrankheit häufen sich": Zwei Dichter seien schon wieder daran untergegangen; einer habe sich die Pulsadern aufgeschnitten, ein anderer sei verwirrt in der Berliner Charité gelandet. Schumann fühlte sich hierdurch *„ganz melancholisch afficiert."* Zu Apathie, Erschöpfungsgefühl und Kopfschmerzen traten wiederum quälende Schwindelanfälle mit Unsicherheit beim Gehen und Gehörstäuschungen in Form eines bohrenden, hohen Tones in seinem Kopf. Zeitweilig war Schumann so schwach, dass er *„....kaum über das Zimmer ohne größte Anstrengung gehen konnte".* Er zitterte und weinte, war unruhig und fand keinen Schlaf. Seit der Russlandreise hatte zudem seine Fehlsichtigkeit zugenommen.

Verzweifelt über die unerträgliche Situation begaben sich Schumanns in der Hoffnung auf eine Besserung nach Dresden, *„.....Robert fühlte sich in der Eisenbahn sehr schlecht und in Dresden vergingen nun 8 schreckliche Tage. Robert schlief keine Nacht, seine Phantasie malte ihm die schrecklichsten Bilder aus, früh fand ich ihn gewöhnlich in Thränen schwimmend, er gab sich gänzlich auf...."* hielt Clara, mit dem dritten Kind schwanger, im Tagebuch fest.

Auch während des Aufenthaltes in der sächsischen Metropole ab Oktober 1844 und – wenn auch in gerigerem Umfang – noch fast das ganze folgende Jahr litt Schumann indes weiterhin unter erheblichen nervlichen Störungen. Trotz großer Mühe war er zu keiner regelmäßigen Arbeit in der Lage. Die Redaktion der „Neuen Zeitschrift für Musik" hatte er bereits Ende Juni 1844 an den stellvertretenden Redakteur Oswald Lorenz übergeben; entmutigt verkaufte er diesen ideell wie materiell bedeutenden Teil seines Lebenswerkes schließlich ein halbes Jahr später für lächerliche 500 Taler an Franz Brendel.

Clara und Robert entschlossen sich, ganz in Dresden zu bleiben und zogen vom Hotel in eine Pension, später – nach einem Zwischenaufenthalt in der Seestrasse – zunächst in die Wohnung Waisenhausstrasse Nr. 7. Sie verabschiedeten sich mit einem öffentlichen Konzert am 5. Dezember 1844 im Leipziger Gewandhaus und im Rahmen einer privaten Abschiedsmatinee.

In Dresden konsultierte Schumann Dr. Carl Helbig, der Bäder in eisenhaltigem Quellwasser, kalte Sturzbäder und Magnetisierung verordnete. Der Arzt fasste seine Untersuchungsergebnisse wie folgt zusammen:

„.....Rob. Schumann kam im October 1844 nach Dresden und war namentlich durch die Composition des Epilogs von Göthe´s Faust so sehr in Anspruch genommen worden, daß er bei Abfassung des Schlusses

dieses Musikstücke in einen krankhaften Zustand verfiel, der sich durch folgende Erscheinungen aussprach: Sobald er sich geistig beschäftigte, stellten sich Zittern, Mattigkeit und Kälte in den Füßen und ein angstvoller Zustand ein mit einer eigenthümlichen Todesfurcht, die sich durch Furcht vor hohen Bergen und Wohnungen, vor allen metallenen Werkzeugen

(Abb. 5: Robert Schumann mit 37 Jahren)

(selbst Schlüsseln), vor Arzneien und Vergiftungen zu erkennen gab. Er litt dabei viel an Schlaflosigkeit und fand sich in den Morgenstunden am schlechtesten. Da er an jedem ärztlichen Recepte so lange studirte, bis er einen Grund gefunden hatte, die ihm verschriebene Arznei nicht einzunehmen, so verordnete ich kalte Sturzbäder, welche auch seinen Zustand soweit verbesserten, dass er wieder seiner gewöhnlichen (einzigen!) Beschäftigung, der Composition nachhängen konnte. Da ich eine ähnliche

Gruppe von Krankheitszufällen mehrmals bei solchen Männern, namentlich bei Expeditionern, beobachtet hatte, welche im Uebermaß mit einer und derselben Sache (stetem Addiren etc.) beschäftigt waren, so führte dies zu dem Rathe, daß Schumann sich mindestens zeitweise mit einer Geistesarbeit anderer Art, als Musik, beschäftigen und zerstreuen möge. Er wählte selbst bald Naturgeschichte, bald Physik etc., stand aber schon nach 1 – 2 Tagen davon ab, und hing, er mochte sein wo er wollte, in sich gekehrt seinen musikalischen Ideen nach. Lehrreich für den Beobachter waren die mit dem hohen Grad von Entwicklung des Musik- und Gehörssinnes zusammenhängenden Gehörstäuschungen und das eigenthümliche Gemüthsleben des Mannes".

An seinen Freund Eduard Krüger schrieb Schumann im Dezember 1844 und Januar 1845 nach Emden: „.....*Aber Sie wissen vielleicht gar nicht, wie sehr krank ich war an einem allgemeinen Nervenleiden, das mich schon seit einem Vierteljahre heimgesucht, so daß mir vom Arzt jede Anstrengung, u. wär's auch nur im Geiste, untersagt war....Ich hatte zu viel musicirt, zuletzt....versagten Geist u. Körper den Dienst....Musik konnte ich in der vergangenen Zeit gar nicht hören, es schnitt mir wie mit Messern in die Nerven.....Noch immer bin ich sehr leidend, oft ganz muthlos. Arbeiten darf ich gar nicht, nur ruhen und spazieren gehen – u. auch zum letzten versagen mir häufig die Kräfte".*

Schumann vertraute sich Dr. Carl Gustav Carus an, der auch psychiatrische Kenntnisse hatte. Der damals 55-jährige berühmte Arzt, Naturforscher, Philosoph und Maler war Medizinprofessor und Leibarzt am Sächsischen Hof. Er verordnete Spaziergänge und eine unbekannte Art von Pillen, die Schumann allerdings nicht gut bekamen.

Obgleich sie nach ihrem Umzug Ende 1844 von der Dresdner Kunstszene durchaus freundlich aufgenommen worden waren und bald Verbindungen zu zahlreichen Künstlern hatten, fühlte sich Schumann auch in seiner neuen Umgebung nicht wohl. Außer zu Schriftstellern, Malern und Musikern hatten sie wieder Kontakt zu Friedrich Wieck, nachdem es auf dessen Initiative hin zu einer oberflächlichen Aussöhnung gekommen war. Clara und Robert Schumann nahmen an den musikalischen häuslichen Geselligkeiten im Hause Wieck teil, Robert allerdings nur halbherzig und meistens mit Abneigung, da er der unverhofften Herzlichkeit seines Schwiegervaters misstraute. Dieser hatte inzwischen in Clara Schumanns Halbschwester Marie und seiner Pflegetochter Minna Schulz wiederum begabte Schülerinnen gefunden, die er mit großem Ehrgeiz musikalisch ausbildete. Mit Richard Wagner vermochte Schumann sich – trotz gemeinsamer beruflicher Interessen – nicht innerlich anzufreunden; wie später Friedrich Hebbel irritierte auch Wagner die auffällige, ja irritierend unhöflich wirkende Schweigsamkeit Schumanns, während diesen Wagners Umtriebigkeit und Geltungsbedürfnis befremdete; seine Änderungsvorschläge zu den Libretti für *Genoveva* wies Schumann trotzig zurück. Zudem ging ihm Wagners Redseligkeit auf die Nerven; nach einer mehr zufälligen Begegnung am 17. März 1846 bescheinigte er ihm eine *„norme Suada",* und registrierte: *„...steckt voller erdrückender Gedanken; man kann ihm nicht lange zuhören."*

Alle Bemühungen um soziale Kontakte wurden erschwert durch Schumanns weiter zunehmende Verschlossenheit und Kontaktscheu. Selbst bei geselligen Versammlungen oder am Stammtisch saß er meistens stumm abseits. Hauptsächliche Bezugsperson war der geduldige Komponist und Musikschriftsteller Ferdinand Hiller, bis 1844 Dirigent am Gewandhaus in Leipzig, sodann Chorleiter in Dresden, später in Düsseldorf und Köln. Mit seiner Unterstützung wurde Schumann Mitglied des Dresdner Komitees zur Gründung eines Stadtorchesters mit regelmäßigen Abonnementskonzerten, das abwechselnd von Hiller und Schumann dirigiert werden sollte.

Im Januar 1845 klagte Schumann seinem Verleger Dr. Hermann Härtel, dass *„die Anfälle von großer Nervenschwäche"* häufiger geworden seien. Er ließ sich von Dr. Helbig wegen *„schwerem Unwohlsein"* magnetisieren; in den Haushaltsbüchern notierte er immer wieder *„Nervenschwäche"* und *„Nervenleiden"*. Trotzdem hatte er sich bis zum Frühjahr 1845 inzwischen soweit erholt, dass er seine Arbeit wieder aufnehmen konnte. Er widmete sich jetzt – fast obsessiv – hauptsächlich der Komposition von Fugen. Im Kontrast zu früheren Musikstücken sind sie durch eine größere Formenstrenge und deutlichere Strukturierung gekennzeichnet; Schumann kam damit vielleicht einem Bedürfnis nach Geregeltheit und Ordnung nach.

Frei von Beschwerden war er allerdings nicht. Noch im Jahr 1845 litt Schumann weiterhin unter Erschöpfungsgefühl, Unwohlsein und Bedrücktheit, Schlafstörungen und Grübeleien, auch unter anfallsartigen Sehstörungen. Am 17. Juli 1845 schrieb er an Mendelssohn: *„.....Was für einen schönen Winter ich gehabt, wie eine gänzliche Nervenabspannung u. in ihrem Geleit ein Andrang von schreklichen Gedanken mich fast zur Verzweiflung gebracht"*. Als er sich für dessen Besuch im September bedankte, fuhr er fort: *„.....Etwas besser geht mir's schon: Hofrath Carus hat mir Früh-Morgen-Spaziergänge angerathen, die mir dann auch recht gut bekommen; doch langt es überall noch nicht u. es juckt u. zuckt mich täglich an hundert verschiedenen Stellen. Ein geheimnißvolles Leiden; - wenn es der Arzt anpacken will, scheint es zu fliehen....."*. Am 28. Mai 1845 fasste Schumann die zurückliegende Zeit für seinen alten holländischen Komponistenfreund Johann Hermann Verhulst in Den Haag wie folgt zusammen: *„Die Zeit, wo Du nichts vor mir gehört hast, war eine schlimme für mich. Ich war oft sehr krank. Finstere Dämonen beherrschten mich. Jetzt geht es etwas besser; auch zur Arbeit komme ich wieder, war mir Monate lang ganz unmöglich war...."*.

Eine durchgreifende Besserung trat trotz aller Hoffnungen in der Folgezeit nicht ein. So fielen auch auf das Jahr 1845 dunkle Schatten. Eine im August 1845 vorbereitete Reise an den Rhein und nach Bonn zur feierlichen Enthüllung des fertiggestellten Beethovendenkmals am 11. d. M. musste Schumann wegen *„entsetzlicher Schwäche"* und Schwindelzuständen schon in Weimar abbrechen, obgleich er zuvor Liszt eine Zusage gegeben hatte: *„…Leider bekam mir das Reisen, das ununterbrochene Fahren so schlecht, daß wir vorzogen, nur einige kürzere Touren durch Thüringen zu machen u. die Reise an den Rhein ganz aufzugeben"* teilte er kurz darauf Dr. Härtel mit. Eine zeitlang nahm er Bäder in eisenhaltigem Wasser.

Noch im November 1845 berichtete er Mendelssohn: *„…Ach, wie traurig es mich oft macht, daß ich so unthätig dabei stehen muß; ich versuchte neulich zu dirigiren, mußte es aber wieder lassen, es griff mich zu sehr an…"*, und Ende des Jahres: *„…manchmal umschwirren mich noch melancholische Fledermäuse; doch verscheucht sie auch wiederum die Musik".* Zu einer geplanten Fahrt nach Leipzig fehlten ihm Energie und Unternehmungsgeist: *„…ich will leider immer noch nicht zu meiner ganzen Kraft kommen, jede Störung meiner einfachen Lebensführung bringt mich noch außer Fassung u. in einen krankhaften, gereizten Zustand".*

Nach Fertigstellung des *Klavierkonzertes a-Moll* begann Schumann Ende 1845 mit der Arbeit an der *C-Dur-Sinfonie*, die – wie er selbst kommentierte – von *„…viel Schmerzen und Freuden…"* erzähle. 1849 schrieb er dem Musikschriftsteller und Orchesterleiter Georg Otten nach Hamburg, dass er sich bei der Komposition der Sinfonie noch *„halb krank gefühlt"* habe: *„…Mir ist's, als müßte man ihr dies anhören; wirklich wurde ich erst nach Beendigung des ganzen Werkes wieder wohler. Sonst aber, wie gesagt, erinnert sie mich an eine dunkle Zeit…".*

Nach einem einigermaßen zufriedenstellenden Winter verstärkten sich im Frühjahr 1846 erneut Phasen von Überempfindlichkeit und Gereiztheit, begleitet von Kopfschmerzen und Schwindel. Schumann fühlte sich müde und abgeschlagen, jeder Spaziergang wurde zur Anstrengung. Seine Bewegungen wurden auffallend schwerfällig. Er klagte über *„große Abspannung und Nervenschwäche ....eine Verstimmung des Gehörorgans und eine Augenschwäche",* und vernahm ein *„.....ständiges Singen und Brausen im Ohre, sodaß ihm jedes Geräusch zum Klang wurde".* August Kahlert, Musikprofessor in Breslau, teilte er anläßlich eines Besuches im Herbst des folgenden Jahres 1847 mit, dass er zu jener Zeit *„...jede Melodie verloren"* habe, wenn er sie *„...eben erst im Gedanken gefaßt..."* habe, das *„innere Hören"* habe ihn *„...zu sehr angegriffen".* Sein geliebtes Schachspiel musste er wegen ohnmachtsähnlicher Abwesenheitsattacken erheblich einschränken.

Am 22. Juni 1846 verstarb zudem der erst vierzehn Monate alte erste Sohn Emil, was Schumanns Trübsinn und Hilflosigkeit noch verstärkte. Die finanzielle Situation blieb unsicher, obgleich Clara Schumann Klavierstunden gab. Im Juli 1846 war sie erneut schwanger bis zum Abbruch am 26. d. M. anlässlich eines Badeurlaubs auf der Nordseeinsel Norderney, zu der sie sich drei Wochen zuvor aufgemacht hatte. Die Reise ging zunächst per Bahn über Leipzig nach Mag-deburg, von dort per Schiff elbabwärts nach Hamburg, dann – nach einwöchigem Aufenthalt – über Bremen und Bremer-haven auf die Insel. Vorher hatten sie von Ende Mai bis Ende Juni mit ihren beiden ältesten Töchtern Marie und Elise zur Erholung bei Familie von Serre auf Schloss Maxen gewohnt, bis Schumann plötzlich den Anblick der in der Nähe befindlichen Irrenanstalt „Sonnenstein" nicht mehr ertragen konnte und sie sich zu einer mehrtägigen Wanderung durchs Elbtal bis Schandau aufmachten. Von dort waren sie mit einem Elbdampfer nach Hause zurückgekehrt.

Robert Schumann kam von dieser Badekur einigermaßen erholt am 25. August zurück, so dass er – auf Claras ausdrücklichen Wunsch – einer Konzerttournee zusammen Marie und Elise nach Wien zustimmte. Die Reise dauerte vom 24. November 1846 bis zum 4. Februar 1847. Obgleich Clara vom Wiener Hof große Aufmerksamkeit entgegengebracht wurde, waren die meisten Konzerte wenig ertragreich. Erst das letzte war durch das gleichzeitige Auftreten der berühmten „Schwedischen Nachtigall" Jenny Lind sehr gut besucht.

Alles in allem blieb diese Reise nach Wien im Gegensatz zu Claras erster eine herbe Enttäuschung. Clara vertraute ihrem Tagebuch an: „.....*Ich fand aber nichts von dem Enthusiasmus, wie er vor neun Jahren war.... Ich merkte gar bald, daß ich nicht nach Wien paßte, und die Lust, hierzubleiben, verging mir ganz, noch viel weniger kann sich Robert hier auf die Länge gefallen...*".

Noch im Juli 1847 bemühte sich Schumann vergeblich um eine Direktorenstelle am Wiener Konservatorium. Stattdessen wurde er Ende Oktober 1847 Hillers Nachfolger als Leiter der Dresdner „Liedertafel" und rief Anfang 1848 einen "Verein für Chorgesang" ins Leben. Die regelmäßigen Chorproben mit Aufführungen von Bach, Händel, Beethoven, Palestrina, Cherubini und Mendelssohn nahm er mit Freude wahr, da sie ihm einen gewissen seelischen Rückhalt gaben.

Im April 1847 hatte er mit seiner Arbeit an der Oper *Genoveva* begonnen. Da er mit Reinicks Librettoentwurf unzufrieden war, bat der den Verfasser der gleichnamigen Tragödie, den Wiener Dramatiker Friedrich Hebbel, am 14. Mai brieflich um die Textbearbeitung. Dieser reagierte positiv: „...*Was Sie von mir verlangen, ist so wenig, daß Sie der Gewährung unbedingt sicher seyn konnten...*".

Hebbels Besuch im Hause Schumann am 27. Juli 1847 verlief jedoch sehr unerfreulich; Schumann sprach nach der Begrüssung kein Wort mehr, so dass sein Gast nach einer Viertelstunde verärgert das Haus verließ, auf dem Weg zum Hotel vom weiterhin schweigenden Schumann begleitet. Zu bedenken ist, dass vier Wochen zuvor, am 22. Juni, der kleine Emil Schumann nach längerer Krankheit an Lymphkrebs verstorben war, und Schumann seinen erstgeborenen Sohn sehr betrauerte. Hebbel schrieb am selben Tag seiner Freundin Prinzessin Sayn-Wittgenstein: *"...so dringend zum Rendezvous eingeladen zu seyn und dann doch vor einem verschloßenen Schrank zu stehen: es war doch gewiß zuviel für einen Menschen, der nie den Anspruch erhob, in der christlichen Tugend der Geduld zu excellieren. Jetzt beklage ich es freilich recht sehr, daß wir einander nicht näher gekommen sind...Denken Sie Sich die Scene, wie er mit völlig ausdruckslosem Gesicht, vornübergebeugt und in sich zusammengeduckt, auf dem Sopha neben mir saß und fragen Sie Sich, ob ich nicht verzweiflungsvoll wieder aufspringen mußte..."*. Fünf Jahre lang war daraufhin jeglicher Kontakt zwischen beiden abgebrochen.

Genoveva war im August 1848 fertig, jedoch dauerte es bis zur Aufführung in Leipzig noch zwei Jahre, da die Oper *Der Prophet* des von Schumann nur wenig geschätzten Meyerbeer vorgezogen wurde. Die Uraufführung im Juni 1850, zu der außer Hiller, Gade, Liszt und Spohr sogar Schumanns alter Lehrer Johann Gottfried Kuntsch aus Zwickau gekommen waren, verlief ebenso wie beiden folgenden Wiederholungen ohne rechte Begeisterung des Publikums. Schumann war sichtlich deprimiert und entmutigt; bis 1855 kam es zu keiner weiteren Aufführung mehr.

Der unerwartete Tod des hochgeschätzten Freundes Felix Mendelssohn Bartholdy nach kurzer schwerer Erkrankung am 4. November 1847 bedeutete für Schumann einen schweren Schock. Der erst 38-jährige vielseitige Musiker starb nach heftigsten Kopfschmerzen an einem „Nervenschlag" – wahrscheinlich an einer Hirnblutung aufgrund eines geplatzten

Blutgefäßes. Er war seit 1835 Leiter des Leipziger Gewandhauses und später des von ihm mitbegründeten Konservatoriums, in dem Robert Schumann anfangs als Kompositionslehrer mitarbeitete. Mendelssohn hatte im März 1847 sein letztes Konzert dirigiert.

Der plötzliche Todesfall brachte Schumann an den Rand der Verzweiflung und versetzte ihn in Panik; er war fest davon überzeugt, eines ähnlichen Todes sterben zu müssen. Am 6. November fuhr er mit Clara per Bahn zur Trauerfeier nach Leipzig. Sie erwiesen dem zu Hause Aufgebahrten die letzte Ehre. Robert Schumann begleitete neben Ignaz Moscheles, einst einer der Lehrer Mendelssohns, und anderen prominenten Musikern am 7. November den Trauerzug und trug mit ihnen das Bahrtuch in die Leipziger Paulinerkirche. Mendelssohns Leiche wurde in der folgenden Nacht mit einem Sonderzug nach Berlin überführt; die Beisetzung erfolgte auf dem Friedhof der Reformierten Gemeinde.

Schumann verdankte dem allseits anerkannten und verehrten Mendelssohn Bartholdy viel; er hatte sich mehrfach lobend über Schumanns Musik geäußert; das – künstlerisch eher mittelmäßige – Oratorium *Das Paradies und die Peri* hatte er als *„hochbedeutendes, edles Werk voller hervorragender Schönheiten"* bezeichnet. Allen voran hatten Mendelssohn und Schumann, die sich gegenseitig schätzten und respektierten, entscheidend dazu beigetragen, dass Leipzig zu einer europäischen Hochburg der Musik geworden war.

Schumann sympathisierte durchaus mit der März-Revolution 1848. Als es allerdings auch in Dresden zu Unruhen und Anfang Mai 1849 zu Straßenkämpfen kam, floh er mit seiner Frau und Tochter Marie nach Mügeln, von dort zur Familie Serre auf das Gut Maxen; die in der Eile zurückgelassenen anderen drei Kinder wurden am nächsten Morgen von Clara nachgeholt. In diese Zeit fällt der Tod des zweitältesten Bruders Carl am 9. April 1849. Während der folgenden vier Wochen, die sie in Kreischa verbrachten, komponierte Schumann – ungeachtet des revolutionären Getöses im ganzen Land – das friedvoll-idyllische *Lieder-Album für die Jugend „....als Gegengewicht gegen das von außen so furchtbar hereinbrechende....*", wie er Hiller schrieb.

Mehr als zuvor fühlte sich Schumann in Dresden isoliert, trotz Konzertreisen mit Clara nach Bremen, Hamburg und Berlin. Seine Angst vor dem Verlassenwerden, die ihn sein Leben lang begleitete, erhielt neue Nahrung durch den schon zwei Tage nach Mendelssohns Begräbnisfeierlichkeiten erfolgten Weggang seines Freundes Hiller, der zum Städtischen Musikdirektor Düsseldorfs gewählt worden war. Mit ihm verlor er einen loyalen und getreuen, lebenslangen Freund und Weggefährten. Zu allem Unglück überwarf Schumann sich mit Franz Liszt, als dieser sich anlässlich eines überraschenden Besuches im Juni 1848 voll des Lobes über Meyerbeers Opern gezeigt hatte. Schumann herrschte Liszt an, zu schweigen, Meyerbeer sei *„ein Wicht gegen Mendelssohn",* der nicht nur in Leipzig, sondern für die ganze Welt gewirkt hätte. Der Gast aus Weimar hatte sich obendrein kritisch über Schumanns *Klavierquintett* geäußert, so dass dieser sich auch persönlich getroffen fühlte. Liszt war souverän genug, über Schumanns Ausbruch höflich hinwegzusehen; 1855 führte er sogar in Weimar dessen letztlich erfolglose Oper *Genoveva* noch einmal auf.

Es ging weiterhin in Schumanns Befinden auf und ab. Er litt wieder unter Augenentzündungen; Anfang 1848 klagte er eine *„Überreizung und Abspannung der Kopfnerven, wie er sie selten schlimmer empfunden..."* habe, und hatte *„Kopfschmerzen, die ihn am allen Arbeiten und Denken hinderten".* Beobachtet wurden absonderliche Verhaltensweisen Schumanns. Claras Biograph Carl Litzmann schrieb 1850: *„....Man gewinnt....doch sicher das Bild der Lebenslinie eines kranken Mannes und einer Krankheit, die in* wechselnder Stärke und mit längeren Ruhepausen und mit wechselnden Symptomen, aber doch mit unheimlicher Regelmäßigkeit immer wieder in Ueberreizungserscheinungen zu Tage tritt, die wieder, was hier allerdings nur erst zwischen den Zeilen zu lesen war, ausnahmslos mit geistiger Ueberanstrengung in ursächlichem Zusammenhang stehen, die.... immer wieder wie ein Feind aus dem Hinterhalte hervorbrechen, sobald der Patient seiner neugewonnenen Kraft froh zu werden beginnt und zur Arbeit zurückkehrt".

Vorboten der Katastrophe

Auf der Suche nach einem Ausbruch aus diesem Teufelskreis unterzog Robert Schumann – auch aus finanziellen Erwägungen –, die über Vermittlung Hillers zustande gekommene Offerte aus Düsseldorf, dort dessen Nachfolger als Musikdirektor zu werden, einer näheren Prüfung. Hiller hatte die Gürzenich-Konzerte in Köln übernommen. Verlockend war, dass Schumann in Düsseldorf über ein eigenes Orchester verfügen sollte, mit dem er auch eigene Werke aufführen könnte: *„....ich freue mich vor allem, viele von Roberts neuen Sachen, die wir noch nicht mit Orchester gehört, dort zu hören. Hier sitzt man jahrelang mit seinen Schätzen begraben..."* meinte Clara, die das Düsseldorfer Angebot durchaus attraktiv fand.

Auf der anderen Seite wurde Dresden für Schumanns immer weniger erträglich: *„...Wir werden um keinen Preis in Dresden bleiben....Wir langweilen uns entsetzlich....Nicht ein Musiker weit und breit...."* stellte Clara fest. Sie mokierte sich auch über die *„Mendelssohnsche Clique:....Sie wollen nichts für schön finden, was nicht von Mendelssohn ist, und erst wenn das Publikum es anerkennt, dann kommen sie nach und finden es auch schön..."* schrieb sie ins Tagebuch.
Nach Rückkehr von ihrer gemeinsamen Konzertreise nach Norddeutschland Ende März 1850 gab Schumann dem Düsseldorfer Musikverein am 31. d.M. eine feste Zusage: *„....Die Stelle angenommen. Daß wir wahrscheinlich schon Ende Juli eintreffen würden"* teilte er endlich mit, nachdem seine Bemühungen um eine Nachfolge Wagners am Königlichen Hoftheater in Dresden ergebnislos geblieben waren. Zuvor hatte er sich bei Hiller über die Lebens- und Arbeitsbedingungen für sich und seine Frau in Düsseldorf erkundigt, beispielsweise nach den Lebenshaltungskosten und Wohnmöglichkeiten, sogar nach einer

eventuellen Erstattung der Aufwendungen für Umzug und Besuchsreisen.

In ihrer Entscheidung waren Schumanns durch verschiedene weitere Enttäuschungen in Dresden bestärkt worden. So waren die Feierlichkeiten zu Goethes hundertjährigem Geburtstag am 28. August 1849 in Leipzig recht frustrierend verlaufen. Robert Schumann hatte nämlich im Stillen fest mit einer erfolgreichen Aufführung der dahin fertiggestellten Teile seiner *Faust-Szenen*, vor allem des Schlusschores, gerechnet. Um so enttäuschter war er über die dürftige öffentliche Resonanz: *„.....Nach einer Notiz in der Leipziger Zeitung scheint mein Fauststück wenig Theilnahme in L. gefunden zu haben. Wie ich nun niemals gern überschätzt mich sehe, so doch auch ein lange mit Liebe und Fleiß gehegtes Werk nicht unterschätzt - aber einmaliges Hören reicht nie zur vollständigen Würdigung aus..."* bemerkte er voller Bitterkeit.

Erfolglos blieben auch Schumanns Bemühungen, in Dresden eine Gedenkfeier für Chopin auszurichten, der am 17. Oktober 1849 in Paris verstorben war; sein Antrag fand keine Zustimmung. Als der Chorverein seinen Dirigenten am 30. August 1850 mit einem Ständchen verabschiedete, war Schumann unleidlich bis zur Unhöflichkeit. Dem Sänger und Schauspieler Eduard Devrient zufolge war die Szenerie bedrückend: *„...abends mit Marie bei dem Abschiedsfest für die Schumanns. Er benahm sich wieder äußerst rücksichtslos. Chorlieder von ihm wurden gesungen: er ließ repetieren, was er noch einmal hören wollte, ging hin, dirigierte selbst, und dann ging`s immer schlechter als vorher. Einen theuren Chor hatte er hinbestellt auf unsre Kosten; von dem Wein, den Bendemann ihm einschenkte, sagte er, er schmecke ihm nicht. Sie spielte und wurde hoch gefeiert...".*

Eine offizielle Abschiedsfeier gab es nicht, als Familie Schumann die Stadt Dresden frustriert am 1. September 1850 endgültig verließ. Schon im Mai 1850 wurde das künftigeGehalt für drei Monate ausbezahlt, außerdem 50 Taler für den Umzug. Mit 750 Talern war das Jahressalär nicht gerade üppig, wenn man bedenkt, dass beispielsweise Wagner als Leiter der Dresdner Oper etwa doppelt soviel verdiente.

In seinen Überlegungen zu dem Angebot, dem Komponisten und Dirigenten Hiller als Leiter des Düsseldorfer Orchesters zu folgen, hatte Schumann im Dezember 1849 auch ahnungsvoll Ängste in Bezug auf seinen künftigen Wohnort geäußert: „......Noch eines: ich suchte neulich in einer alten Biographie nach Notizen über Düsseldorf u. fand unter den Merkwürdigkeiten angeführt: drei Nonnenklöster u. eine Irrenanstalt. Die ersteren lasse ich mir gefallen allenfalls; aber das letztere war mir unangenehm zu lesen. Ich will Dir sagen, wie dies zusammenhängt. Vor einigen Jahren, wie Du Dich erinnerst, wohnten wir in Maxen. Da entdeckte ich denn, daß die Hauptansicht aus meinem Fenster nach dem Sonnenstein zu ging. Dieser Anblick wurde mir zuletzt ganz fatal; ja, er verleidete mir den ganzen Aufenthalt. So dachte ich denn, könne es auch in Düsseldorf sein....Ich muß mich sehr vor allen melancholischen Eindrücken der Art in Acht nehmen. Und leben wir Musiker, Du weißt es ja, so oft auf sonnigen Höhen, so schneidet das Unglück der Wirklichkeit um so tiefer ein, wenn es sich so nackt vor die Augen stellt. Mir wenigstens geht es so mit meiner lebhaften Phantasie....".*

Es war nicht nur Phantasie, sondern fast Hellsichtigkeit, die Schumann diese Zeilen diktierte. Bei dem „Sonnenstein" oberhalb des sächsischen Elbstädchens Pirna handelte es sich um eine seit 1811 als Irrenanstalt genutzte ehemalige Festung im Einzugsgebiet von Dresden, deren Anblick Schumann offensichtlich großes Unbehagen bereitete. Vielleicht ahnte er voraus, dass sein weiterer Lebensweg einmal in einer solchen Einrichtung enden würde.

Schumanns zwischenzeitliche Erholungsphasen waren erstaunlich; sie spiegeln die verschiedenen Etappen des zähen Kampfes zwischen dem bösartigen Krankheitserreger und den körperlichen Abwehr- und Adaptationsmechanismen wider. Die Intervalle der Besserung, in denen Schumann ohne grössere Beschwerden arbeiten konnte, täuschten allerdings darüber hinweg, dass es – wie dessen vorbeschriebener Lebensverlauf zweifellos erkennen lässt – schon während des letzten Jahrzehnts vor dem Wechsel nach Düsseldorf eine kontinuierliche Progredienz der Beeinträchtigungen Schumanns gegeben hatte.

So erweckten auch die anfangs allem Anschein nach erfolgreich in Angriff genommene neue Tätigkeit wie auch die weitergeführte kompositorische Arbeit fürs Erste in Düsseldorf den irreführenden Eindruck einer sinnvollen, Erfolg versprechenden beruflichen Entscheidung. Die Realität sah hingegen bald anders aus: der abermalige Versuch, sich durch einen radikalen Ortswechsel aus dem Gefängnis von Unzufriedenheit und Isolation, von Melancholie und Krankheit zu befreien, scheiterte bereits nach kurzer Zeit.

Zwar wurde Familie Schumann in Düsseldorf zunächst überaus freundlich aufgenommen. Clara und Robert wurden am 2. September 1850 nach längerer Fahrt über Magdeburg, Braunschweig, Hannover, Minden und Bielefeld am Düsseldorfer Bahnhof von Hiller und der Konzertdirektion willkommen geheißen, zu einem abendlichen Festessen eingeladen und mit einem Ständchen der „Liedertafel" begrüßt. Während der nächsten Tage besichtigten sie die Stadt und erhielten Besuch vom Stadtorchester. Bei der offiziellen Amtseinführung am 7. September im Geislerschen Saal wurde vom Orchester bis zum anschließenden Souper eine Reihe Schumannscher Werke gespielt, die Ouvertüre zu *Genoveva*, drei Lieder und der zweite Teil von *Das Paradies und die Peri*. Schließlich wurden der *„reichbegabte Meister"* und die *„Meisterin der Melodien"* mit einem eigens komponierten Festlied gefeiert.

194

Nach kurzem Verbleib im Hotel „Breidenbacher Hof" bezog Familie Schumann eine Wohnung an der Ecke Allee-/Grabenstraße, die sie allerdings bald wieder aufgeben mussten, weil Robert Schumann durch den Straßenlärm – kreischende Kinder, Leierkastenmusik, Vorbeirumpeln von Wagen und Kutschen – in eine „....*höchst nervöse, gereizte, aufgeregte Stimmung....*" geriet – so Clara am 1. Oktober 1850 in ihrem Tagebuch. Überhaupt gefiel ihnen die Wohngegend nicht sonderlich und sie konnten sich mit der Mentalität der Nachbarn nicht anfreunden. Sie zogen daher zum 1. Juli 1851 in die Kastanienallee (heute: Königsallee), wo es ihnen besser gefiel, zumal sie dort auch einen Garten hatten. Als das Haus zum Verkauf anstand, wichen sie Mitte April 1852 in die Herzogstraße aus, wo Schumann sich wiederum vom Lärm belästigt fühlte. So mieteten sie schließlich ab dem 19. September 1852 vom Weinhändler Aschenberg zwei Etagen in der Bilkerstraße Nr. 1032, jetzt Nr. 15, und Clara konnte endlich unabhängig von ihrem Mann wieder Klavier spielen.

Düsseldorf, ehemalige kurfürstliche Residenzstadt, war infolge der Industrialisierung zu einem wichtigen Handelsplatz für den Niederrhein geworden und auf 40000 Einwohner angewachsen. Überregional bekannt war die Malerschule an der Kunstakademie. Ferdinand Hiller führte Familie Schumann in die Künstlervereinigung „Malkasten" um Friedrich Wilhelm von Schadow ein, einem Sohn des berühmten Berliner Bildhauers, der 1826 Direktor der Kunstakademie geworden war. Zu dieser Gruppe gehörten auch der Maler und Radierer Carl Ferdinand Sohn, Lehrer an der Kunstakademie und Schüler Schadows – er porträtierte 1853 Clara Schumann –, der Maler Ferdinand Theodor Hildebrandt, ebenfalls Kunstprofessor und Schadow-Schüler und später Pate von Eugenie Schumann, und der Maler Carl Friedrich Lessing aus der Schadow-Schule, nachmals Kunstprofessor in Karlsruhe. Auch Schumann wurde Mitglied der elitären Vereinigung. Über den Maler Johann Peter Hasenclever wurde Schumann auch mit dessen Bruder, Dr. Richard Hasenclever bekannt, der Schumann ärztlich beriet und sich um ihn kümmerte, als er psychotisch dekompensierte. Vorsitzender des Verwaltungsausschusses des „Allgemeinen Musikvereins" war der Notar Joseph Euler. Zu den weiteren Mitgliedern gehörte Schumanns engster Mitarbeiter und späterer Biograph Wilhelm Joseph von Wasielewski, bis 1850 selbst Mitglied des Leipziger Gewandhaus-Orchesters und anschließend Konzertmeister in Düsseldorf und Bonn; Schumann kannte ihn bereits seit 1843 aus dem Leipziger Konservatorium und hatte ihn für die Konzertsaison 1850/51 und für den folgenden Winter als ersten Geiger seines Orchesters nach Düsseldorf eingeladen. Auch der Pianist und Komponist Julius Tausch, der ab 1846 als Dirigent der „Liedertafel" in Düsseldorf ansässig war, hatte noch bei Schumann am Leipziger Konservatorium studiert.

Schumann machte sich mit Engagement an seine neue Aufgabe, obgleich er zeitweilig unter heftigen rheumatischen Schmerzen litt. Außer der Leitung von zehn Abonnementskonzerten pro Wintersaison oblagen ihm die wöchentlichen Proben des „Allgemeinen Musikvereins" und des Orchesters, jährlich vier Musikaufführungen beim katholischen Gottesdienst in der Düsseldorfer St.Lambertus- und St.Maximilians-Kirche sowie die künstlerische Mitgestaltung der alljährlichen Musikfeste. Am 24. Oktober leitete er das erste jener Konzerte der Saison 1850/51; zur Aufführung kamen – teils unter Claras unentgeltlicher Mitwirkung als Solistin – Werke von Beethoven, Bach, Mendelssohn, Gade, Rückert und die von ihm selbst komponierte *Motette für Chor und Orchester*. Schumann erntete großen Applaus.

Clara registrierte eine Begeisterung, „*.....wie sie seit Mendelssohns Weggang nicht im Orchester und Chor empfunden wurde*". Zu ihrer

Enttäuschung erhielt sie als Honorar lediglich ein Blumen-körbchen. Sie selbst stellte sich eigens am 9. November im Rahmen einer Soiree mit Kompositionen von Beethoven, Mendelssohn, Hiller und ihrem Mann dem Musikpublikum vor.

Robert Schumann war offenbar anfangs in seinem neuen Amt zufrieden; zumindest äußerte er sich seinem alten Zwickauer Bekannten Dr. Emanuel Klitzsch, dortiger Stadtkantor, ge-genüber recht positiv, bemerkte allerdings auch, dass ihn das Dirigieren sehr anstrenge. Immerhin nahm er seine Dirigen-tentätigkeit anlässlich der folgenden Abonnementskonzerte am 21. November 1850 und 11. Januar 1851 wahr, während denen – neben Stücken von Beethoven, Weber, Cherubini und Mendelssohn – das von ihm geschaffene *Requiem für Mignon* und das *Neujahrslied* aufgeführt wurden. Er komponierte auch weiterhin mit großer Beharrlichkeit oder nahm sich der Neu-bearbeitung früherer Stücke an. Im Oktober 1850 schloss er das *Cellokonzert* ab und widmete sich sodann – angeregt durch einen Besuch des Kölner Doms am 29. September, in dem die Vorbereitungen der Ernennung des Erzbischofs Johannes von Geissel zum Kardinal getroffen wurden – der *Rheinischen Symphonie*. Dieses Ende 1850 fertig gestellte Werk wurde am 6. Februar 1851 aufgeführt, ein Monat später das *Nachtlied* und die *Ouvertüre zu Braut von Messina*.

Noch im selben Jahr wurde unübersehbar, dass Schumann rasch erschöpft war und daher bei seiner Arbeit häufiger Pau-sen einlegen musste, um sich auszuruhen. Inzwischen war es zu anwachsenden Spannungen zwischen ihm und den Chor-mitgliedern gekommen, weil er sich als zunehmend unfähig erwiesen hatte, die über hundert Sänger umfassende Verei-nigung ordnungsgemäß zu leiten. Schumann hatte es sich – da er nur höchst ungern sprachlich kommunizierte – zur An-gewohnheit gemacht, seine Anweisungen auf Zetteln zu übermitteln. Die Fugeneinsätze gab er ungenau und dirigierte bisweilen noch weiter, wenn das Stück bereits beendet war. Die irritierten Sänger kamen ohne Motivation und Ehrgeiz zu den Proben, waren unkonzentriert und widerspenstig.

Nach zwei mißratenen Chorkonzerten im Frühjahr 1851 wurde an Schumanns Führung und Gestaltung des 8. Abonnentenkonzerts im März 1851 in der „Düsseldorfer Zeitung" massiv Kritik geübt. Man warf ihm Führungsschwäche, Desinteresse und mangelnde Kooperation vor. Clara und Robert Schumann witterten hingegen eine Intrige und beschwerten sich über Disziplinlosigkeit und Renitenz der Chormitglieder; erstere erregte sich im Herbst 1851: „...Die Damen tun den Mund kaum auf....sie setzen sich beim Singen, werfen die Hände und Füße um sich, daß es mir im Herzen kocht".

Schumann war missmutig und gereizt, kritisierte sogar das Klavierspiel seiner Frau, die damals erneut schwanger war. Er spielte mit dem Gedanken, nach London zu gehen, wohin ihn sein Freund William Bennett Ende 1850 eingeladen hatte. Das Vorhaben scheiterte jedoch an terminlichen und gesundheitlichen Problemen. In den Haushaltsbüchern notierte Schumann wiederholt „Schwindelanfälle" und „Unwohlsein". Ausflüge zum Rheinufer, in den Hofgarten, zum Benrather Schloss, in den Ellerforst und Bilker Busch, zu Hiller nach Köln sollten Ablenkung bringen; im Mai fuhren sie gar bis Bonn. Eine als entlastende Unterbrechung vom Kräfte zehrenden Alltag gedachte Schiffsreise Schumanns – für Clara die schönste während ihrer Ehe – im Juli und August 1851 rheinaufwärts, die ursprünglich nur bis Aßmannshausen gehen sollte, wurde mit Besichtigungen von Koblenz, Rüdesheim, Frankfurt und Heidelberg bis Basel verlängert. Per Kutsche reisten sie über die Alpen bis zum Genfer See weiter.

Bald nach der Rückkehr begannen die Proben zur Aufführung der *h-Moll-Messe* von Bach, denen die Sänger aufgrund ihrer schlechten Erfahrungen mit der *Johannes-Passion* am Palmsonntag mit argwöhnischer Skepsis entgegensahen. Clara klagte im September 1851: *„....Die Leute sind oft recht unverschämt hier, und da ist wahrhaftig kein langes Bleiben; es stellen sich auch allerlei große Mängel jetzt heraus. Der Gesangverein ist ganz im Untergehen, kein Eifer, keine Liebe zur Sache da, und das Orchester ist noch nicht einmal zur Not vollständig....Die Leute haben hier weder Respekt vor der Kunst noch vor dem Dirigenten!...".* Ein im Herbst 1951 von Schumann quai als persönliche Kompensation ins Leben gerufenes „Singkränzchen" mit rund 30 Mitgliedern schlief mangels Interesse der Teilnehmer nach einem halben Jahr ebenso wieder ein wie ein „Quartettkränzchen" für Kammermusik. Noch problematischer wurden die Vorbereitungen zur *Matthäus-Passion*. Schumann zeigte auffallend stereotype Verhaltensweisen wie bisweilen ein rhythmisches Aufblähen der Wangen, ein Zusammenpressen der Mundwinkel oder ein zusammenhangloses Kopfnicken. Während der Orchester- und Chorproben verharrte er in sich gekehrt am Dirigierpult oder reagierte nicht adäquat; die Tempi erschienen ihm zu schnell und er verlangte daher beim Dirigieren fälschlicherweise langsamere. Seine Frau saß meistens in der ersten Reihe des Saales, um notfalls klärend und schlichtend zu intervenieren. Die Chormitglieder verweigerten schließlich die Mitarbeit; die lustlosen Musiker des Orchesters mokierten sich über Schumanns unprofessionelle Leitung und probten ohne den gebotenen Eifer.

Schumanns Verschlossenheit, sein schrullenhaftes Verhalten und unbeholfenes Dirigieren bei gleichzeitig mangelhafter Selbstkritik untergruben seine ohnehin geringe Autorität; er suchte die Schuld für die nachlassende Zustimmung der Konzerte bei den Musikern und dem Publikum, und reagierte mit

Gereiztheit und Überempfindlichkeit bis hin zu wahnhaften Vermutungen einer Verschwörung gegen ihn.

Carl Schorn, Mitglied des Musikkomitees, beschrieb das damalige Auftreten Schumanns wie folgt: *„Die Einsilbigkeit und Wortkargheit Schumanns war in der letzten Zeit so auffallend und so störend, daß jede Unterhaltung mit ihm nur durch Vermittlung der stets an seiner Seite weilenden Frau möglich war. Gewöhnlich war der Ausdruck seines Gesichts ein passiv phlegmatischer, wobei etwaige geistige Erregungen sich nur durch ein nervöses Aufblähen und Zusammenziehen seiner Wangen und Zusammenpressen seiner Mundwinkel sowie durch Kopfnicken und zeitweises „m", „m" kund gaben".*

Wilhelm von Wasielewski, der Familie Schumann mit größtem Wohlwollen zugetan, war der Ansicht, dass sich die fehlende Direktorialbefähigung durch einen mehr und mehr sich entwickelnden krankhaften Zustand gezeigt habe: *„...so wie das gleichzeitig allmähliche Hervortreten einer gewissen Indolenz ihm die Möglichkeit raubte, ferner das noch zu leisten, was er früher wirklich zu leisten imstande gewesen war; wodurch sich denn nach und nach eine Verstimmung in den musikalischen Kreisen, welchen Schumann leitend vorstand, verbreitete und festsetzte. Dieselbe begann schon gegen Schluß des ersten Konzertwinters. Bei Wiederbeginn der Proben im Herbst 1851 zeigten sich sofort mancherlei Widerwärtigkeiten und bis zum Frühjahr war es noch schlimmer geworden".*

Stadtrat Wilhelm Wortmann, Verwaltungsmitglied des Musikvereins, musste beschwichtigend eingreifen, nachdem sich die Chor- und Orchestersprecher in der saisonvorbereitenden Konferenz beschwert hatten. Eine willkommene Unterbrechung der Auseinandersetzungen war für Schumann daher eine Reise zum Chorwettbewerb nach Antwerpen, wo er die Aufgabe eines Preisrichters wahrnehmen sollte.

Nach dem Besuch Leipzigs zur Aufführung von *Der Rose Pilgerfahrt* im März 1852 war ursprünglich eine Reise nach Weimar geplant, wo von Franz Liszt das Chorwerk *Manfred* dirigiert werden sollte. Wegen Glieder- und Gelenkschmerzen im folgenden Monat konnte Schumann nicht fahren; seine Arbeit wurde weiterhin durch Rheumaanfälle und hartnäckige Schlafstörungen beeinträchtigt. Er trank Heilbronner Bitterwasser, Melissenextrakt und nahm Gesundheitspillen; außerdem wurden Blutegel angesetzt. Auf Empfehlung des Arztes Dr. Wolfgang Müller aus Königswinter, mit dem er durch dessen Mitarbeit an der Musikzeitschrift freundschaftlich verbunden war, nahm er eine zeitlang Bäder im Rhein. Trotzdem häuften sich im Juli und August in Schumanns Aufzeichnungen Hinweise wie *„schlimme Zustände", „übles Befinden", „Leidenstage",* und *„große Angegriffenheit"* mit zwischenzeitlichem *„besseren Befinden".* Auch beim Klavierspielen machten sich jetzt exzentrische Manieren bemerkbar. Wasielewski, der inzwischen Chordirektor in Bonn geworden war, teilte er mit: *„...sonst sind wir alle leidlich wohl, ich nur manchmal von nervösen Leiden afficiert, die mich manchmal besorgt machen; so neulich nach Radecke`s Orgelspiel, daß ich beinahe ohnmächtig wurde....".*

Seine ursprünglich umfangreicher gedachte Mitarbeit beim Düsseldorfer Männergesangsfest im August 1852 musste Schumann auf einige Randtätigkeiten wie die Teilnahme als Preisrichter reduzieren.

Am 26. Juni 1852 reisten Schumanns nach Bonn, logierten dort im „Deutschen Haus" und erkundeten in Begleitung von Dietrich und Verhulst die Umgebung – Königswinter, Heisterbach und Honnef, sogar das Ahrtal mit Ahrweiler, Walporzheim und Altenahr. Acht Tage wohnten sie neben der „Alten Apotheke" in Godesberg und wanderten nach Plittersdorf, Muffendorf und Mehlem, besichtigten das Rolandseck, den Ölberg und den Drachenfels. Am 7. Juli kam Schumann, der die sommerliche Hitze kaum ertragen konnte, in ziemlich schlechter Verfassung nach Düsseldorf zurück:

"...Traurige Ermattung meiner Kräfte...Nervenleiden....schwere Leidenszeit" waren die Folgen.

Im August und September 1852 weilten Clara und Robert Schumann mit Marie Wieck und Woldemar Bargiel zu einer Badekur in Scheveningen. Die Seebäder bekamen Robert gut, führten aber nur zu einer vorübergehenden Besserung, während Clara am 9. September eine Fehlgeburt hatte. Zurückgekehrt nach Düsseldorf schrieb Schumann seinem Freund Richard Pohl nach Dresden: *"....Ich lag fast die Hälfte dieses Jahres erkrankt danieder an einer tiefen Nervenverstimmung – Folge vielleicht zu angestrengter Arbeit....Erst seit 5 – 6 Wochen geht es mir wieder besser".*

Bis Ende des Jahres quälten ihn fortwährend Schlafstörungen, Depressionen und Antriebslosigkeit. Sein Sprechen wurde schwerfälliger, und seine Körperhaltung gebeugter. Auffallend war auch, dass er fortan nur noch schwarze Kleidung trug und daher wie ein Geistlicher wirkte. Im Oktober traten – trotz einer gewissen Erholung – Schwindelanfälle und tinnitusähnliche, halluzinatorische Hörwahrnehmungen auf; Schumann vernahm wieder einen peinigenden einzelnen Ton, dessen Wahrnehmung er mit einem *"Champagnerstöpsel"* im Ohr zu unterdrücken suchte. Dem Violinisten Ruppert Becker zufolge soll Schumann in einem Bierlokal beim Zeitunglesen plötzlich mit den Worten aufgestanden sein: *"....ich kann nicht mehr lesen, ich höre fortwährend a".* Schumann bat von sich aus Julius Tausch, den Dirigenten der „Liedertafel", ihn bei der Leitung der beiden ersten Saisonkonzerte 1852/53 zu vertreten.

Als er im Dezember seine Direktion wieder aufnahm, forderten ihn drei Mitglieder des Chorkomitees am 13. Dezember schriftlich zum Rücktritt auf, alternativ zumindest Tausch die Dirigiertätigkeit zu belassen. Zwar entschuldigten sie sich – nach Missbilligung seitens der übrigen Chorangehörigen über die *„unpassende und unwürdige Form"* – auf einer anschließenden

Vereinsversammlung, nachdem die erhobenen Vorwürfe entkräftet werden konnten, jedoch waren Schumann und seine stets mit ihm bis zur Blindheit solidarische Frau zutiefst gekränkt über das *„niederträchtige Volk"* und die *„Gemeinheiten".* Zu Unrecht verkannten sie Tausch als vermeintlich rücksichtslosen Konkurrenten.

Dass Schumann jedoch seinen Verpflichtungen als Musikdirektor nicht gewachsen war, zeigte sich alsbald aufs Neue beim Niederrheinischen Musikfest zu Pfingsten 1853. Obgleich er mit der Aufführung seiner neu instrumentierten *d-Moll-Sinfonie* sehr erfolgreich war, bewältigte er nur unter grösster Anstrengung und mit Claras Unterstützung am 15. März 1853, dem ersten Festtag, die Leitung der Messias-Oratoriums von Händel. Voller Befürchtung hatte er zuvor am 25. April an Hiller, der Oktober 1851 nach Paris gegangen war, die Bitte gerichtet: *„...Wir sind in voller Zurüstung zum Musik-Fest. Ich möchte von Dir wissen, wann Du hier eintriffst.....Es ist Dir doch recht, daß ich das Oratorium u. meine Symphonie, Du alles Andere dirigierst ? Am 3. Tage ist auch Hr. Tausch einiges zu dirigieren aufgefordert worden....".*

Ferdinand Hiller und Julius Tausch führten die Konzerte an den beiden nächsten Tagen vereinbarungsgemäß fort, u. a. mit der Neunten Sinfonie von Beethoven. Auf dem Musikfest trat auch der damals 22-jährige Violinist Joseph Joachim aus Weimar auf, der das Ehepaar Schumann sehr beeindruckte: *„...Joachim war die Krone des Abends. Haben die andern auch wohl Beifall gehabt,......so errang Joachim doch mit dem Beethovenschen Konzert den Sieg über uns alle....."* stellte Clara fest. Im folgenden Juni sandte Joachim Schumann ihnen seine Hamlet-Ouvertüre; Ende August traf er selbst in Düsseldorf ein, um einige Urlaubstage bei Familie Schumann zu verbringen. Wenige Wochen später verweilte er auf dem Weg zum Karlsruher Musikfest erneut bei Schumanns und kam auch in der Folgezeit häufiger zu Besuch. Schumann begeisterte sich für den *„wundervollen Joachim"* in ähnlicher Weise wie kurze Zeit später für den jungen Johannes Brahms, der Ende September bei Schumann erschien.

Am 23. Februar 1853 fuhren Schumanns wiederum nach Bonn, wo sie das dritte Abonnementskonzert in der „Lese" besuchten, aber auch Clara selbst am nächsten Tag im Gasthof „Zum goldenen Stern" mit Wilhelm von Wasielewski eine Soiree gab. Bei dieser Gelegenheit trafen sie sich mit den befreundeten Bonner Familien des Verlegers Peter Joseph Simrock und des Bankiers Wilhelm Adolph Deichmann.

Seit dem Frühjahr 1853 beschäftigte Schumann sich ernsthaft und intensiv mit Spiritismus, insbesondere mit Tischrücken und Tischklopfen. In obigem Brief vom 25. April an Freund Hiller schrieb er: *„.....Wir haben gestern zum ersten Mal Tisch gerückt. Eine wunderbare Kraft! Denke Dir, ich fragte ihn, wie der Rhythmus der ersten 2 Takte der C-Moll-Sinfonie wäre! Er zauderte mit der Antwort länger als gewöhnlich – endlich fing er an... – aber erst zu langsam. Wie ich ihm sagte: 'aber das Tempo ist schneller, lieber Tisch', beeilte er sich das richtige Tempo anzuschlagen. Auch frug ich ihn, ob er mir die Zahl angeben könne, die ich mir dächte; er gab richtig drei an. Wir waren alle außer uns vor Staunen, wie von Wundern umgeben. Nun genug! Ich war heute noch zu voll davon, um er verschweigen zu können".* Ein paar Tage später bekräftigte Schumann: *„.....Unsere magnetischen Experimente haben wir wiederholt. Es ist als wäre man von Wundern umgeben. Wenn Du hier bist, nimmst Du vielleicht auch Theil!....".*

Clara hielt – etwas distanziert – im April im Tagebuch fest: *„....wie immer, wenn er sich nicht wohl fühlt, fängt er seine Manöver mit den Tischen an, so wird er ganz wohl und aufgeregt....Robert ist ganz entzückt von dieser Wunderkraft und hat ordentlich das Tischchen liebgewonnen und ihm ein neues Kleid versprochen".* Er selbst vermerkte in den „Haushaltsbüchern" für jene Zeit: *„.....Tisch-*

rücken bei uns. Wunderbare Erscheinung....Gegen Abend bei Frl. Leser Tischrücken. Erstaunen......Abends merkwürdiges Tischrücken. Der zerbrochene Tisch....".

Als Wasielewski Schumann im Mai 1853 in Düsseldorf besuchte, las dieser gerade – auf dem Sofa liegend – in einem Buch. Auf näheres Befragen zu dessen Inhalt äußerte er: „*.....Oh! Wissen Sie noch nichts vom Tischrücken?.... Hierauf öffneten sich weit seine für gewöhnlich halb geschlossenen in sich hineinblickenden Augen, die Pupille dehnten sich krampfhaft auseinander und mit eigenthümlich geisterhaftem Ausdrucke sagte er unheimlich und langsam: Die Tische wissen Alles".* Schumann rief sogar seine Tochter Elise herbei und begann, an einem kleinen Tisch zu hantieren, der ihm den Anfang der c-Moll-Sinfonie von Beethoven anzeigen sollte.

Vom 29. bis 31. Juli 1853 unternahm Familie Schumann nochmals eine Reise nach Bonn, wo im Rahmen eines Benefizkonzertes zugunsten der Fertigstellung des Kölner Doms durch Wasielewski u.a. auch Schumanns Chorballade *Der Königssohn* aufgeführt wurde. Schumann strengte die Reise sehr an; am Tag nach der Ankunft befiel ihn ein „Nervenschlag" und er blieb im Bett. Der ins Hotel herbeigerufene Bonner Sanitätsrat Dr. Domenicus Kalt diagnostizierte einen „Hexenschuss", soll jedoch anderweitig von einer „unheilbaren Geisteskrankheit" gesprochen haben: *„Ich kann nur erwidern, daß ich Herrn Schumann im Goldenen Stern dahier einmal ärztlich gesehen und beraten habe. Als ich den Gasthof verlassen wollte, wurde ich ersucht, zu Herrn Schmitz, dem damaligen Eigenthümer des Hauses, einzutreten. Dieser frug mich rasch nach dem Zustand des von mir besuchten Herrn. Ich sagte ihm, der sei ein verlorener Mann, habe ein unheilbares Gehirnleiden („Gehirnerweichung")".* Schon am nächsten Tag musste das Ehepaar unplanmäßig per Schiff nach Hause zurückkehren.

Ende August 1853 verstärkten sich Schumanns Sprechstörungen derart massiv, dass er zeitweilig kaum verständlich war; seine Bewegungen wurden noch schwerfälliger. Eine Porträtzeichnung von Laurens zeigt ihn im Oktober 1853 mit maskenhaft erstarrter Mimik, aber auch aufgedunsenem Gesicht. Auffallend ist die deutlich sichtbare, abnorme Erweiterung der Pupillen.

Trotz allem wurden Mitte September Claras 34. Geburtstag und der 13. Hochzeitstag ausgiebig gefeiert, da Schumann sich für ein paar Tage besser fühlte. Er überraschte Clara mit einem neuen Klems-Flügel, auf dem Notenblätter mit der Vertonung eines kleinen Gedichts lagen. Clara war außer sich vor Freude: *"...ich kann es gar nicht ausdrücken, wie ich fühlte, aber mein Herz war erfüllt von Liebe und Verehrung für Robert, und Dank dem Himmel für das hohe Glück, mit dem er mich überschüttet...."* vertraute sie ihrem Tagebuch an, nicht ahnend, dass ihr eine Zeit schwerer Betrübnis und Entmutigung bevorstand.

Am 30. September 1853 fand sich – auf Empfehlung von Joachim – der damals 20-jährige Hamburger Johannes Brahms bei Familie Schumann ein, um dem verehrten Meister seine Kompositionen zu zeigen. Dieser war begeistert und erhielt sichtlich Auftrieb. Er schrieb über Brahms unter der Überschrift „Neue Bahnen" einen enthusiastischen – seinen letzten – Beitrag für die „Neue Zeitschrift für Musik", in dem er den jungen Komponisten als neues, bedeutsames Talent würdigte, sein Spiel als *„genial"* bezeichnete und ihn einen *„Berufenen"* nannte, *„.....ein junges Blut, an dessen Wiege Grazien und Helden Wache hielten....Wenn er seinen Zauberstab dahin senken wird, wo ihm die Mächte der Massen, im Chor und Orchester, ihre Kräfte leihen, so stehen uns noch wunderbare Blicke in die Geheimnisse der Geisterwelt bevor..."* prophezeite Schumann voller Überschwänglichkeit. Brahms blieb schließlich in Düsseldorf und wurde quasi Mitglied der Familie. Ende Oktober 1853 zog Brahms in die

Schumannsche Wohnung, wo er sich unentbehrlich machte und das kranke, lebensuntüchtig gewordene Familienoberhaupt mehr und mehr ersetzte, was im übrigen zu Spannungen zwischen den Eheleuten Schumann führte. Ebenso wie Joachim besuchte er den schwerkranken Schumann auch später noch regelmäßig in der Endenicher Heilanstalt.

Neben seinen kompositorischen Versuchen entfaltete Schumann jetzt mit großem Eifer bizarre literarische Aktivitäten; er konzentrierte sich wieder auf seine Sammlung dichterischer und philosophischer Äußerungen über Musik, die er in pe-

(Abb. 6: Johannes Brahms mit 21 Jahren)

nibler Weise zu einem „Dichtergarten" zu verbinden suchte. Hierzu vertiefte er sich in das Studium antiker Schriften und der Bibel. Er las erneut in Jean Pauls Werken und studierte die Klassiker, immer wieder vor allem Shakespeare. Im Oktober 1853 schloss Schumann seine letzten Kompositionen ab, die *Märchenerzählungen für Clarinette oder Viola und Clavier* und die *Gesänge der Frühe,* ein fünfteiliger Zyklus. Im Kreis der Familie, vor allem beim gemeinsamen Musizieren mit Clara, Brahms und dem häufiger zu Besuch kommenden Joachim fühlte Schumann sich zufrieden, während die berufliche Situation sich abermals verschärfte.

Die Orchesterproben verliefen verworrener denn je; Schumann war ebenso konfus und gereizt wie apathisch und hilflos. Sein letztes Kirchenkonzert am 16. Oktober 1853 in St. Maximilian – eine Messe des Komponisten Moritz Hauptmann – wurde derart miserabel dirigiert, dass Julius Tausch von der Direktion gebeten wurde, fortan die folgenden Abonnementskonzerte zu leiten, zumal der Chor es rundheraus ablehnte, weiter unter Schumanns Leitung zu singen. Außerdem sollte Tausch auch Schumanns offizieller Stellvertreter werden. Schumann wurde ersatzweise die Ouvertüre Hamlet von Joachim übertragen, aber auch hier verliefen die vorbereitenden Proben für das Abonnentenkonzert am 27. Oktober – Schumanns letztem - mit Joachim als Solisten höchst unbefriedigend.

Den weiteren Ablauf schilderte Clara wie folgt: *„Am 7. November kamen die Herren Illing und Herz vom Komitee und teilten mir mit, daß sie wünschten, R. dirigiere in Zukunft nur seine Sachen, das andere habe Herr Tausch versprochen übernehmen zu wollen. Das war eine infame Intrige und eine Beleidigung für Robert, die ihn zwingt, seine Stelle gänzlich niederzulegen, was ich den Herren auch sogleich antwortete, ohne Robert gesprochen zu haben. Abgesehen von der Frechheit, die zu solch einem Schritte einem Manne wie Robert gegenüber gehörte, so war es auch eine Verletzung des Kontraktes, die Robert sich in keinem Fall* *gefallen läßt. Ich kann nicht sagen, wie sehr ich entrüstet war, und wie bitter es mir war, Robert diese Kränkung nicht ersparen zu können. O, es ist ein niederträchtiges Volk hier. Die Gemeinheit herrscht hier, und die Gutgesinnten, z. B. Herren von Heister und Lezaak, ziehen sich zurück, mißbilligend aber tatlos. Was hätte ich darum gegeben, hätte ich mit Robert gleich auf und davon gehen können, doch wenn man 6 Kinder hat, ist das so leicht nicht......9. November: Robert hat dem Komitee seinen Entschluß, nicht mehr zu dirigieren, mitgeteilt. Tausch benimmt sich wie ein roher ungebildeter Mensch.....denn er dürfte unter den jetzt obwaltenden Umständen nicht dirigieren und tat es doch, obgleich ihm Robert geschrieben, daß, wenn er es dennoch täte, er ihn für keinen wohlmeinenden Menschen halten könne. Die Sache stellt sich überhaupt immer klarer heraus, daß Tausch, scheinbar ganz passiv, die Hauptintrige gesponnen..... 10. November: Konzertabend – wir zu Haus. Tausch dirigiert. Robert schrieb ihm heute einen zweiten Brief, den er nicht hinter den Spiegel stecken wird.....".*

Zwei Tage nach einem erneuten Auftreten Claras im „Goldenen Stern" in Bonn wurde am 14. November wurde der Beschluss des Komitees Schumann auch schriftlich mitgeteilt, worauf dieser von sich aus – zutiefst betroffen und gekränkt – kündigte. Er antwortete am 16. November: „*Herr Regierungsrat Illing und Herr Dr. Herz haben mir – mittelbar durch meine Gattin – folgende Mitteilung gemacht, ob ich damit einverstanden wäre, daß Herr Tausch in den Konzerten alle Kompositionen anderer Meister dirigire außer die meinigen, die selbst zu dirigiren mir überlassen bliebe, wie sie sich denn darüber schon mit Herrn Tausch benommen und dieser sich, wie sie sich ausdrückten, 'aus Verehrung gegen mich' dazu gezeigt habe, und das ist offenbar sehr anerkennungswert, da es viel schwerer ist, fremde Compositionen als eigene zu dirigiren. Da nun die genannten Herren noch andeuteten, daß sie im des Sinne der übrigen Mitglieder des Ausschusses sprächen, so richte ich meine Erwiderung an den selben. Sie ist diese: Es besteht ein Contract zwischen mir und dem früheren Ausschuß, dem indes noch viele der damals unterschriebenen*

Mitglieder angehören....Sie haben mir die höchste Mißschätzung bewiesen. Sie haben hinter meinem Rücken mit einem, der noch vor zehn Jahren mein Schüler war, Rücksprache wegen Uebernahme der Direction genommen, was eine offene Contractverletzung ist, und eine zweite hinzugefügt, indem Sie ihn Probe und Concert dirigiren ließen....Nach solchen Vorgängen können wir nichts mehr gemein haben, die Sache ist klar abgethan, und ich füge noch hinzu, daß ich auf weitere schriftliche oder mündliche Erörterungen verzichte".

Schumann verwies schließlich auf einzelne Punkte des Vertrages und kündigte seinerseits zum 1. Oktober 1854.

Clara und noch weniger Robert Schumann vermochten die eklatanten Führungsmängel nicht einzusehen, obgleich auch von Wasielewski – recht diplomatisch – die Meinung vertrat, dass Schumann *„...vom Jahre 1853 an durch seine im stillen sich vorbereitende geistige Erkrankung und die infolgedessen in Abnahme begriffenen Leistungen als Dirigent so manche Veranlassung zur Unzufriedenheit ...."* gab.

Es schloß sich ein Hin und Her zwischen dem Verwaltungsausschuss und Schumann an. Während der weiter schwelenden Reibereien schaltete sich Bürgermeister Hammers vermittelnd ein und forderte Schumann am 5. Dezember schriftlich auf, wieder zu dirigieren; außerdem setzte er sich erfolgreich für eine Weiterzahlung dessen Gehalts ein. Zu jener Zeit waren Clara und Robert jedoch schon unterwegs zu einer Konzertreise nach Holland, so dass von deren Seite keine Reaktion erfolgte. Der „Allgemeine Musikverein" verzichtete schließlich am 28. Juni 1854 auf die offizielle Kündigung, um Schumann nicht weiter bloßzustellen und dessen angeschlagene Gesundheit nicht noch weiter zu belasten; seine Stelle wurde vorerst nicht wieder neu besetzt. Erst im Juli 1855 wurde Tausch offiziell zum neuen Musikdirektor Düsseldorfs ernannt.

Auf der Hollandreise litt Schumann unter *„unnatürlichen Gehör-saffectionen"* und *„nervösen Zufällen im Kopf"*. Er empfand bizarr anmutende, brennende Empfindungen im Hinterkopf, einen *„.....Wechsel prickelnder nervöser Empfindungen namentlich im Rückgrade und in den Fingerspitzen"*. Bereits während des ersten Nacht-quartiers in Emmerich waren wiederum anfallsartig sehr quä-lende Gehörshalluzinationen aufgetreten; einzelne Töne ver-schmolzen zu Harmonien, ja ganzen Musikstücken. Hinzu traten Geisterstimmen, die ihm mal Vorwürfe machten, mal Versöhnliches zuflüsterten. In groteskem Kontrast hierzu standen der enthusiastische Empfang und die Begeisterungs-stürme, die Clara und Robert in Rotterdam, Den Haag, Am-sterdam und Utrecht zuteil wurden. Wiederum befasste Schu-mann sich mit Möglichkeiten eines Ortswechsels.

Das folgende Jahr 1854 wurde zu einem Katastrophenjahr, obgleich es mit einer Besuchsreise zu Joachim und Brahms im Januar nach Hannover nicht unerfreulich begann. Anfang Februar konnte Schumann sogar für kurze Zeit noch seine Arbeiten am „Dichtergarten" fortsetzen: *„Er wird immer statt-licher; auch Wegweiser habe ich hier u. da hingesetzt, daß man sich nicht verirrt, d.h. aufklärenden Text.....Die Musik schweigt jetzt – wenigstens äußerlich...."* informierte er Joachim. Einem Wetterleuchten gleichen die geheimnisvollen Andeutungen Anfang Februar 1854 gegenüber Joachim: *„.....Ja, ich glaub es auch – die Virtuosen-raupe wird nach u. nach abfallen und ein prächtiger Composionsfalter herausfliegen.... Nun will ich schließen, es dunkelt schon, mit sym-pathetischer Tinte habe ich Euch oft geschrieben, u. auch zwischen den Zeilen steht eine Geheimschrift, die später hervorbrechen wird"*. Nach einigen halbwegs leidlichen, jedoch nie symptomfrei-en Tagen mit Lesen, Ordnen, Spaziergängen und Arbeiten in der Stadtbibliothek, sogar einer Teilnahme am Ball des Re-gierungspräsidenten brach Schumann vollends psychisch zu-sammen. Zwar beschwerte er sich noch am 10. Februar 1854 brieflich bei dem Hallenser Komponisten und Chorleiter Robert Franz über einen polemischen Artikel dessen Schwagers Friedrich Hinrichs in der „Neuen Zeitschrift für Musik" über Schumanns mangelhafte Werke seit der „Peri", am selben Abend schrieb er jedoch in sein Haushaltsbuch: „.....*abends sehr starke u. peinliche Gehöraffection", einen Tag später hieß es: „Traurige Nacht (Gehör- u. Kopfleiden....)", am 12.: „Noch schlimer, aber auch wunderbar....Ein feste Burg", am 13.: „Wunderbare Leiden", am 14.: „Am Tage ziemlich verschont. Gegen Abend sehr stark....., am 15.: „Leidenszeit.- Dr. Hasenclever", am 16.: „Nicht besser. Alle Gedichte zusammengetragen."*

In der Nacht zum 17. - „....besser..." – brachte er ein Thema zu Papier, von dem er behauptete, dass die Engel es ihm vorgesungen hätten. Am 20. Februar buchte Schumann noch sein Taschengeld *(„Wochengeld")* ab. Weitere Eintragungen vorzunehmen war er offenbar nicht mehr in der Lage. Jetzt drängte er mehrmals darauf, in eine Heilanstalt gebracht zu werden und forderte Clara – im sechsten Monat schwanger – auf, sich zu ihrem Wohl von ihm zu trennen. Sie suchte aus Angst bei einer Nachbarin Schutz, bis ihre Mutter Bargiel aus Berlin eintraf und ihr zur Seite stand. Clara Schumann hielt den dramatischen Ablauf der Karnevalstage 1854 in einem Bericht fest, der wegen der beklemmenden Authenzität in größerem Umfang wiedergegeben wird:

„.....*Freitag, den 10., in der Nacht auf Sonnabend, den 11., bekam Robert eine so heftige Gehörsaffection die ganze Nacht hindurch, daß er kein Auge schloß. Er hörte immer ein und denselben Ton und dazu zuweilen noch ein andres Intervall. Den Tag über legte es sich. Die Nacht auf Sonntag, den 12., war wieder ebenso schlimm und der Tag auch, denn das Leiden blieb nur zwei Stunden am Morgen aus und stellte sich schon um 10 Uhr wieder ein. Mein armer Robert leidet schrecklich! Alles Geräusch klingt ihm wie Musik! Er sagt, es sei Musik so herrlich mit so wundervoll klingenden Instrumenten, wie man sie auf der Erde nie hörte! Aber es greift ihn natürlich furchtbar an. Der Arzt sagt, er könne gar nichts thun. Die nächstfolgenden Nächte waren sehr schlimm - wir schliefen fast gar nicht....Den Tag über versuchte er zu arbeiten, doch es gelang ihm nur mit entsetzlicher Anstrengung. Er äußerte mehrmals, wenn das nicht aufhöre, müsse es seinen Geist zerstören. Die Gehörsaffectionen hatten sich soweit gesteigert, daß er ganze Stücke wie von einem vollen Orchester hörte, von Anfang bis zum Ende, und auf dem letzten Akkorde blieb der Klang, bis Robert die Gedanken auf ein anderes Stück lenkte. Ach, und nichts konnte man thun zu seiner Erleichterung!*

Die Gehörstäuschungen steigerten sich vom 10. - 17. Februar in hohem Grade. Wir nahmen einen andern Arzt, Regimentsarzt Dr. Böger, an, und auch Hasenclever kam täglich, jedoch nur als rathender Freund.... Freitag, den 17., nachts, als wir nicht lange zu Bett waren, stand Robert wieder auf und schrieb ein Thema auf, welches, wie er sagte, ihm die Engel vorsangen, nachdem er es beendet, legte er sich nieder und phantasirte nun die ganze Nacht, immer mit offenen, zum Himmel aufgeschlagenen Blicken; er war des festen Glaubens, Engel umschweben ihn und machen ihm die herrlichsten Offenbarungen, alles das in wundervoller Musik; sie riefen uns Willkommen zu, und wir würden beide vereint, noch ehe das Jahr verflossen, bei ihnen sein....

Der Morgen kam und mit ihm eine furchtbare Änderung! Die Engelstimmen verwandelten sich in Dämonenstimmen mit gräßlicher Musik; sie sagten ihm, er sei ein Sünder, und sie wollen ihn in die Hölle werfen, kurz sein Zustand wuchs bis zu einem förmlichen Nervenparoxysmus; er schrie vor Schmerzen (denn wie er mir nachher sagte, waren sie in Gestalten von Tigern und Hyänen auf ihn losgestürzt, um ihn zu packen), und zwei Aerzte, die glücklicherweise schnell genug kamen, konnten ihn kaum halten. Nie will ich diesen Anblick vergessen, ich litt mit ihm wahre Folterqualen. Nach etwa einer halben Stunde wurde er ruhiger und meinte, es lassen sich wieder freundlichere Stimmen hören, die ihm Muth zusprechen. Die Aerzte brachten ihn zu Bett, und einige Stunden ließ er sich er sich es auch gefallen, dann stand er wieder auf und machte Correcturen von seinem Violincellkonzert, er meinte dadurch etwas erleichter zu werden von dem ewigen Klange der Stimmen.

213

Sonntag, den 19., brachte er im Bett zu unter großen Qualen der bösen Geister! Daß wirklich überirdische und unterirdische Menschen ihn umschweben, ließ er sich dadurch nicht ausreden; wohl glaubte er wenn ich ihm sagte, er sei sehr krank, seine Kopfnerven seien furchtbar überreizt, aber von dem Glauben an die Geister brachte ich ihn keinen Augenblick ab, im Gegentheil sagte er mir mehrmals mit wehmüthiger Stimme, du wirst mir doch glauben, liebe Clara, daß ich dir keine Unwahrheiten sage! Es blieb mir nichts übrig, als ihm ruhig zuzugeben, denn ich regte ihn durch Zureden nur noch mehr auf. Abends 11 Uhr wurde er plötzlich ruhiger, die Engel versprachen ihm Schlaf......

Montag, den 20., verbrachte Robert den ganzen Tag an seinem Schreibpult, Papier, Federn und Tinte vor sich, und horchte auf die Engelstimmen, schrieb dann auch wohl öfter einige Worte, aber wenig, und horchte immer wieder. Er hatte dabei einen Blick voller Seligkeit, den ich nie vergessen kann; und doch zerschnitt mir diese unnatürliche Seligkeit das Herz ebenso, als wenn er unter bösen Geistern litt.....ich sah seinen Geist immer mehr gestört und hatte doch noch nicht die Idee von dem, was ihm und mir noch bevorstand.

Dienstag, den 21. Februar, schliefen wir wieder die ganze Nacht nicht; er sprach immer davon, er sei ein Verbrecher und solle eigentlich in der Bibel lesen.....

Die nächstfolgenden Tage blieb es immer das selbe, immer abwechselnd gute und böse Geister um ihn, aber nicht mehr immer in Musik, sondern oft nur sprechend. Dabei aber hatte er so viel Klarheit des Geistes, daß er zu dem wundervoll rührenden, wirklich frommen Thema, welches er in der Nacht des 10. niedergeschrieben, ebenso rührende, ergreifende Variationen machte, auch schrieb er noch zwei Briefe, einen Geschäftsbrief an Arnold nach Elberfeld und einen an Holl in Amsterdam ....

In den Nächten hatte er oft Momente, wo er mich bat von ihm zu gehen, weil er mir ein Leid anthun könnte!.... Oft klagte er, daß es in seinem Gehirn herumwühle, und dann behauptete er, es sei in kurzer Zeit aus mit ihm, nahm dann Abschied von mir, traf allerlei Verordnungen über sein Geld und seine Kompositionen....

Sonntag, den 26., war die Stimmung etwas besser, und da spielte er mit Herrn Dietrich abends noch mit größtem Interesse eine Sonate...., geriet aber in eine so freudige Exaltation, daß ihm der Schweiß nur so herunterfloß von der Stirn. Darauf aß er mit furchtbarer Hast viel zu Abend. Da plötzlich 9 ½ Uhr stand er vom Sopha auf und wollte seine Kleider haben, denn er sagte, er müsse in die Irrenanstalt, da er seiner Sinne nicht mehr mächtig sei und nicht wissen könne was er in der Nacht am Ende thäte....Herr Aschenberg, unser Hauswirt, kam sogleich herauf, ihn zu beruhigen, ich sandte nach Dr. Böger; Robert legte sich alles zurecht, was er mitnehmen wolle, Uhr, Geld, Notenpapier, Federn, Zigarren, kurz, alles der klarsten Ueberlegung; und als ich ihm sagte: 'Robert willst du deine Frau und Kinder verlassen?' erwiderte er: 'es ist ja nicht lange, und ich komme bald genesen zurück'!

Dr. Böger bewog ihn aber, zu Bett zu gehen, und vertröstete ihn auf morgen. Mir erlaubte er in der Nacht nicht, bei ihm zu bleiben, ich mußte einen Wärter holen lassen, blieb aber natürlich im Nebenzimmer, dann las er viel in Journalen, und zuletzt schlummerte er wohl minutenweise....

Ach, welch schrecklicher Morgen sollte heranbrechen. Robert stand auf, aber so tief melancholisch, daß es sich nicht beschreiben läßt. Wenn ich ihn nur berührte, sagte er: 'Ach Clara, ich bin deiner Liebe nicht werth'. ....ach, und alles Zureden half nichts. Er schrieb die Variationen aufs Reine, noch war er an der letzten, da plötzlich — ich hatte nur auf wenige Augenblicke das Zimmer verlassen und Mariechen zu ihm sitzen lassen, um mit Dr. Hasenclever etwas im andern Zimmer zu besprechen (überhaupt hatte ich ihn schon seit 10 Tagen keinen Augenblick allein gelassen) — verließ er sein Zimmer und ging seufzend ins Schlafzimmer. Marie glaubte, er werde gleich wiederkehren, doch kam er nicht, sondern lief, nur im Rock, im schrecklichsten Regenwetter, ohne Stiefel, ohne Weste fort.....

Dietrich, Hasenclever, kurz alle, die nur da waren, liefen fort, ihn zu suchen, fanden ihn aber nicht, bis zwei Freunde ihn nach etwa einer Stunde nach Hause geführt brachtent. Wo sie ihn gefunden und wie, ich konnte es nicht erfahren......aber ich Unglückliche sah ihn nicht mehr!

Als man ihn zu Hause ins Bett gebracht, wollte man ihn nicht aufregen durch das Wiedersehen mir mir, und so entschloß ich mich, für diesen Tag zu Frl. Leser mitzugehen, denn im Haus bleiben und ihn nicht sehen, das wäre mir zuviel gewesen!....".

.

Den genaueren Hergang erfuhr der bereits erwähnte Konzertmeister des Düsseldorfer Orchesters Ruppert Becker, der seine Hilfe angeboten und Schumann am 24. Februar zu Hause besucht hatte: *„27. Februar: Schreklich war die Nachricht, die ich an diesem Tage erhielt! Schumann hatte sich mittags 2 Uhr aus seiner Schlafstube geschlichen und war direkt nach dem Rheine gegangen, von wo aus er sich, in der Mitte der Brücke, in den Fluß stürzte! Glücklicherweise war er schon am Eingang der Brücke aufgefallen, und zwar dadurch, daß er, da er kein Geld bei sich hatte, sein Taschentuch als Pfand abgab! Mehrere Fischer, die ihn deshalb mit den Augen verfolgten, nahmen, sogleich nach dem Sprung, einen Kahn und retteten denselben glücklich. Vom Kahn aus soll er noch einmal versucht haben, ins Wasser zu springen, woran ihn die Fischer hinderten. Fürchterlich muß sein Heimweg gewesen sein; transportiert von 8 Männern, und einer Masse Volks, das sich nach seiner Weise belustigte".*

Mit anderen Worten: Am Nachmittag des 26. Februar, einem Sonntag, hatte Schumann noch Albert Dietrich, dem Komponistenfreund und -schüler, eine neue Sonate von Martin Cohn vorgespielt. Dietrich war aufgefallen, dass Schumann meistens Geisterstimmen gehört habe, die ihn regelmäßig gequält hätten: *„....sein klares Bewußtsein verließ ihn; so nahm er an Außendingen noch einen gewissen Antheil, doch nur selten; meistens lauschte er in völligem Entrücktsein den Engelstimmen oder er wurde in Verzweiflung gejagt durch die bösen Geister, die in seinem Innersten, wie er sagte, wühlten...."* teilte er Tage später dem Organisten Theodor Kirchner nach Winterthur mit.

Abends suchte Schumann wohl in der Hoffnung einige Utensilien zusammen, dass ihm ein vorübergehender Aufenthalt in einer speziellen Nervenanstalt zumindest zu einer spürbaren Besserung verhelfen würde. Vermutlich überwältigte ihn aber schon am nächsten Tag eine derartige Hoffnungslosigkeit, dass er seinem Leben ein Ende setzten wollte. Er lief von der Wohnung in der Bilkerstrasse zur nicht weit entfernten Rheinbrücke, warf seinen Trauring in den Fluss und ließ sich über die Brüstung ins Wasser fallen. Den dortigen Schiffern war er wahrscheinlich wegen seines Verhaltens schon vorher aufgefallen, so dass sie unverzüglich als Retter zu Stelle waren, ihn aus dem Wasser zogen und nach Hause brachten. Clara hatte sich bereits auf Drängen ihres Arztes zu ihrer Freundin Rosalie Leser begeben, wo sie bis zu Abreise ihres Mannes fünf Tage später blieb; bis kurz vor seinem Tod nach zweieinhalb Jahren hat sie ihn nicht mehr gesehen.

Wie unbeschwert war die Rheinfahrt 25 Jahre zurück – im Mai 1829 – verlaufen, und doch träumte der junge Schumann damals: „....*ich wäre im Rhein ertrunken*".

In der Düsseldorfer Wohnung trafen nun die beiden Ärzte Dr. Böger und Dr. Hasenclever, sicher nicht leichten Herzens, die folgenschwere Entscheidung, Schumann in ein Nervensanatorium zu verbringen; die Wahl fiel auf eine solche Einrichtung in Endenich bei Bonn. Dr. Böger setzte sich mit deren Leiter, Dr. Franz Richarz, in Verbindung und erhielt die Zusage einer umgehenden Aufnahme. Bis dahin musste der immer wieder zwischen Erregtheit und Apathie wechselnde Kranke rundum beaufsichtigt werden; hiermit wurde eigens ein Wärter namens Bremer beauftragt.

Am 4. März wurde Schumann in Begleitung von Dr. Hasenclever und einem Wärter mit einer Droschke von Düsseldorf nach Endenich gebracht; am Abend zuvor war Brahms aus Hannover angereist. Die achtstündige Kutschfahrt war recht beschwerlich, da Schumann ab Köln immer unruhiger wurde und schließlich festgehalten werden musste. Es wurde

Schumanns letzte Reise, und ab jetzt existierte er für die Welt nur noch in der Erinnerung. Nachdem der Wärter, ein Diakon aus Duisburg, zurückgekehrt war, berichtete er, dass Schumann im Erdgeschoss des Gebäudes Quartier bezogen habe.

Letzte Zuflucht. Schlussbetrachtungen

Schumann wurde als „Patient No. 159" in die Endenicher Anstalt aufgenommen, die damals 28 Bewohner beherbergte, davon die Hälfte im Haupthaus, das den ruhigeren vorbehalten war, während die unruhigen – wie später zeitweise auch Schumann – in der „II. Abtheilung" im rückwärtigen Garten untergebracht waren. Unter den meist aus höheren sozialen Schichten stammenden Patienten, Juristen, Theologen, Ökonomen und Kaufleuten, befanden sich der Schumann bereits bekannte Düsseldorfer Maler Alfred Rethel, der Bonner Kunsthistoriker Helfrich Bernhard Hundeshagen, der 1816 das Nibelungenlied entdeckt hatte, und der Vater der Komponistin Johanna Kinkel, Peter Joseph Mockel, ein Lehrer aus Bonn.

Schumann bekam im ersten Stock zwei Zimmer zur Gartenfront zugewiesen, mit Blick nach Osten und Südosten, d.h. in Richtung Siebengebirge und Kreuzberg. Eines der beiden Zimmer hatte zum Flur hin ein kleines Beobachtungsfenster mit einer Jalousie. Daneben gab es oben ein Gesellschaftszimmer mit einem Tafelklavier. Im Erdgeschoss lagen der Empfangsraum und die Räumlichkeiten der beiden Ärzte Dr. Richarz und dessen Vertreters Dr. Peters sowie der Hausdame und Oberpflegerin Fräulein Elvire von Reumont, einer energischen und zuverlässigen Person. Ein Wärter, der auch in einem der beiden Räume Schumanns einen Schlafplatz hatte, war ihm persönlich zugeteilt.

Die Anstalt – um 1790 im frühklassizistischen Stil errichtet – war ursprünglich Landsitz des ehemaligen kurfürstlichen Hofkammerrates und Bonner Schöffenbürgermeisters Matthias Joseph Kaufmann, der darin später Jurastudenten unterrichtete. Dr. Richarz hatte das Anwesen samt umliegenden Gärten gekauft und darin 1844 eine private Irrenanstalt für zunächst 14 Patienten eingerichtet, die später auf 50 Plätze erweitert wurde. Auf dem Gelände befanden sich einzelne Pavillons mit abgeschlossenen „Tobezellen" für unruhige und erregte Patienten, die auf fest montierten Betten fixiert werden konnten. Um das Haus erstreckte sich ein parkähnlicher Garten. Es gab außerdem Wirtschaftsgebäude und Stallungen. Noch bis zum 1944 wurde die „St. Paulus-Anstalt" vom Orden der Alexianerbrüder als Nervenklinik genutzt, ehe sie – durch Engagement einer Bürgerinitiative von Künstlern, Wissenschaftlern und Journalisten vor dem Abbruch gerettet – nach Restaurierung 1963 als Schumann-Gedenkstätte mit Musikbibliothek der Öffentlichkeit übergeben werden konnte. Die untere Etage diente noch bis 1982 als Altenheim.

Die Pflege- und Aufenthaltskosten betrugen für eine Unterbringung in der Ersten Klasse monatlich 50 Taler, für die Clara Schumann fortan aufzukommen hatte. Leipziger Freunde boten ihr 1855 an, ihr jährlich mit 700 bis 800 Talern auszuhelfen; Schumanns Verleger Härtel schlug ein Benefizkonzert für Clara und die Kinder vor. Clara lehnte diese Unterstützung ab, auch von einem Darlehen, das ihr der Bankier Paul Mendelssohn, ein Bruder von Felix, zur Verfügung stellte, machte sie keinen Gebrauch. Sie verdiente mit ihren Konzerten recht gut – von 1854 bis 1856 nahm sie rund 5000 Taler ein; außerdem wurde von der Stadt Düsseldorf Schumanns Jahresgehalt von 750 Talern bis Ende 1854 weitergezahlt.

Behandelnde Ärzte waren der 42-jährige Anstaltsleiter Geheimrat Dr. Franz Richarz sowie dessen Vertreter Dr. Eberhard Peters. Richarz war ursprünglich Assistent, später Zweitarzt an der für damalige Verhältnisse sehr modernen Provinzialirrenanstalt Siegburg mit dem Reformer Johann Maximilian Christian Jacobi an der Spitze. Richarz hatte das Angebot, dessen Nachfolger zu werden, ausgeschlagen und stattdessen die Endenicher Anstalt gegründet, getreu seiner Forderung nach kleineren Heil- und Pflegestätten ohne Einsatz der damals noch gebräuchlichen Zwangsmittel wie Fixierstuhl, Zuchtrute oder Mundbirne. Gängige Behandlungsmethoden waren Diät, Aderlässe, Klistiere, warme und kalte Bäder, an Medikamenten wurden Eisen-, Kupfer- und Arsenpräparate verwendet, auch Alkohol, Chinin- und Opiumextrakte. Die künstliche Erzeugung von eiternden Geschwüren auf dem Kopf, „Fontanelle" oder „Siegburger Siegel" genannt, sollte eine Aussonderung von Körpergiften bewirken und zudem eine Art Umstimmung des Organismus durch den Entzündungsreiz bedingen.

Dr. Peters, mit dem Clara regelmäßig korrespondierte, war ebenfalls in Siegburg tätig gewesen, ehe er zum 1. Januar 1853 nach Endenich gewechselt war. 1862 gründete er in Kessenich – wie Endenich jetzt ein Ortsteil Bonns – eine eigene, kleine Privatanstalt.

Während der ersten Wochen befand sich Schumann in einem Zustand von Schwermut und Angst; anfangs wie auch später erneut verweigerte er die Nahrung und lag meist apathisch zu Bett. Dr. Richarz diagnostizierte eine „Melancholie mit Wahn" als – wie er niederschrieb – Ausdruck einer hirnorganischen „Schwäche und Auszehrung" infolge chronischer psychischer Überlastung; die Prognose wurde eher skeptisch beurteilt. Am 13. März 1854 kam Schumanns Schwiegermutter Marianne Bargiel aus Berlin zu Besuch und berichtete nach ihrer Rückkehr von einer „....höchst nett und gemütlich eingerichteten, von einem großen Garten umgebenen Anstalt". Dr. Richarz sei ein „sehr lieber, herzlicher Mann". Wenige Tage später, am 20. März, berichtete Dr. Peters nach Düsseldorf, dass Schumanns Befinden gebessert sei, er aber noch an Angstzuständen und Unruhe leide. Im Anschluss an einen Konzertbesuch in Köln am 31. März waren Brahms und der Verleger Julius Grimm in Endenich und erhielten dort die recht zuversichtliche Information, Schumann sei ruhiger, spaziere täglich im Garten umher und habe sogar nach Blumen verlangt. Ihn selbst durften sie allerdings nicht sprechen. Am 1. April 1854 schrieb Dr. Peters an Clara Schumann: *„Es freut mich, Ihnen mittheilen zu können, daß sich das bessere Befinden und ruhigere Verhalten Ihres Herrn Gemahls seit Montag gehalten hat. Noch immer sehr ruhebedürftig, brachte er den größten Teil des Tages .... meist schlummernd auf dem Sopha, noch lieber auf dem Bette zu. Anfälle von Ängstlichkeit sind in dieser Periode gar nicht bemerkt worden, und haben sich ebenso wenig die früheren Gehörstäuschungen eingestellt. Im ganzen war er mild, freundlich, ziemlich unbefangen, aber kurz bei der Unterhaltung; gewaltthätig gegen seinen Wärter, wie dies in der ersten Zeit wohl vorgekommen, ist er nicht gewesen. Im Gegentheile zeigte er sich wohlwollend gegen denselben, sprach sein Bedauern aus, im Frühjahr viel Unruhe gemacht zu haben, und machte gestern, als er sich bei ihm nach dem Datum erkundigte, einen Scherz in Bezug auf den ersten April. Auf seinen Spaziergängen sucht er häufig Veilchen. Sein Aussehen ist besser, Appetit und Schlaf sind sehr gut."*

Ansonsten erhielt Clara Schumann nur dürftige Informationen aus dem Sanatorium, so dass sie am 10. März 1854 den inzwischen in Bonn wohnenden Konzertmeister von Wasielewski bat, sich täglich nach Schumanns Befinden zu erkundigen und ihr davon Mitteilung zu machen: *„.... Ach, liebster Freund, was thuen Sie mir an, daß Sie mir kein Wort über meinen Mann schreiben! heute ist es der sechste Tag, daß er in Endenich ist, und kein Wort weiß ich, nichts! ach, welcher Kummer ist das für mich! es bricht mir ja vollends das Herz, wenn ich nicht einmal weiß, wie er lebt, was er thut, ob er noch Stimmen hört, kurz, es ist ja jedes Wort Balsam auf mein wundes Herz! ich verlange ja kein entschiedenes Resultat irgend einer Art, nur wie er schläft, was er den Tag über thut, und ob er nach mir frägt oder nicht.......Ach, mein lieber Freund, thun Sie meinem Herzen nicht das an, daß Sie mich so ganz ohne Nachricht lassen....bezahlen Sie auf meine Rechnung Jemanden und schicken hinaus fragen zu lassen".*

(Abb. 7: Endenicher Heilanstalt)

Unklar ist, ob Clara, der von Dr. Richarz – aus welchen Gründen auch immer – nahe gelegt wurde, ihren Mann vorerst nicht zu besuchen, auch von sich aus keinen Kontakt zu Robert herstellte. Jedenfalls unternahm sie offenbar keinen ernsthaften Versuch, nach Endenich zu kommen, obgleich sie häufiger auf Reisen war. Ein Gespräch mit Dr. Richarz fand erst im Sommer 1855 in Brühl statt. Möglicherweise fühlte Clara Schumann sich – nunmehr für die Existenz der ganzen Familie allein verantwortlich – zu belastet; allein die Ausgaben für Miete, Heizung, Haushalt, Schulgeld, Lohn, Steuern und Versicherungen betrugen beispielsweise im Jahr 1855 rund 1400 bis 1500 Taler. Vielleicht fürchtete sich aber auch vor der

223

Begegnung mit ihrem dahinsiechenden Gefährten, der einst viele Jahre beharrlich um sie gekämpft hatte und den sie wegen seiner persönlichen Eigenschaften liebte und seiner künstlerischen Begabtheit bewunderte. Sie litt sehr unter der Abwesenheit ihres Mannes, obgleich sie von allen Seiten Seiten Trost und Hilfe bekam, wobei ihr besonders ihre blinde Düsseldorfer Freundin Rosalie Leser, Patin ihrer Tochter Eugenie, ihre Gesellschafterin Elise Junge, ihre Mutter und die Freunde Brahms, Joachim, Dietrich und Grimm zu Seite standen.

Nach einem Besuch von Hedwig Salomon, einer Bekannten aus Leipzig, am 7. Mai 1854 in Düsseldorf schilderte diese die Nöte und Besorgnisse Claras, die sie „...*verändert, alt und gelb geworden*" angetroffen hatte, und geäußert habe „...*wenn ich nicht fest hoffte, daß es besser würde mit meinem Manne, möchte ich nicht mehr leben, ich kann nicht leben ohne ihn. Das Schrecklichste ist nur, daß ich nicht bei ihm sein darf....*".

In den ärztlichen Verlaufsprotokollen, die teils täglich mehrfache Eintragungen aufweisen, ist vermerkt für den 4. April: „*Gestern ganz ruhiges Verhalten, war milde, freundlich und heiter gestimmt, erkundigte sich, ob Dr. Hasenclever ihn nicht besuchen werde. Aß sehr gut. In der Nacht mitunter unruhig, stand einige Male auf, weigerte sich die Clystiere geben zu lassen, ist befangen....*", für den 11. April: „*Gestern bis zum Nachmittag steigende Befangenheit, sagte zum Wärter, es sei von der höchsten Behörde befohlen, dass er in der Hölle verbrannt werde. Habe zuviel Böses gethan.... In der Nacht sehr unruhig, meist außer Bette, zog sich nicht aus, schlug um sich, er werde wahnsinnig, stöhnte wie vor Schmerz, war ganz schlaflos.....*".

Daneben sind fortlaufend gewissenhaft die Körperpflege und therapeutischen Maßnahmen festgehalten, beispielsweise die Verordnung von Aloe- und Rhabarbersaft wie auch die häufigen Klistiere zur Stuhlgangregulierung und Darmentleerung, welche nach damaligen medizinischen Ansichten eine wichtige

Rolle bei der Behandlung spielten. Zur Besserung des Allgemeinbefindens gab es lauwarme Bäder und kalte Waschungen, Spaziergänge im Garten der Anstalt oder in die Umgebung, außerdem erhielt Schumann als „Stärkungsmittel" Wein und Roisdorfer Wasser, Mixturen von Eisen, Kupfer und Chinin, ab Ende 1854 auch Extrakte aus dem exotischen Bitterholz Quassia. Zwei Mal wurde die bereits oben erwähnte sog. Fontanelle durch Einreibung mit Quecksilbersalbe angelegt.

Etwa ab Mitte April 1854 zeigten sich abermals Gehörshalluzinationen und Niedergeschlagenheit; Schumann äußerte Verfolgungsideen und wahnhafte Schuldgefühle; wegen Erregungszuständen musste er mit Hilfe der Zwangsjacke ruhiggestellt werden. So ist im Krankentagebuch für den 17. April beispielsweise die Rede von Befürchtungen Schumanns, durch den Wärter angesteckt zu werden. Für den 19. und 20. April heißt es: „....*Puls 116-120.....Bewegt die Lippen vor sich hinsprechend, scheint wieder Gehörstäuschungen zu haben, zu lauschen. – Zittern und Beben mitunter in stoßweise Erschütterungen der oberen Glieder übergehend.....Versprach gestern Mittag, sich ohne Fesselung ruhig im Bett zu halten, was er jedoch nicht hielt. Blieb später in der Jacke ruhig.....Aß mittags Suppe, einhalb Fleisch und Wein, Compot. Abends nach Nöthigung fast alles Vorgesetzte.....Hatte Gehörstäuschungen...brachte bei der Abendvisite den Wahn hervor, seine 1. Frau im Paradies zu sehen. War in der Nacht ohne Zwangsmittel ganz ruhig...".* Clara kommentierte die Mitteilungen aus Endenich am 16. Mai in ihrem Tagebuch: „.....*Ach, welch trauriger Morgen brach heute wieder für mich an: Die Nachrichten vom Arzt waren mir in vieler Hinsicht so schmerzlich! Noch immer zeigen sich die Gerhörstäuschungen und irre Reden.....Das allerschmerzlichtste aber ist mir, daß er selbst, wenn er von Düsseldorf spricht, wohl Hasenclevers erwähnt, aber meiner mit keiner Silbe.....Ach hätte ich nur erst das Wochenbett hinter mir, dann muß ich etwas unternehmen – dies Leben halte ich nicht aus!...".*

Ein paar Wochen später wich die Melancholie einer auffällig unnatürlichen, manierierten Heiterkeit. Überhaupt kam es ab Anfang Juni zu einer gewissen allgemeinen Besserung. Die Gehörstäuschungen klangen ab, Angstgefühle wurden seltener geäußert; nur bisweilen ging Schumann ängstlich im Zimmer auf und ab, kniete nieder oder rang – vor sich hinmurmelnd – die Hände. Im Ganzen hatte der prominente Patient vom Sommer bis Ende 1854 jedoch eine erträglichere Phase. Er spielte mit seinem Wärter Domino, unternahm in dessen Begleitung Spaziergänge zum Kreuzberg und bis zur Stadt Bonn und begann wieder zu komponieren, u.a. versuchte er, den Choral: „Wenn mein Stündlein vorhanden ist, aus dieser Welt zu scheiden" zu bearbeiten. Auf Veranlassung von Brahms war Schumann leihweise das Klavier, auf dem Franz Liszt bei der Einweihung des Bonner Beethovendenkmals gespielt hatte, zu Verfügung gestellt worden.

Andererseits reagierte Schumann weder auf seinen Geburtstag am 8. Juni noch auf die Geburt seines Sohnes Felix am 11. Juni 1854. Wegen „Abwesenheit und Krankheit" des Vaters war die Taufe bis zum Neujahrstag 1855 aufgeschoben worden. Clara hatte zu Hause das Arbeitszimmer ihres Mannes mit Blumen geschmückt und um sein Bild einen Lorbeerkranz gebunden. Erst Wochen später ließ Schumann ein paar im Anstaltsgarten selbst gepflückte Blumen nach Düsseldorf schicken. Ansonsten fragte er damals offenbar weder nach seiner Familie noch nach sonst Jemanden seiner Freunde; die den Endenicher Ärzten für ihn aufgetragenen Grüße und Geschenke blieben ohne erkennbare Reaktionen.

Am 19. August 1854 weilte Brahms in Endenich. Er konnte Schumann aber nicht persönlich sprechen, sondern nur durch die Jalousie beobachten. Gegenüber Clara machte er optimistisch klingende Andeutungen, riet ihr aber von *„allzu exaltirten Briefen"* ab. Wenige Tage zuvor war auch der getreue Grimm im Spital und hatte dort ebenfalls Gelegenheit, Schumann vom Flur neben aus zu sehen. Seinen Eindruck teilte er Clara wie folgt mit:

„...Vor etwa zwei Stunden war ich in Endenich und sah und hörte Ihren hoch verehrdigungswürdigen Herrn Gemahl. Nur durch ein halb-geöffnetes Jalousiefenster von ihm geschieden, konnte ich jedes seiner noch so leise hingelächelten Worte, jeden Zug, jeden Blick vernehmen und gewahren.

Herr Schumann kam vom Spaziergange heim, in Begleitung eines Dieners, den er gern zu haben scheint und mehrmals freundlich anredete.... Herr Schumann hatte den Bonner Friedhof besucht gehabt, wo er wegen der Anmut und Freundlichkeit des Ortes und aus Interesse für einige dort befindliche Monumente seit einigen Tagen gern weilen soll. – Auf die Frage von Dr. Peters, wie er sich befinde, wo er gewesen, was er gesehen, erfolgten sehr klare, freundliche Antworten; aus freien Stücken erzählte er von den Grabmälern Niebuhrs und des Sohnes von Schiller. Ver-worrenes sprach Herr Sch. gar nicht, der Ton seiner Stimme war, wie sonst, ziemlich leise, nur bei einem Scherze seines Begleiters erhob er ein etwas lauteres, aber auch bald vorübergehendes Lachen; wenn er nicht sprach, so hielt er stets sein weißes Taschentuch mit der rechten Hand vor die Lippen. In seinen Augen konnte ich nichts Irres entdecken – sein Blick war stets offen – gerade auf Dr. Peters gerichtet und so freundlich sanft und milde wie früher, – wie ich ihn zuletzt in Hannover gesehen. Im übrigen sah Herr Sch. wohl und kräftig aus – nur scheint er mir etwas zugenommen zu haben – er trug (was mir der Hitze wegen auffiel) dunkle Tuchkleider und eine bunte Weste. Gehörstäuschungen und Aufregungen sind, wie Sie wissen, seit langer Zeit nicht vorgekommen. Dr. Peters klagt am meisten über Herrn Sch.'s Schweigsamkeit, die sein inneres Leben sehr schwierig oder gar nicht erforschen lässt – woran er denkt, bleibt Rätsel.... Nur wechseln seine Anschauungen oft und rasch, und manche Momente bringen Verworrenheit dicht neben klarer Erin-nerung....Gestern Abend hat er seinen Wein getrunken, bei den letzten Tropfen aber plötzlich inne gehalten und gesagt, es sei Gift im Weine – und darauf hat er den Rest auf den Boden gegossen....

Schreiben soll er manches, aber so unleserlich, daß weder Dr. Richarz
noch Dr. Peters mehr als einzelne Worte entziffern können – auch soll
er noch an dem Katalog seiner Werke schreiben – componirt hat er in
dieser Zeit nicht – die Lieder, deren Texte er in der vorigen Woche
gelesen und als von sich in Musik gesetzt bezeichnet hatte, müssen in
früherer Zeit componirt sein....".

Brahms gab Clara zwei Tage später, am 21. August, ebenfalls
seinen Eindruck wieder: „..... *Den 19. war ich in Bonn, mit Reimers*
ging ich nach Endenich, wir sprachen den Arzt, und ich war überglücklich,
als mir dieser Hoffnung machte, Herrn Sch. sehen zu können. Es war
ungefähr 4 Uhr nachmittags. Herr Sch. trank Kaffee und kam dann in
den Garten (es war heiteres Wetter). Ihr teurer Mann hat sich nicht im
geringsten verändert, nur etwas stärker ist er geworden. Sein Blick ist
freundlich und helle, seine Bewegungen sind ganz dieselben wie früher,
die eine Hand hielt er beständig an den Mund, er rauchte in kleinen
Zügen wie sonst, sein Gang und sein Gruß waren freier und fester, was
ja natürlich ist, da ihn keine großen Gedanken, kein Faust beschäftigen.
Der Arzt redete ihn an, ich konnte ihn leider nicht sprechen hören, doch
war sein Lächeln und dem Ansehn nach sein Sprechen ganz wie früher.
Herr Sch. besah dann die Blumen und ging tiefer in den Garten, der
schönen Fernsicht entgegen, ich sah ihn verschwinden, während ihn die
Abendsonne herrlich umleuchtete....

Recht geradezu möchte ich Ihnen jetzt eine Bitte sagen......Seien Sie recht
vorsichtig mit Ihren Briefen an die Ärzte in Endenich! Die Herren
glaubten, besonders in Ihrem letzten Brief gesehen zu haben, daß Sie zu
zuversichtlich auf baldige Genesung hofften, sie meinten, Herr Grimm
müsse Ihnen zu freudig erregt geschrieben haben....Ich möchte Ihnen
rathen....in Ihren Briefen dahin nicht so viel Hoffnung zu zeigen....Ich
darf Ihnen auch nicht verschweigen, daß Ihr Mann in den letzten Tagen
Gehörstäuschungen hatte....".

Im September 1854 erhielt Schumann zum ersten Mal Post
von seiner Frau, nachdem er gegenüber den Ärzten sein Erstaunen darüber geäußert hatte, von seiner Familie noch keinerlei Nachricht erhalten zu haben.

Auf Veranlassung von Dr. Richarz hatte Clara ihm geschrieben; nach Endenich zu Besuch kam sie erstmals 1856 kurz vor dem Tod ihres Mannes. Von den Ärzten wurde sie mit wöchentlichen Berichten auf dem Laufenden gehalten. Schumann selbst schickte zwischen September 1854 und Mai 1855 acht Briefe nach Hause. Am 14. September antwortete er seiner Frau mit kindlichen Bitten und wehmütigen Erinnerungen an vergangene gemeinsame Erlebnisse:

„Wie freute ich mich, geliebte Clara, Deine Schriftzüge zu erkennen; habe Dank, daß Du gerade an solchem Tage schriebst und Du und die lieben Kinder sich meiner noch in alter Liebe erinnern. Grüße und küsse die Kleinen..... O könnt' ich Euch einmal sehen und sprechen; aber der Weg ist doch zu weit. So viel möchte ich von Dir erfahren, wie Dein Leben überhaupt ist, wo Ihr wohnt und ob Du noch so herrlich spielst, wie sonst.... Hast Du alle noch an Dich von mir geschriebenen Briefe und die Liebeszeilen, die ich Dir von Wien nach Paris schickte? Könntest Du mir vielleicht etwas Interessantes schicken, vielleicht die Gedichte von Scherenberg, einige ältere Bände meiner Zeitschrift und die musikalischen Haus- und Lebensregeln. Dann fehlt es mir sehr an Notenpapier, da ich manchmal etwas an Musik aufschreiben möchte. Mein Leben ist sehr einfach, und ich erfreue mich nur immer an der schönen Aussicht nach Bonn und wenn ich da bin, an dem Siebengebirge und an Godesberg, an das Du Dich vielleicht noch erinnern wirst....

Dann möchte ich wissen, liebe Clara, ob Du vielleicht für meine Kleidung gesorgt und manchmal Cigarren gesandt. Es liegt mir viel daran, es zu wissen. Schreibe mir noch Genaueres über die Kinder, ob sie noch von Beethoven, Mozart und aus meinem Jugendalbum spielen ... O wie gern möchte ich Dein wundervolles Spiel einmal hören! War es ein Traum, daß wir vorigen Winter in Holland waren und daß Du überall so glänzend aufgenommen.... So viele Fragen und Bitten hab' ich – könnt' ich zu Dir und sie Dir aussprechen. Willst Du den Schleier über Dieses oder Jenes, worüber ich Dich gefragt, werfen, so thue es.....".

Wenige Tage später, am 18. September, fuhr Schumann fort:
„Welche Freudenbotschaften hast Du mir wieder gesandt, daß der Himmel

Dir einen prächtigen Knaben im Juni geschenkt.... Wenn Du wissen willst, welcher mir der liebste Name, so erräthst Du ihn wohl, der Unvergessliche!....

Abends 8 Uhr. Eben komme ich von Bonn zurück, immer Beethovens Statue besuchend und von ihr entzückt. Wie ich vor ihr stand, erklang die Orgel in der Münsterkirche. Ich bin jetzt viel kräftiger und sehe viel jünger aus, als in Düsseldorf. Nun möchte ich Dich um etwas bitten, daß Du Herrn Dr. Peters schriebst, mir manchmal von Geld zu geben, was ich wünschte und ihm wieder ersetztest. Oft bitten mich arme Leute, und dann dauert´s mich. Sonst ist mein Leben nicht so bewegt, als früher. Wie war das doch sonst ganz anders....

Nun möchte ich Dich an manches erinnern, an vergangene selige Zeiten, an unsere Reise nach der Schweiz, an Heidelberg, an Lausanne, an Vevey, an Chamouny, dann unsere Reise nach den Haag, wo Du das Erstaunlichste leistetest, dann an die nach Antwerpen und Brüssel, dann an das Musikfest in Düsseldorf, wo meine vierte Symphonie zum erstenmal und am 2ten Tage das A-Concert von mir, so herrlich von Dir gespielt, mit glänzendem Beifall.... Erinnerst Du Dich auch, wie in der Schweiz zum ersten Mal die Alpen in aller Pracht sich zeigten, der Kutscher in etwas scharfen Trab geriet und Du etwas ängstlich wurdest? ...Nun will ich noch an Marie und Elise schreiben, die mich so herzlich angesprochen.....Vergiß mich nicht, schreibe bald....".

In einem weiteren Brief am 26. September bedankte sich Schumann über ein ihm zugesandtes Bild und einen Brief; auch erwähnte er, dass seine *„Phantasie durch die vielen schlaflosen Nächte sehr verwirrt"* gewesen sei. Er fragte ferner nach Brahms' und Joachims Kompositionen und nach geplanten Veröffentlichungen durch den Verlag Breitkopf und Härtel. Ferner wünschte er Einzelheiten zur geplanten Taufe von Felix zu erfahren, die ja ohne sein Wissen für unbestimmte Zeit aufgeschoben worden war.

230

Die ärztlichen Bulletins für September 1854 lassen wie zuvor ausgeprägte Schwankungen Schumanns Verfassung erkennen – Wechsel zwischen halbwegs einfühlbarem, entspannt-freundlichen Verhalten und bisweilen abrupten Umschlagen in unvermitteltes Weinen oder paranoide Angst- und Erregtheitszustände. *„...erhielt gestern einen kurzen Brief von seiner Frau, den er häufig durchlas und woran er sein Wohlgefallen durch freundliches Kopfnicken bekundete....Weint bei der Visite bitterlich, eine Stimme rufe ihm zu, seine Frau sey plötzlich wahnsinnig geworden. ist heiter, als der Arzt ihm versichert, daß sie ganz gesund sey....schrieb gestern einen sehr guten Brief an seine Frau, während der Abfassung viel von Stimmenhören gequält ....."* lauteten beispielsweise die Einträge am 14. und 15. September.

Es folgten weitere Informationen an Clara Schumann im Oktober und November 1854: *„...Gestern sehr gut gestimmt, erhielt Briefe von zu Hause....weinte heute früh bei der Ansicht einer Daguerretypie seiner Frau...."* hieß es am 13. Oktober 1854. Schumann hatte Clara am 12. Oktober für die Zigarren, den 4. Band des „Wunderhorns" und ein Schachbuch gedankt und des weiteren angemerkt: *„... liebe Clara, in meinen Schriften gedenke ich auch gern und auch des Tages im August, wo....ich Dir durch Becker meinen Verlobungsring sandte. Erinnerst Du Dich an Blankenburg, wo ich Dich an Deinem Geburtstage einen Diamantenring in einem Blumenstrauß suchen ließ und Du einen der Diamanten in Düsseldorf verlorst und ihn jemand wiederfand? Das sind seelige Erinnerungen...".*

Erkennbar ist, dass Schumann in seinen Briefen einsilbiger und kurzatmiger wurde. An Brahms schrieb er am 27. November 1854: *„......Könnt' ich selbst zu Ihnen, Sie wiedersehen und hören und Ihre herrlichen Variationen.... Der Winter ist ziemlich lind. Sie kennen die Bonner Gegend. Ich erfreue mich immer an Beethovens Statue und der reizenden Aussicht nach dem Siebengebirge. In Hannover sahen wir uns zum letzten Male".*

Er suchte sich mit seinem Bonner Verleger Simrock wegen ursprünglich geplanter Veröffentlichungen von Musikstükken ins Benehmen zu setzen. Mehrfach äußerte er zudem das Bedürfnis, wieder nach Hause zu kommen, so am 15. Dezember gegenüber Brahms: *„Könnt' ich Weihnachten zu Euch!.... Oh, könnt' ich von Euch hören!.... Könnt' ich die Stadt, die ich eine Zeitlang nach dem Brand gesehen, wiedersehen. – Jetzt wirst Du wohl in Düsseldorf wieder sein, seit Hannover haben wir uns nicht gesehen. Das waren wohl fröhliche Zeiten. Über meine Mädchen, Marie, Elise, Julie und ihre bedeutenden Talente freue ich mich sehr gern. Hörst Du sie manchmal....?"*. Auch am Heiligabend sprach er *„......abends gegen den Arzt den Wunsch aus, bald nach Düsseldorf zurückzukehren"*.

Die weiteren ärztlichen Einträge im Dezember 1854 lauteten am 17. :
„Ist ruhig, schlief gut. Spricht abends häufig mit sich, dabei lächelnd.... Ist mit Componiren neuer musikalischer Gedanken beschäftigt....".
Für den 2. Weihnachtstag: *„....Hatte gestern Besuch von Herrn Joachim. War anfangs sehr freundlich erregt, später ruhig sich unterhaltend. Der Freund fand den Patienten in seinem Gewahren und äußeren Wesen wenig verschieden von dem ihm eigenthümlichen; in dem Gespräch oft abwesend, abschweifend, zusammenhanglos; brachte sehr viele auf Gehörshallucinationen beruhende Wahnideen vor, dieselben jedoch als unbegründet bezeichnend und belachend. Begehrte nach Düsseldorf oder dessen Nähe...."*.

Den Wunsch, Endenich zu verlassen und eine Bleibe näher seinem Wohnort Düsseldorf zu finden, wiederholte Schumann später noch mehrfach bei anderen Gelegenheiten. So richtete er am 14. März 1855 an Brahms die Bitte: *„Der Spaziergang neulich war nicht weit, er hätte viel ferner sein müssen. Ganz fort von hier!.... Woanders hin! Überlegt es Euch! Benrath ist zu nahe, aber Deutz vielleicht oder Mülheim. Schreibt mir bald....!"*.

Schumann erneuerte sein Anliegen um eine Verlegung anlässlich eines Besuches von Brahms am 2. April in noch drängenderer Form. Joachim selbst hatte über seinen Besuch Schumanns am Tag zuvor ähnliches nach Düsseldorf mitgeteilt: „.....*Er sprach hastig und viel, frug nach Freunden und musikalischen Vorgängen und zeigte mir alphabetische Register von Städtenamen, die er emsig zusammenstellte. Als ich fort wollte, nahm er mich noch geheimnisvoll in eine Ecke.... und sagte, daß er sich von da wegsehne; er müsse von Endenich weg, denn die Leute verständen ihn gar nicht, was er bedeute und wolle. Es schnitt mir ins Herz! Zum Abschied begleitete er mich noch ein Stück auf die Chaussee und umarmte mich dann. Ein Wärter war in der Ferne gefolgt*".

Brahms besichtigte daraufhin im Frühjahr 1855 mehrere andere Sanatorien, obgleich er sich von einer Verlegung Schumanns keine Verbesserung der Situation versprach; Dr. Richarz selbst riet Clara sicherlich zu Recht von einem Wechsel der Behandlung ab. Hingegen war die Mutter von Brahms der Ansicht, Schumann sei am besten zu Hause aufgehoben.

Das neue Jahr 1855 begann schlecht. Im Januar schrieb Schumann an seine Frau, ihm sei, als stünde ihm *„etwas Fürchterliches bevor"*. Zum 4. Januar ist im Krankenbuch notiert: „.....*Bei der Morgenvisite ungehalten, es gehe schlecht, wolle fort, sey ein Künstler, sey ein ganz anderes Leben gewöhnt...."*, zum 8. und 9. Januar: „.... *spricht beim Arzneinehmen unter Lächeln meist von Gift.....spricht heute wieder von dem dummen Zeug, das ihm die dummen Stimmen zurufen...."*, zum 22. Januar: „....*Heute nach dem Frühstück ein Anfall großer Angst, der Wärter habe ihn vergiftet, er werde wahnsinnig, rasend, müsse in ein Irrenhaus gebracht und sorgfältig verwahrt werden. War dann sehr bleich, zitterte heftig... Sagt bei der Visite, er habe geglaubt, es sey aus mit ihm; habe so etwas früher nie gehabt..."*, und zum 24. Januar: „.... *Heute schon früh wieder über Beängstigung klagend. Gegen 8 Uhr wieder größere Angst, könne nicht athmen...."*. Am 26. hieß es:

„.....Abends im Bette lange vor sich hinschimpfend: 'Du dummer Teufel....' ".

Ende Februar 1855 berichtete Brahms demgegenüber schönfärberisch an Clara Schumann: „.....Ich war von zwei bis sechs Uhr bei Ihrem geliebten Mann, sähen Sie doch mein seliges Gesicht, dann wüssten Sie mehr als nach meinem Brief. Er empfing mich so warm und freundlich, wie das erste Mal, nur folgte nicht die Aufregung wie damals.... Dann holte ich ihm Ihr Bild. Oh, hätten Sie seine tiefe Rührung gesehen, wie ihm fast die Tränen in den Augen standen, und er es immer näher hielt und zuletzt sagte: Oh, wie lange habe ich mir das gewünscht.... Über das Tintenfass hatte er große Freude. Auch über die Cigarren, er behauptete, seit Joachim keine mehr bekommen zu haben.... Er lud mich jetzt ein, in den Garten mit ihm zu gehen. Was wir nun aber noch gesprochen, ja, das kann ich nicht alles behalten haben.... Nach den Kindern allen frug er und lachte herzlich über Felix ersten Zahn.... Er erzählte mir von Ihren Reisen viel, vom Siebengebirge und der Schweiz und Heidelberg.... Ich ließ ihm Papier bringen. Er setzte sich mehrmals mit dem freundlichsten Gesicht hin und wollte schreiben. Er behauptete aber, zu aufgeregt zu sein, morgen wolle er schreiben.... Wir spielten dann gar vierhändig! Der Flügel war sehr verstimmt, ich habe dafür gesorgt, daß er gestimmt wird.

Als ich ihm Lebewohl sagte, wollte er mich durchaus zum Bahnhof begleiten. Unter dem Vorwand, meinen Rock zu holen, frug ich unten den Arzt, ob es ihm recht sei. Zu meiner allergrößten Freude war's das.... Der Wärter ging immer hinter oder neben uns..... Sehr schön fand ich's, daß man die schwere immer verriegelte und verschlossene Tür ganz geöffnet hatte, als wir fortgingen....Ich sah nicht nach der Uhr und behauptete auf sein Fragen, immer noch Zeit zu haben, und so gingen wir zum Münster, zu Beethovens Denkmal, und ich brachte ihn wieder zur Chaussee zurück. Er benutzte oft meine Brille, weil er die Lorgnette vergessen hatte....

Am Endenicher Weg verließ ich ihn, er umarmte und küßte mich zärtlich, beim Abschied trug er mir nur Grüße für Sie auf.... Trauriges könnte ich Ihnen nicht schreiben, nur daß er bisweilen sehr dringend fort wünschte,

234

dann sprach er leiser und undeutlicher, weil er die Ärzte fürchtet, doch sprach er nichts Wirres, Unklares. Er sprach auch davon, daß es im März ein Jahr würde, daß er nach Endenich gekommen, es wäre ihm, als sei es schon damals grün gewesen, wunderschönes Wetter habe er gehabt, den schönsten blauen Himmel....Ach, ich kann Ihnen nur ganz einfach und trocken schreiben, wovon wir zusammen sprachen, das andere, Schönere, kann ich ja nicht alles beschreiben, sein schönes ruhiges Auge, seine Wärme, wenn er von Ihnen sprach, seine Freude über das Bild....".

Für den 7. März wurde hingegen in die Krankenakte eingetragen: „*......habe einen bösen Dämon um sich, vor 7 Monaten habe ihm derselbe allerlein Thierfratzen vorgespiegelt....".* Für den 11. und 12. März wurde vermerkt: „*.....In der Nacht plötzlich aufspringend, ging ans Bett des Wärters, laut schimpfend, er sey auch ein Schurke, wie die anderen, legte sich später ruhig hin.... Abends beim Eintritt des Arztes in sein Zimmer plötzlich sich erhebend, und diesem in größter Verwunderung mittheilend, daß nach der vor ihm liegenden Zeitung auch schon der neue Kaiser von Russland gestorben sey....Bei der Morgenvisite auf dem Sopha sitzend ein Anfall von Angst mit convulsivischen Bewegungen in den Gliedern, klagte über Schmerzen im Kopf, Druck in der Brust. Angst. Die Sprache sehr behindert, klanglos, unverständlich, befürchte, wahnsinnig zu werden. Die Nemesis verfolge ihn. Dabei das Bewußtsein nicht aufgehoben....Der Dämon nehme ihm die Sprache. Ist seit einigen Tagen belebter, erregter, schrieb gestern einen Brief an Simrock, heute an Brahms....Verstand während des Anfalls alle an ihn gerichteten Fragen und beantwortete sie besonnen.....".* Die Ärzte vermerkten ferner die rechts deutlich weitere Pupille.

Im März 1855 verfasste Schumann, der immer vergesslicher wurde und in unverständlicher Sprache mit den vermeintlichen Dämonen schimpfte, seine letzte Komposition, eine angeblich von Joachim anlässlich eines späteren Besuches als mangelhaft beurteilte *Klavierbegleitung zu Paganinis Capricen*, mit denen er sich bereits dreißig Jahre zuvor beschäftigt hatte. Am 23. März wurde jedenfalls bei der Arztvisite registriert: „...*Zeigte sich gestern abend verstimmt, wolle weg, man plage ihn, und sonst Wahnhaftes vorbringend, was sich auf die Versagung der gebührenden Anerkennung bezieht.....Bei der Visite freundlich, mittheilend, verfaßt eine Clavierbegleitung zu einem Concert von Paganini...*".

Im übrigen wechselte sein Verhalten immer wieder unvermitelt zwischen teilnahmsloser Freundlichkeit, neugierigem Interesse und heftiger Erregtheit. Ende März teilte er Brahms mit: „*.....Nun haben Sie Dank für die Besorgungen, für die Capricci von Paganini und Notenpapier.... Es scheint aber die Arbeit schwerer, als meine freie Bearbeitung von früher. In den Signalen hab' ich gelesen, daß die städtische Verwaltung in Düsseldorf ein Konkurrenzausschreiben nach einem neuen Musikdirektor gestellt. Wer könnte das sein? Sie nicht?.... Noch eine Bitte nach den Gedichten von Elisabeth Kulmann und nach einem Atlas; wenn ich nicht irre, hat Herr Schuberth von Hamburg vielleicht vor zwei Jahren zwei Atlas' noch mit sehr vielen anderen Büchern als Geschenk zugesandt...*".

Bald folgte ein neuer, heftiger Krankheitsschub, der mit einem weiteren Abbau der Persönlichkeit Schumanns einherging. Die Eintragungen in den Arztprotokollen beinhalten für jenen Zeitraum immer wieder unvermittelte, heftige Angstattacken. Außer Unruhe- und Erregungszuständen stellte sich zeitweise ein fieberhaft gesteigerter Beschäftigungsdrang ein. Schumann verlangte nach Musikzeitschriften und versuchte zu komponieren.

Für den 1. April 1855 wurde festgehalten: „*......Schimpfte Abends laut und mit Heftigkeit während 1 Stunde lang im Bett. Alle seien Schurken und schlechte Menschen im Hause....*". Ein paar Tage später: „*... Sprach bei der Abendvisite sehr viel, meist unverständlich......*" (8. April). „*...Weint ohne Grund. 1 Brief von seiner Frau sei nicht angelangt, sagt, ein böser Dämon verlege ihm die Sachen.....*" (14. April). „*... Fing in der Nacht an laut zu schimpfen (1/2 Stunde lang)......Schur-*

ken, schlechte Menschen...."(25. April). *„.... bei der Visite schreibend, unfreundlich, schreibe an den Notar um den Arzt zu verklagen......"* (30. April).

Von der *Genoveva*-Aufführung am 9. und 21. April in Weimar durch Liszt nahm der Kranke keinerlei Notiz.

Am 5. Mai schrieb er in auffallend starren Schriftzügen in einem ergreifenden, sybillinischen Brief an Clara, sicher nicht ahnend, dass dies der letzte sein sollte: *„Am 1. Mai sandte ich Dir einen Frühlingsboten; die folgenden Tage waren aber sehr unruhige. Du erfährst aus meinem Brief, den Du bis übermorgen erhältst, mehr. Es weht ein Schatten darin; aber was er sonst noch enthält, das wird Dich, meine Holde erfreuen....Die Zeichnung von Felix Mendelssohn hab´ ich beigelegt, daß Du (sie) doch ins Album legtest. Ein unschätzbares Andenken! Leb wohl. Du Liebe! Dein Robert".* Andererseits sprach er am 6. Mai *„.....von den Verfolgungen des bösen Weibes...."* Schumann war zeitweilig verwirrt, lief laut gestikulierend im Zimmer auf und ab und bedrohte aus wahnhafter Angst seinen Wärter. Er litt jetzt wieder vermehrt unter Schlafstörungen, vor allem jedoch unter Verfolgungs- und Vergiftungsideen, Stimmenhören, Geruchs- und Geschmackshalluzinationen. Er sprach undeutlich-verwaschen; manchmal war er ganz und gar verschlossen und unzugänglich. Laut ärztlicher Beurteilung war *„ein Aufenthalt in der Genesung eingetreten";* nach einem Besuch von Joachim am 18. Mai habe er nur kurze Zeit am Klavier verweilen können, da er von *„...Beben und heftigen Erschütterungen des ganzen Körpers ergriffen..."* worden sei.

Mitte Mai 1855 besuchte ihn zusammen mit ihrer Tochter Gisela die Dichterin Bettina von Arnim, selbstbewusste, emanzipierte Schwester von Clemens Brentano, die über Joachim mit den Schumanns bekannt geworden war. Clara hatte ihrem Mann den Besuch angekündigt. Verärgert über die lange Wartezeit kritisierte von Arnim – in völliger Verkennung der schweren Erkrankung Schumanns – dessen ihrer Ansicht nach lieblose Unterbringung und Versorgung: *„....Durch einen öden Hof und ein ödes Haus ohne Lebenszeichen kamen wir in ein leeres Zimmer.... Hier harrten wir des Arztes, der endlich erschien und eine Weile mit Reden uns aufhielt.... Er führte uns wieder durch öde Gänge in ein zweites Haus, worin es so stille war, dass man eine Maus hätte laufen hören können.... Nachdem eine Stunde verflossen war, kam er, ich eilte ihm entgegen....er sagte mir mit Worten, die er nur mit Mühe aussprechen konnte, das Sprechen sei ihm immer schwerer geworden, und nun er seit länger als einem Jahr mit niemand mehr rede, habe dies Übel noch zugenommen. Er sprach über alles unausgesetzt, was ihn je freulich erregt hatte.... Er ist einzig angestrengt, sich selbst zu beherrschen.... Man erkennt deutlich, daß sein überraschendes Übel nur ein nervöser Anfall war, der sich schneller hätte beenden lassen, hätte man ihn besser verstanden, oder auch nur geahnt, was sein Innerstes berührt, allein ist dies bei Herrn Richarz nicht der Fall, er ist ein Hypochonder-Mann, krank an Leib und Gemüth, der eher Schumanns Seelenadel nicht versteht, als ihn für ein Zeichen seiner Krankheit annimmt...".*

Clara war über diese Mitteilungen verständlicherweise sehr verunsichert und bat Joachim, die Lage bei nächster Gelegenheit zu überprüfen.

Im – ebenfalls in steifer, schülerhafter Schönschrift abgefassten – längeren Dankesbrief an Bettina von Arnim im Juni 1855 führte Schumann sein langes Schweigen auf *„längeres Unwohlsein"* zurück. Des weiteren ging er in konfuser, sprunghaft-zerfahrener Weise auf seinen Wienaufenthalt mit Clara und seine Bemühungen um den „Dichtergarten" ein und schloss mit der bewegenden Bitte: *„....Erfreuen würde es mich, wenn Sie, Hochverehrte, die Gesänge der Frühe von meiner Clara hörten. Wollen Sie Ihr Wohlwollen noch lange mir gönnen - Ihr ergebener Robert Schumann".*

Im Juni 1855 legte Dr. Richarz anlässlich des oben erwähnten Gespräches in Brühl bei Köln Frau Schumann den bisherigen

Krankheitsverlauf dar und gab bei dieser Gelegenheit wohl eine geschönte Prognose ab, obwohl Schumanns Zustand intern bereits für sehr bedenklich gehalten wurde. Brahms, der Schumann weiterhin regelmäßig besuchte, teilte Clara Ende Juli 1855 mit, dass „...*nicht gerade Erfreuendes, doch auch wohl nicht sehr Beunruhigendes*" zu berichten sei. Schumanns Ermattung halte „*merkwürdig lange an*".

Dieser, nun auffallend schwermütig und in sich gekehrt, dämmerte in der Obhut der Heilanstalt dahin. Angstvoll äußerte er, dass der Petersberg bombardiert worden sei. Wilhelm von Wasielewski, der Schumann im Sommer 1855 in Begleitung eines Freundes einen Besuch abstattete, sah jenen durch eine geöffnete Tür am Klavier sitzend: „.....*Da war es denn herzzerreißend, den edlen, großen Mann in voller Gebrochenheit seiner geistigen und physischen Kräfte sehen zu müssen.... Es war, als ob die Kraft, von welcher sein Spiel ausging, vollständig gelähmt war, gleich einer Maschine, deren Mechanismus zerstört, nur noch in unwillkürlichen Zuckungen fortzuarbeiten versucht*".

Im Juli 1855 ist häufiger erneut von lauten Beschimpfungen, Wutausbrüchen und Handgreiflichkeiten gegenüber dem Wärter die Rede, insbesondere bei dem Versuch, Schumann zur Einnahme von Speisen oder Arznei zu bewegen. So wurde für den 25. Juli in der Verlaufsbeschreibung festgehalten: „.....*War unruhig, heftig, laut, schlug den Wärter, es sei alles vergiftet....*", für den 29. Juli: „.....*Gestern sehr laut schimpfend nannte den Wärter Giftmischer....*", für den 9. August: „.....*auf dem Spaziergang in auffallendster Weise sehr laut vor sich hinsprechend und gesticulirend.....Während dem größten Theil der Nacht wie auch heute Morgen zuweilen sehr laut, brüllend und schimpfend....*", für den 17. August: „.....*In der Nacht wieder laut, abwechselnd vor sich hinsprechend, lachend und schimpfend, schrieb mit den Fingern an die Wand....*" Am 6. September 1855 fiel auf: „....*abends laut; auf dem Sopha sitzen brummend und fluchend: Ihr Lügner! Dabei auf seine auf dem*

Tisch ausgebreiteten Werke deutend. Sprache in sehr eigenthümlicher Weise schwerfällig und lallend, sehr verschieden von der gewöhnlichen Art der Behinderung bei paralysic general. Sprach gestern Abend indem er etwas ablas, wie bei verdickter schwerer Zunge, kaum articulierend, wie Jemand, dessen Mund halb gefüllt ist....". Am 12. September schrieb Schumann nieder, er sei 1831 syphilitisch erkrankt und mit *„.Arsenik curirt"* worden. Er war laut Aufzeichungen allerdings nicht dazu zu bewegen, einen Brief beispielsweise an seine Frau abzufassen.

Schumanns körperliche Kräfte gingen mehr und mehr zurück. Zeitweilig wurden keinerlei Besuche zugelassen. Am 10. September 1855 gab Dr. Richarz bekannt, dass keine Hoffnung auf Genesung mehr bestehe. Im Spätherbst trug sich allerdings Brahms wieder mit dem Gedanken, den Kranken in eine sog. Kaltwasserheilanstalt zu bringen, und noch Anfang 1856 befasste sich Clara Schumann mit dem Plan einer Verlegung. Sie teilte ihrer Schwägerin mit, dass sie *„...den Vorschlag einer Privat-Anstalt in Württemberg habe, die aber unter der Aufsicht der berühmten Württembergischen Staatsanstalt stehe...."*; sie warte *„noch einige Auskünfte darüber ab, um dann selbst hinzureisen und den Arzt mit Frau kennenzulernen".*

Im Herbst 1855 setzten sich der geistige und körperliche Abbau Schumanns weiter fort. Den Eintragungen zufolge wurde er noch verstörter, unruhiger, verwirrter und paranoider. Er schlief nachts nur wenig, über Tag war er abwechselnd müde und erregt; das rechte Auge hatte sich entzündet. Alle Schriften, Bücher und Schreibmaterial wurden im Oktober aus dem Zimmer entfernt. Zum 30. Oktober ist notiert: *„...Sprach bei der Visite kein Wort, den Arzt mit Kopfnicken freundlich grüßend dann in Verlorenheit die Decke anstarrend....".*

Auch folgenden Jahr 1856 schritt der Verfall Schumanns rasch voran. Zwar setzte er sich bisweilen ans Piano und kritzelte Noten, sprach jedoch kaum bzw. meistens völlig unverständlich. Noch im Januar hatte er um Notenpapier gebeten, um eine Fuge zu komponieren, dann jedoch nur zusammenhanglos Noten gezeichnet. Jegliche Kompositionen aus dieser Zeit sind verloren gegangen – falls sie überhaupt je fertig gestellt worden sein sollte. Angeblich verbarg er sie vor Brahms, da er mit ihnen nicht zufrieden war. Er verlangte nach der „Kölner Zeitung", blätterte in seinem alten Atlas und beschäftigte sich mit der Bibel. Mitte April verbrannte Schumann Briefe und andere Papiere in dem Ofen, der sich in seinem Zimmer befand. Brahms und Joachim, die zu Besuch kamen, erkannte er zwar, jedoch war ein geordnetes Gespräch nicht mehr möglich, da sich Schumann in *„wirr durcheinander huschenden, unverständlichen Worten"* verlor. Nachdem ihm Brahms am 8. Juni 1856 als Geburtstagsgeschenk einen neuen Atlas mitgebracht hatte, versuchte er stereotyp, daraus Städtenamen zu sortieren und abzuschreiben. Von diesem Geburtstagsbesuch war Brahms blass und niedergeschlagen zu seinen wartenden Freunden Albert Dietrich, Otto Jahn und Klaus Groth zurückgekommen, ohne ihnen – sichtlich verstört – Einzelheiten über Schumanns Verfassung mitzuteilen.

Da Schumann aus wahnhafter Angst außer gelierter Fleischbrühe und Wein jegliche Nahrung verweigerte und künstlich, d.h. mit Hilfe der Schlundsonde ernährt werden musste, weitete sich sein körperliches Siechtum nun rapide aus. Wegen seiner angeschwollenen Beine konnte er das Bett nicht mehr verlassen, bekam Fieber und erbrach. In den ärztlichen Aufzeichnungen hieß es in der üblichen sachlich-distanzierten Fachsprache am 14. Juni: *„.....Ernährung immer tiefer sinkend; Oedem der Füße...."*, am 11. Juli: *„....Verfallenes Aussehen .... schielender (nach innen) Blick. Die Pupillen beide sehr erweitert..."*, am 15. Juli: *„....Beim Arzneynehmen sehr heftig, trat und schlug um sich....sagte heute das Frühstück sey Gift, nahm es nicht..."*, am 26. Juli:

„....Abwechselnd Zuckungen in den verschiedensten Muskeln des Gesichts und der Gliedmaßen ...mitunter Husten mit Schleimrasseln".

Am 6. Juli 1856 traf Clara Schumann nach einer Konzertreise durch Holland wieder in Düsseldorf ein, zwischenzeitlich von Brahms in schonender Weise über den moribunden Zustand ihres Mannes in Kenntnis gesetzt. Sie kam am 14. Juli nach Bonn, um Dr. Richarz zu sprechen. Dieser machte ihr keinerlei Hoffnung mehr, ahnte allerdings wohl selbst nicht, wie nahe Schumanns Ende bevorstand. Clara kehrte nach Hause zurück, erhielt jedoch wenige Tage später telegraphisch aus Endenich die Nachricht von einer weiteren Verschlechterung: *„....Wollen Sie Ihren Mann noch lebend sehen, so eilen Sie unverzüglich hierher. Sein Anblick ist freilich grausenerregend....".*

In Brahms' Begleitung fuhr sie am 23. Juli erneut nach Endenich; beiden wurde jedoch davon abgeraten, den bereits Sterben liegenden zu sehen. Brahms teilte Joachim per Telegramm mit, wie *„ergreifend und jammervoll"* es um den verehrten Freund und Meister stand: *„.....Schumann ist sehr abgemagert, von Sprechen oder Bewußtsein ist keine Rede".* Er war nur noch zeitweilig bei Bewußtsein; Puls und rasselnde Atmung waren stark beschleunigt.

Erst zwei Tage vor seinem Tod, am 27. und 28. Juli, wurde Clara ein Besuch gestattet. So sah sie ihren Mann nach zweieinhalb Jahren – überhaupt zum ersten Mal in der Anstalt – wieder: *„......Ich sah ihn, es war abends zwischen sechs und sieben Uhr. Er lächelte mich an und schlang mit großer Anstrengung, denn er konnte seine Glieder nicht mehr regieren, seinen Arm um mich.... Er sprach immer viel mit den Geistern, wie es schien, litt auch nicht lange jemanden um sich, dann wurde er unruhig, verstehen konnte man aber fast nichts mehr.... Welch ein Schmerzensanblick.... Er litt schrecklich, obgleich der Arzt dessen nicht meint. Seine Glieder waren ihm fortwährend am Zucken, sein Sprechen oft sehr heftig....".*

Als der erst 46-jährige Komponist schließlich am Nachmittag des 29. Juli gegen 16 Uhr an einer Lungenentzündung verstarb, war niemand zugegen. Clara war gerade mit Brahms unterwegs, um den herbeitelegrafierten Joachim am Bonner Bahnhof abzuholen. Sie schrieb abends in ihr Tagebuch: „....*Seine letzten Stunden waren ruhig, und so schlief er auch ganz unbemerkt ein, niemand war in dem Augenblick bei ihm. Ich sah ihn erst eine halbe Stunde später, Joachim war auf eine Depesche von uns aus Heidelberg gekommen; dies hat mich länger in der Stadt zurückgehalten als gewöhnlich nach Tisch....als ich an seinem Bette niederkniete, da wurde mir so heilig zumute, mir war, als schwebe sein herrlicher Geist über mir – ach, hätte er mich mit sich genommen. Ich sah ihn heute zuletzt – einige Blumen legte ich ihm noch aufs Haupt – meine Liebe hat er mit sich genommen*".

Brahms schilderte in einem Brief an den gemeinsamen Freund Grimm die letzten Tage wie folgt: „....*Wir fuhren hinüber. Er hatte einen Anfall gehabt, von dem die Ärzte glaubten, er hätte den Tod sogleich zur Folge. Ich ging zu ihm, sah ihn jedoch gerade in Krämpfen und großer Aufregung, so daß auch ich wie die Ärzte Frau Schumann abrieten, zu ihm zu gehen und sie zur Abreise bewegten.... Frau Claras Leiden aber in diesen Tagen war so groß, daß ich ihr Sonnabend vorschlagen musste, wieder hinüberzugehen und ihn zu sehen. Jetzt und immer danken wir Gott, daß es geschehen, denn es ist für ihre Ruhe unumgänglich nöthig. Sie sah ihn noch Sonntag, Montag und Dienstag früh....Er erkannte sie aber hernach und auch den folgenden Tag. Einmal begehrte er sie deutlich zu umarmen, schlug den einen Arm weit um sie. Sprechen konnte er schon länger nicht mehr, nur einzelne Worte konnte man .... verstehen...*".

Der Bonner Bürgermeister und Verwaltungsjurist Leopold Kaufmann, ein Enkel des erwähnten Hofrats Matthias Kaufmann, veranlasste ein Ehrenbegräbnis; Clara bedankte sich wenige Tage später für dessen Beistand und Hilfe. Am Abend des 31. Juli 1856 fand – ganz im Sinne des Verstorbenen – im engsten Familien- und Freundeskreis Schumanns Beisetzung auf dem Alten Bonner Friedhof statt, den er so oft von Endenich aus besucht hatte; Brahms und Joachim schritten dem Sarg, der von Mitgliedern der Düsseldorfer Konkordiagesellschaft getragen wurde, voran. Clara schrieb hierzu: „*...ich war in der kleinen Kapelle auf dem Kirchhof, ich hörte die Trauermusik, jetzt wurde er hinabgelassen in die Erde.....Gott gebe mir Kraft zu leben ohne ihn....*".

Im Juni 1857, ein Jahr nach Schumanns Tod, liess Brahms einen einfachen Stein auf dessen Grab aufstellen. Im Juli 1879 wurden Schumanns sterbliche Überreste in eine benachbarte Gruft umgebettet und in einem Blei- und Eichensarg neu bestattet. 1880 wurde der Grabstein von dem sich heute darbietenden Grabmal aus weißem Marmor ersetzt, das für 4000 Taler vom damals bekanntesten deutschen Bildhauer Adolf von Donndorf geschaffen worden war. Das Honorar stammte aus dem Erlös des Bonner Musikfestes zu Ehren Schumanns vom 17. bis zum 19. im August 1873 in der Beethovenhalle und einem Benefizkonzert von Joachim drei Jahre später. Bei der Enthüllungsfeier am 2. Mai 1880 in Anwesenheit von Clara Schumann und ihren Kindern Marie, Eugenie und Ferdinand hielt der Arzt und Anthropologe Professor Hermann Schaaffhausen eine Ansprache. Es folgte am nächsten Tag eine Gedenkveranstaltung in Godesberg. Im Jahr 1901 wurde auch in Schumanns Geburtsstadt Zwickau auf dem Markt ein Denkmal aufgestellt.

Dr. Richarz hatte am Nachmittag des 30. Juli unter Assistenz von Dr. Peters und in Anwesenheit seines Neffen, des damaligen Medizinalpraktikanten Bernhard Oebeke, der 1859 die Anstalt übernahm, eine Autopsie Schumanns vorgenommen und darüber ein Protokoll verfasst. Dieser Obduktions-

(Abb. 8: Grabmal von Clara und Robert Schumann in Bonn)

bericht war aus Claras Nachlass in den Besitz der ältesten Tochter Marie gekommen, die ihn 1926 dem „Robert-Schumann-Hauses" in Zwickau übereignet hatte. Er geriet in Vergessenheit, wurde erst 1973 im Archiv wiederentdeckt, von Jenenser Pathologen ausgewertet und 1986 veröffentlicht. Der Bericht verweist in allgemeiner Hinsicht auf eine erhebliche Auszehrung Robert Schumanns, speziell auf Veränderungen des Gehirns, die im Wesentlichen einer „unvollständigen allgemeinen Paralyse" zugeordnet wurden. Es bot Zeichen einer chronischen Entzündung. Später sprach Richarz von einem „irreversiblen und progressiven Verfall" des Nervensystems infolge einer „Überanstrengung", bedingt durch Schumanns rastlose und aufreibende künstlerische Arbeit.

Schon frühzeitig wurde über Schumanns Krankheit gerätselt; von fachlicher Seite wurde eine psychotische Erkrankung für am wahrscheinlichsten gehalten. Der auch geäußerte Verdacht auf das Vorliegen einer Syphillis im Tertiärstadium wurde endgültig bestätigt durch die Auswertung der Krankengeschichte, die als verschollen galt. Das schwerentzifferbare, eng beschriebene Konvolut befand sich als gut gehütetes Geheimnis in Besitz der Erben des Dr. Richarz und gelangte in die Hände des Berliner Komponisten und Pianisten Aribert Reimann, der es 1991 als Dauerleihgabe der „Akademie der Künste" in Berlin überließ; drei Jahre später wurde die Krankenakte teilweise der Öffentlichkeit vorgestellt. Inzwischen liegt ein vollständiges Transskript vor.

Den Aufzeichnungen des Dr. Richarz zufolge hatte Schumann sich höchstwahrscheinlich 1831 als Student in Leipzig mit Syphilis infiziert. Laut Richarz soll Schumann ihm in Endenich auch von Arsenikanwendungen berichtet haben, ebenso unwirksamen wie wegen deren giftigen Nebenwirkungen gefährlichen Versuchen, der gefürchteten Infektionskrankheit Herr zu werden.

Rückblickend kann festgestellt werden, dass sich gemäß der typischen Verlaufsform etwa ab Mitte der 1840er Jahre, spätestens 1850 erste Anzeichen der weiterschwelenden und sich im Nervensystem ausbreitenden Erkrankung einstellten: Schwindel, Übelkeit, Kopfschmerz, Schwächegefühl, Unkonzentriertheit, Schlafstörungen und Reizbarkeit – medizinisch als „neurasthenisches Vorstadium" einer Neurolues bekannt. Während der Düsseldorfer Zeit kam die progressive Paralyse vollends zum Ausbruch, deren Symptome ab 1852 immer deutlicher in Erscheinung traten, d.h. Verwirrtheit und Wahngedanken, Erregungszustände und Aggressivität, Sinnestäuschungen, Sprechstörungen, Zittern, Lähmungen und Krampfanfälle.

Über Art und Ursachen von Schumanns todbringender Krankheit wurden und werden dessen ungeachtet immer wieder Mutmaßungen angestellt, selbst noch nach Bekanntwerden der oben aufgeführten Fakten.

So wurden in kühnen Spekulationen beispielsweise die Lebensumstände, das Elternhaus, die Konflikte mit Wieck, die Konkurrenz zu Clara, seine Neigung zum Alkohol als entscheidende Ursachen für Schumanns schließlich totalen gesundheitlichen Zusammenbruch gesehen; die Rede ist u.a. von einer unausgesetzten Überanstrengung, einem Flüchten in die Krankheit, einem Sichverweigern, oder einem selbstgewählten Rückzug aus Eifersucht und Gekränktheit. Schumanns Wahnvorstellungen, Verwirrtheiten und Tobsuchtsanfälle während der letzten Lebensmonate, vom körperlichen Verfall ganz zu schweigen, wurden als psychologisch und lebensgeschichtlich ableitbare Besonderheiten einer Persönlichkeitsentwicklung interpretiert. Sogar seiner Frau wurde ein nicht geringes Maß an Schuld zugewiesen, weil sie angeblich ihren anstrengenden, inzwischen sogar lästig gewordenen Mann von Düsseldorf, wo sich inzwischen Johannes Brahms als

Hausfreund und Liebhaber einquartiert hatte, in die Endenicher Heilanstalt abgeschoben haben soll.

Ohne die Einsicht, dass es nach wie vor Krankheiten gibt, denen auch der heroische Widerstand genialischer Höchstleistung nicht zu trotzen vermag, wird wohl der Mythos vom verzehrenden Kampf des Titanen, der an den Misslichkeiten und Intrigen seiner Umwelt scheitert, Bestand haben. Man unterschätzt so allerdings den unkalkulierbaren Einfluss der Banalitäten und Zufälligkeiten allgegenwärtigen menschlichen Schicksals.

Die penibel geführte Krankengeschichte, aber auch weitere Zeugnisse sprechen indes eine andere Sprache. Sie bestätigen zweifelsfrei, dass der bewundernswerte Musiker den Spätfolgen einer ebenso anrüchigen wie heimtückischen, nach damaligem Stand der medizinischen Heilkunde nicht heilbaren Infektionserkrankung erlegen ist, die das Nervensystem und somit das Gehirn als Träger aller Funktionen und Leistungen zwar allmählich, letztlich aber unaufhaltsam schädigte und schließlich zerstörte.

Schumann teilte somit das tragische Schicksal vieler berühmter Zeitgenossen, allen voran des von ihm zeitlebens hoch verehrten Komponisten Franz Schubert, der 1828 im Alter von nur 31 Jahren nach etwa sechsjährigem Krankheitsverlauf von der Syphilis dahingerafft wurde. Schuberts Tod erschütterte Schumann zutiefst; er sah in ihm „...*Jean Paul, E.T.A. Hoffmann und Novalis ....in Tönen ausgedrückt"*. Bei dem typischen, schleichend-wellenartigen Verlauf der Krankheit hatten sich bei Schubert erstmals – nach 2- bis 3jährigen Vorstadien von Erschöpfung und Müdigkeit – 1826 bleibende Symptome in Form von Kopfschmerzen, Schwindelgefühl, Übelkeit, und Appetitmangel, Apathie und Schlafstörungen eingestellt.

Niccòlo Paganini (1782 -1840) hatte Schumann anlässlich eines Konzertes zu Ostern 1830 in Frankfurt kennengelernt. Er war begeistert und wurde durch ihn zu den *Studien nach*

Capriccen für das Pianoforte inspiriert, die er 1832 komponierte. Paganini war seit 1820 syphilitisch erkrankt; die damals gebräuchlichen Quecksilberanwendungen halfen nicht gegen die Folgeerscheinungen wie Schwäche, Hustenanfälle, Abszesse und Kehlkopfentzündungen. Der virtuose Geiger, der bei seinen umjubelten Auftritten äußerlich einen furchterregenddämonischen Eindruck machte, starb ausgezehrt – zwanzig Jahre lang Objekt zahlloser ärztlicher und paramedizinischer Interventionen – schließlich 65-jährig in Nizza. Ein ähnliches Schicksal ereilte den italienischen Opernkomponisten Gaetano Donizetti (1797 – 1848), der 1846 verwirrt und psychotisch in die Anstalt Ivry bei Paris verbracht werden musste. Auch hier gab es ein jahrelanges Vorstadium unspezifischer nervöser Störungen.

In Wien war Schumann 1838 häufiger dem ihm wesensverwandten ungarischen, schwärmerisch-schwerblütigen Dichter und Schriftsteller Nikolaus Lenau (1803 – 1850) begegnet, der ihn zur Vertonung von zehn seiner Gedichte inspirierte. Lenau musste sechs Jahre später nach einem Nervenzusammenbruch mit Lähmungen und einem Tobsuchtsanfall infolge einer früheren syphilitischen Infektion in die Irrenanstalt Winnenthal bei Stuttgart eingeliefert werden, von wo aus er ein halbes Jahr später in die Anstalt Oberdöbling bei Wien verlegt wurde. Er starb dort geistig und körperlich zerrüttet nach sechsjähriger Internierung.

Ein anderes prominentes Opfer der Syphilis war der tschechische Komponist Bedrich Smetana (1824 -1884). Nach zehnjährigem Leiden erlag er trotz zahlreicher Therapieversuche berühmter Ärzte einschließlich einer mehrwöchigen Quecksilberschmierkur einer spätsyphilitischen Paralyse, nachdem er sich im Jahr 1874 infiziert hatte. Wie bei Schumann wurde auch bei ihm besonders das Gehirn in Mitleidenschaft gezogen; zu einen wurde er taub, zum anderen litt er unter Sprechstörungen, Schwindel mit Gehunsicherheit und Ohrensausen, sogar einem Dröhnen, Pfeifen und Kreischen im Ohr, zeitweilig auch unter Halluzinationen. Seine letzten Lebenswochen musste er wegen schwerer Erregungszustände bei völliger Orientierungslosigkeit in der Prager Irrenanstalt verbringen. Bemerkenswerterweise stellte Smetana trotz schwerer Krankheitsschübe noch zwei Jahre vor seinem Tod die Oper „Die Teufelswand" fertig und komponierte das „Streichquartett in e-Moll".

Weitere bekannte Leidensgenossen Schumanns waren die Schriftsteller Ernst Theodor Amadeus Hoffmann (1776 -1822) und Heinrich Heine (1797 -1856), aus deren Werken Schumann den Stoff für seine Liedvertonungen und Kompositionen gewonnen hatte. Sie wurden ebenfalls von der grausamen Krankheit, vergleichbar einer Krebserkrankung oder Aids, zugrunde gerichtet. Heine – Schumann vertonte 44 seiner Gedichte – verstarb ein halbes Jahr vor ihm in Paris nach fast zehnjähriger Bettlägerigkeit infolge einer sich ausbreitenden Lähmung. Hoffmann, der zudem alkoholsüchtig war, war bis zu seinem Tod jahrelang an einen Lehnstuhl gefesselt. Schumann setzte ihm mit dem Klavierwerk *Kreisleriana* in Gestalt der von Hoffmann geschaffenen Kunstfigur des exzentrischen Kapellmeisters Kreisler ein Denkmal.

Besonders erschütternd war das langwierige Syphilisleiden des Philosophen und Denkers Friedrich Wilhelm Nietzsche (1844 - 1900), der seit seinem Zusammenbruch in Turin 1880 die restlichen Jahre seines Lebens in völliger geistiger Umnachtung zunächst in der psychiatrischen Klinik Jena verbrachte, und schließlich zu Hause von seiner Mutter und Schwester gepflegt wurde. Im Übrigen war Nietzsche kein Freund Schumannscher Musik. Er beurteilte sie als provinziell und zu gefühlsbetont, seinen Geschmack bezeichnete er in seinem Werk „Jenseits von Gut und Böse" als Mischung von „stiller Lyrik und Trunkenboldigkeit des Gefühls".

Schließlich seien noch zwei letzte zeitgenössische Beispiele genannt: Der französische Schriftsteller Guy de Maupassant (1850 – 1893) fiel der Seuche ebenso zum Opfer wie sein Landsmann Charles Baudelaire (1821 – 1867), gefeierter Dichter und Kunstkritiker. Der österreichische Komponist Hugo Wolf (1860 – 1903) infizierte sich als 18-jähriger und mußte knapp 20 Jahre später für den Rest seines Lebens in einer psychiatrischen Anstalt verwahrt werden.

Zum besseren Verständnis der bösartigen Krankheit mag der folgende Exkurs beitragen: Über Ursprung und Ursachen der damals grassierenden Syphilis (Lateinisch: Lues = Seuche bzw. ansteckende Krankheit) war nichts Genaues bekannt. Sie wütete unter dem Namen „Franzosenkrankheit" („Morbus gallicus") seit der Renaissance in Europa. Vermutlich war sie zwischen 1493 und 1504 auf der einer der Entdeckungsfahrten des Christoph Kolumbus aus der Karibik nach Europa eingeschleppt worden und hatte sich von Barcelona aus – vor allem mit den Söldnertruppen des französischen Königs Karl VIII – wie eine Epidemie zunächst über Neapel, wo hunderte der Soldaten starben, nach Italien und in wenigen Jahren bald über den ganzen Kontinent verbreitet. Die Bezeichnung entstammt dem Gedicht eines italienischen Arztes von 1530, in dem ein mythologischer Hirt gleichen Namens wegen Gotteslästerung von Apollo mit der schrecklichen Krankheit bestraft wird. Die Syphillis wurde neben der Pest zur zweiten Geißel der Menschheit; noch zu Beginn des 19. Jahrhunderts war in Deutschland jeder Zehnte syphilitisch erkrankt.
Erst 1905 wurde der Krankheitserreger, eine längliche, spiralig gewundene Bakterie, die den Namen „Treponema pallidum" erhielt, von dem Berliner Zoologen Fritz Schaudinn (1871 – 1906) und seinem Mitarbeiter, dem Militär- und Hautarzt Erich Hoffmann (1868 – 1959) entdeckt. Etwa ein Jahr später stellte der Bakteriologe August Paul von Wassermann (1866 – 1925)

an der Charité in Berlin erste wirksame Tests auf das Vorliegen einer Infektion vor, weltweit bekannt als „Wassermann-Reaktion". Nach zahlreichen Vorversuchen ab 1903 durch den Frankfurter Serologen Paul Ehrlich (1854 – 1915), einem früheren Mitarbeiter von Robert Koch (1843 – 1910), mit Arsenverbindungen wurde durch Ehrlichs Assistenten Sahachiró Hata (1873 – 1938) im Jahr 1909 deren therapeutische Wirksamkeit erwiesen. Das hochgiftige „Arsenik" wurde ein Jahr später nach erfolgreicher Behandlung tausender Syphiliskranker unter dem Namen „Salvarsan" in den Handel gebracht.

Damit gab es erstmals eine effiziente Möglichkeit, die grausame Seuche zu bekämpfen. Schon die Eingeborenen Amerikas hatten Aufgüsse und Abkochungen von Guajakholz gegen Syphillis eingesetzt, weswegen es in großen Mengen nach Europa importiert wurde. In Deutschland trug der Handel damit beispielsweise zum ungeheuren Vermögen der Augsburger Bankiersfamilie Fugger bei. Sie erreichten beim Nürnberger Senat sogar ein Verbot der Drucklegung kritischer Äusserungen zum Guajakgebrauch, unter anderem des berühmten Wanderarztes und Alchimisten Paracelsus (1493 – 1541). Ansonsten wurden in damals üblicher Weise Aderlässe, Abführmittel und Schwitzkuren als Behandlungsmethoden eingesetzt, die nicht nur unwirksam waren, sondern die Betroffenen zusätzlich schwächten. Besonders lange hielt sich die Anwendung von Quecksilberpräparaten, meist in Form von Einreibungen („Schmierkuren"), die allerdings oft zu schweren Vergiftungen mit quälenden Begleiterscheinungen wie Speichelfluss, Entzündungen, Zittern, Kopfschmerz, Harnverhaltung und Anämie führten.

Im Jahr 1917 wurde sodann die Malariatherapie zur Behandlung der syphilitischen Spätform eingeführt, nachdem der Wiener Psychiater und Neurologe Julius Wagner von Jauregg (1857 – 1940) in zahlreichen Tests die heilende Wirkung hohen

Fiebers entdeckt hatte, das hier künstlich durch Verabreichung von Malariaerregern erzeugt wurde. Wagner von Jauregg wurde hierfür – als bislang einziger Psychiater – 1927 mit dem Nobelpreis ausgezeichnet. Der endgültige Durchbruch in der Therapie gelang mit der Entwicklung des Penicillins im Jahr 1928, das nach dem Zweiten Weltkrieg alle anderen Behandlungsmethoden bei Syphillis ablöste. Seitdem hat die Seuche weitgehend von ihrem Schrecken verloren, obgleich sie – wie andere Geschlechtskrankheiten – während der letzten Jahre wieder im Zunehmen begriffen ist.

Der durch den Geschlechtsverkehr übertragene Keim führt zunächst zwei bis drei Wochen später zu einem schmerzlosen Geschwür im Genitalbereich, gefolgt von Störungen des Allgemeinbefindens, Abgeschlagenheit und Kopfschmerzen. Der schubartige Verlauf mit zwischenzeitlichen scheinbaren Heilungszeichen täuscht darüber hinweg, dass die luetische Infektion auch nach Abklingen der Hautsymptome im Untergrund weiterschwelt. Erst Jahre später werden auch die inneren Organe wie Leber, Lunge, Herz und Blutgefässe in Mitleidenschaft gezogen. Zehn bis zwanzig Jahre nach der Infektion wird während des sog. Spätstadiums bei 10 % der Männer und 5 % der Frauen, die nicht erfolgreich behandelt wurden, das Zentralnervensystem befallen, d.h. Gehirn und Rückenmark werden allmählich zerstört.

Robert Schumann gehörte, wie viele andere, tragischerweise zu den Personen, die der Infektion erlagen. Als er seine spätere Frau Clara Wieck kennen lernte, war er wahrscheinlich nicht mehr infektiös; jedenfalls blieb sie ihr Leben lang offensichtlich gesund.

Neben dem schweren, letztlich tödlichen venerischen Leiden hatte Schumann sicherlich mit verschiedenen anderen gesundheitlichen Beeinträchtigungen zu tun. Er war – wie wir sahen

– einerseits sensibel, kreativ und phantasievoll, anderseits oft unausgeglichen, stimmungslabil und hypochondrisch, und belastete seine ohnehin empfindliche Konstitution durch einen Alkohol- und Nikotinmissbrauch. Sein Arbeitseifer bis zur Besessenheit wird vielleicht vor dem Hintergrund der ihn seit 1831 begleitenden gesundheitlichen Befürchtungen verständlicher. Schumann war überdies kurzsichtig und seit einer übungsbedingten Deformation und teilweisen Lähmung des rechten Mittelfingers in seiner Handgeschicklichkeit behindert, wodurch seine geplante Laufbahn als Klaviervirtuose ein Ende fand. Auch hierdurch stand er sicherlich den großen Erfolgen seiner Frau als Pianistin auf ihren Reisen quer durch Europa ambivalent gegenüber, jedenfalls spätestens seit seinem beruflichen Scheitern in Düsseldorf.

Clara Schumann überlebte ihren Mann um 40 Jahre. Nach dessen Tod gab sie ihre Kinder Marie und Elise nach Leipzig, Julie nach Berlin, Ludwig und Ferdinand nach Bonn; lediglich Eugenie und Felix blieben bei ihr in Düsseldorf. Dort hatte sie bereits im August 1855 in der Poststraße eine neue Wohnung bezogen. Am 1. Oktober 1857 siedelte sie mit den beiden jüngsten Kindern nach Berlin, Schöneberger Ufer Nr. 22 um, 1863 in ihr eigenes Haus Lichtenthal Nr. 14 nach Baden-Baden, von wo sie zehn Jahre später nach Berlin zurückging. 1878 folgte Clara ihrer Tochter Marie nach Frankfurt am Main, die dort eine Anstellung am Konservatorium gefunden hatte. Clara selbst war zur „Ersten Klavierlehrerin" und Professorin am neu gegründeten Hoch´schen Konservatorium ernannt worden.

Schon aus finanziellen Gründen war sie weiterhin in ganz Europa auf Konzertreisen, gab in ihrer Frankfurter Wohnung Myliusstraße Nr. 75 Klavierunterricht und kümmerte sich um die Herausgabe von Schumanns Werken. Am 30. Mai 1896 verstarb sie im Alter von 76 Jahren an den Folgen eines Schlaganfalls; gemäß ihrem Wunsch wurde sie neben ihrem Mann auf dem Alten Friedhof in Bonn beigesetzt. Ihr letztes Konzert hatte sie als gefeierte 71-jährige Pianistin am 12. März 1891 in Frankfurt gegeben.

Die acht Kinder Schumanns – Clara hatte zehn Schwangerschaften – wurden unterschiedlich alt. Der erste Sohn Emil verstarb, wie berichtet, bereits mit knapp eineinhalb Jahren wahrscheinlich an einer Art Blutkrebs. Die Tochter Julie kam ebenso wie der jüngste Sohn Felix, den der Vater nicht mehr zu Gesicht bekommen hat, an einer Lungentuberkulose zu Tode; Felix wurde 24, Julie 27 Jahre alt. Ferdinand kehrte als Soldat aus dem deutsch-französischen Krieg 1870 - 1871 mit einer schmerzhaften Gelenkserkrankung zurück und wurde vom Beruhigungs- und Schlafmittel „Sulfonal" abhängig, an dessen schweren Nebenwirkungen er schließlich 42-jährig im Jahr 1891 zugrunde ging. Seine sechsköpfige Familie wurde von Clara mit durchgezogen. Der 1848 geborene Ludwig zeigte bereits im Kindesalter zunehmende Verhaltensstörungen, so dass er vom 23. Lebensjahr bis zu seinem Tod an einer Rippenfellentzündung mit 51 Jahren – während der letzten Jahre erblindet – in der Heil- und Pflegeanstalt Colditz bei Leipzig verblieb. Die übrigen drei Töchter Marie (1841 – 1929), Elise (1843 – 1928) und Eugenie (1851 – 1938) erreichten hingegen ein hohes Alter.

Johannes Brahms, der die Familie Jahrzehnte freundschaftlich begleitet und – auch finanziell – unterstützt hatte, starb zehn Monate nach Claras Tod erst 64-jährig in Wien. Er blieb unverheiratet und kinderlos; seine große Liebe war und blieb Clara Schumann.

Boetticher, W.: Robert Schumann. Leben und Werk. Noetzel/ Wilhelmshaven 2004

Burger, E.: Robert Schumann. Schott/Mainz 1999

Boucourechliev, A.: Robert Schumann. Rowohlt/Hamburg 1958

Creuzburg, E.: Robert Schumann. VEB Breitkopf & Härtel/ Leipzig 1955

Eismann, G.: Robert Schumann. VEB Deutscher Verlag für Musik/Leipzig 1956

Edler, A.: Große Komponisten und ihre Zeit. Robert Schumann und seine Zeit. Laaber-Verlag/Laaber 2002

Franken, F. H.: Die Krankheiten großer Komponisten. Bd.4. Noetzel/Wilhelmshaven 1997

Gebhardt, A.: Robert Schumann. Leben und Werke in Dresden. Tectum/Marburg 1998

Härtling, P.: Schumanns Schatten. 5. Aufl. Kiepenheuer & Witsch/Köln 1996

Held, W.: Clara und Robert Schumann. Insel/Frankfurt 2001

Henning, L.: Die Freundschaft Clara Schumanns mit Johannes Brahms. Classen/Zürich 1952

Herker, K.: Das Leben von Clara Schumann, geb. Wieck. Klopp/Berlin 1975

Hochschule für Künste Bremen (Hrsg.): Eine neue poetische Zeit. Bremen 1993

Hoffmann-Axthelm, D.: Robert Schumann. Reclam/Leipzig 1994

Hug, F.: Robert Schumann. Dt. Buch-Gemeinschaft/Berlin 1965

Jansen, F. G.: Robert Schumanns Briefe - Neue Folge. Breitkopf & Härtel/Leipzig 1886

Kleinebreil, H.: Der kranke Schumann. Diss.Univ. Jena 1953

Köhler, H. J.: Robert Schumann. Sein Leben und Wirken in den Leipziger Jahren. Peters/Leipzig 1986

Kross, S. (Hrsg.): Briefe und Notizen Robert und Clara Schumanns. 2. Aufl. Bouvier/Bonn 1982

Lippky, W.: Der geisteskranke Robert Schumann. BoD GmbH/Norderstedt 2005

Litzmann, B.: Clara Schumann. Bd. 1-2. Breitkopf & Härtel/ Leipzig 1905 - 1906

Lossewa, O.: Die Russlandreise Clara und Robert Schumanns (1844). Schott/Mainz 2004

Meier, B.: Robert Schumann. 4. Aufl. Rowohlt /Reinbek 2004

Metzger, H.-K. u. Riehn, R. (Hrsg.): Musikkonzepte. Sonderband Robert Schumann I. Text und Kritik/München 1981

Müller, E.: Robert Schumann. Walter/Olten 1950

Nußbaum, F.: Der Streit über Schumanns Krankheit. Diss. Univ. Köln/1923

Ostwald, P.: Schumann. Music and madness. Gollancz/ London 1984

Otto, F.: Robert Schumann als Jean Paul-Leser. Haag u. Haag/ Frankfurt 1998

Preiß, F.: Der Prozess. V. G. Peter Lang/Bern 2005

Rauchfleisch, U.: Robert Schumann. Vandenhoeck & Ruprecht/ Göttingen 2004

Rehberg, P. u. W.: Robert Schumann. Artemis/Zürich 1954

Reich, S.: Clara Schumann. Wunderkind. Beltz/Weinheim 2002

Robert-Schumann-Gesellschaft Düsseldorf (Hrsg.): Robert Schumann. Schott/Mainz 1984

Schumann, A. (Hrsg.): Der junge Schumann. Insel/Leipzig 1910

Schumann, C.: Jugendbriefe von Robert Schumann. Breitkopf & Härtel/ Leipzig 1898

Schumann, C. u. R.: Briefwechsel. Bd. 1-2. (Hrsg. v. Weißweiler, E.) Stroemfeld-Roter Stern/Basel-Frankfurt 1984/1987

Schumann, E.: Robert Schumann. Koehler & Amelang/ Leipzig 1931

Schumann, E.: Claras Kinder. Ullstein/Berlin 1999

Schumann, R.: Tagebücher. Bd.1-3 (Hrsg. v. Eismann, G. u. Nauhaus,G.). Stroemfeld-Roter Stern/Basel-Frankfurt 1988.

Schumann, R.: Gesammelte Schriften über Musik und Musiker. Reclam/Leipzig 1965.

Schumann, R.: Musikalische Haus- u. Lebensregeln (Hrsg. v. Nauhaus, G.). Studio-Verlag/Sinzig 2001

Sutermeister, P.: Robert Schumann. Heliopolis/Tübingen 2002

Spies, G.: Robert Schumann. Reclam/Stuttgart 1997

Walker, A. (Hrsg.): Robert Schumann. The man and his music. Barrie & Jenkins/London 1972

Wasielewski v., W. J.: Robert Schumann. 4. Aufl. Breitkopf & Härtel/Leipzig 1906

Wolff, V. E.: Lieder Robert Schumanns in ersten und späteren Fassungen. Diss.Univ. Berlin 1913

Wörner, K. H.: Robert Schumann. Piper/München-Zürich 1987

Young, P. M.: Robert Schumann. VEB Deutscher Verlag für Musik/Leipzig 1968

Personenregister

Abegg, Meta 82,117
Alexis, Willibald, 51
Alkan, Charles138
Arnim, Bettina von, 115,237,238
Arnim, Gisela von, 237
Aschenberg,Franz Gerhard 195,215
Auber, Daniel 138
Auerbach, Berthold, 67
Avé-Lallemant, Theodor 62

Bach, Johann Sebastian, 65,82,80,90,97,186,196
Banck, Carl 96, 122,131
Bargiel, Adolf, 124
Bargiel, Cecilie 128
Bargiel, Marianne 63,64,138,142,221
Bargiel, Woldemar 202
Barth, Johann Ambrosius 97,98
Baudelaire, Charles 251
Becker, Carl Ferdinand, 97
Becker, Ernst 133,145,231
Becker, Ruppert 202,216
Beethoven, Ludwig van 18,46,60,61,65,74,78,79,80,90,97,186,196,197,
203,205, 229,230,234
Bellini,Vicenzo 52
Bendemann Eduard, 67,192
Bennett, William 98,131,198
Berlioz, Hector 93,94,97,98,138
Böger Dr., 213,215,217
Böhm, Karl 116
Böttger, Adolph 105,107
Brachmann, Raimund 172
Brahms, Johannes, 114,115,147,206,207,211,217,221,224,226,228,230,
231,232,234, 235, 236, 239, 240,241,243,244,247,255
Breitkopf und Härtel 230
Bremer, 217
Brendel, Franz 66,100,179
Brentano, Clemens 237
Brockhaus, Heinrich 150
Bruyck, Karl van 74
Bull, Ole 61,62,150